Kindheitserfahrungen beeinflussen das ganze Leben: Wie man mit Leistungsdruck umgeht, Beziehungen führt, ob man unsicher oder selbstbewusst wird. Viele Menschen fühlen sich von negativen Erlebnissen in ihrer Kindheit blockiert und machen die Vergangenheit für gegenwärtige Probleme verantwortlich. Doch die Kindheit ist zwar prägend, hier werden Weichen gestellt, »aber wir sind nicht dazu verurteilt, unser gesamtes Leben lang dieser Weichenstellung zu folgen. Wir können die Richtung ändern!«, meint Ursula Nuber. Sie schildert, wie es gelingt, die Opferperspektive aufzugeben und zum Regisseur der eigenen Lebensgeschichte zu werden. Die Autorin plädiert für einen versöhnenden Blick zurück und zeigt anhand von zahlreichen Beispielen, wie die Auseinandersetzung mit der Vergangenheit neue Kraft geben kann.

*Ursula Nuber* ist Diplompsychologin und seit 1996 stellvertretende Chefredakteurin der Zeitschrift ›Psychologie Heute‹. Sie arbeitet als psychologische Beraterin und Paartherapeutin in der Nähe von Heidelberg und ist Autorin zahlreicher psychologischer Sachbücher. www.ursula-nuber.de

Ursula Nuber

# Lass die Kindheit hinter dir

## Das Leben endlich selbst gestalten

Ausführliche Informationen über
unsere Autoren und Bücher
www.dtv.de

*Für meine Mutter († 7. Mai 2009), in Dankbarkeit.*

Ungekürzte Ausgabe 2012
5. Auflage 2016
dtv Verlagsgesellschaft mbH & Co. KG, München
© 2009 Campus Verlag GmbH, Frankfurt am Main/New York
Umschlagkonzept: Balk & Brumshagen
Umschlaggestaltung: Lisa Höfner unter
Verwendung eines Fotos von plainpicture/Elektrons 08
Gesamtherstellung: Druckerei C.H.Beck, Nördlingen
Gedruckt auf säurefreiem, chlorfrei gebleichtem Papier
Printed in Germany · ISBN 978-3-423-34708-2

# Inhalt

»*Ich denke nicht mit Wehmut
an meine Kindheit zurück.
In all den Jahren, die vergangen sind,
habe ich niemals das Gefühl gehabt,
das Paradies verloren zu haben,
sondern ein Paradies finden zu müssen,
anderswo, das auf mich wartet. Ein Paradies, begraben in meinem Innern.*«

Hélène Grimaud

# *Vorwort*

Sie gehen eine Straße hinunter. Da ist ein tiefes Loch, Sie sehen es nicht und fallen hinein. Vor Schreck sind Sie zunächst wie gelähmt, fühlen sich verloren und hilflos. Sie haben das Gefühl, dass es Ihre Schuld ist, dass Sie nun in diesem Loch gefangen sind. Hätten Sie nur besser aufgepasst! Es dauert eine Ewigkeit und kostet Sie viel Kraft, ehe Sie wieder herausfinden.

Einige Zeit später gehen Sie erneut diese Straße entlang. Das Loch ist immer noch da, Sie wissen das, aber Sie tun so, als gäbe es das Loch nicht. Wieder fallen Sie hinein. Sie sind fassungslos, können nicht glauben, dass Ihnen dasselbe Unglück schon wieder passiert ist. Sie hadern mit der Straße, aber vor allem hadern Sie mit sich selbst. Wieder brauchen Sie lange, bis Sie sich aus dem Loch herausgekämpft haben.

Nach ein paar Wochen führt Sie Ihr Weg erneut durch diese Straße. Noch immer ist das Loch nicht aufgefüllt worden. Sie sehen das Hindernis durchaus – und fallen dennoch wieder hinein. Sie grämen sich und machen sich Vorwürfe. Sie halten es für eine dumme Angewohnheit, dass Sie diesem Loch nicht ausweichen können. Ihre Verzweiflung ist groß, und Sie fragen sich, ob Sie jemals eine Chance haben, diese Straße ohne Gefahr entlanggehen zu können.

Den amerikanischen Autoren Sidney und Suzanne Simon verdanke ich die Vorstellung, dass bestimmte Erfahrungen, die wir im Leben machen müssen, zu »Schlaglöchern« auf unserem Weg werden können. Schlaglöcher, die wir manchmal gar nicht sehen und denen wir, wenn doch, nicht ausweichen können. Sicher kennen auch Sie diese Situationen: Immer wieder fallen Sie in dasselbe Loch, immer wieder müssen Sie bestimmte Erfahrungen machen, die alles andere als angenehm sind. Und Sie können bestimmte Verhaltensweisen nicht ändern, obwohl diese Ihnen nur schaden. Wenn Sie solche Erfahrungen kennen, dann gibt es auf Ihrer Lebensstraße wahrscheinlich auch gefährliche Löcher – wie beispielsweise folgende:

- Sie verlieben sich immer in die »Falschen« und müssen immer wieder aufs Neue Zurückweisung und Enttäuschungen erleben.
- Sie rutschen, wenn Sie erschöpft und ausgelaugt sind, in eine depressive Stimmung, die oft tage- oder wochenlang nicht weichen will.
- Beim kleinsten Misserfolg zweifeln Sie grundsätzlich an Ihren Fähigkeiten.
- Sie haben Schwierigkeiten, sich zu entscheiden. Selbst bei kleinen Dingen fällt es Ihnen schwer herauszufinden, was Sie wirklich wollen.
- Sie essen mehr als Ihnen guttut – vor allem dann, wenn Sie sich einsam fühlen.
- Sie entspannen sich mit zu viel Alkohol, wenn Sie Ärger hatten.
- Sie haben manchmal aus heiterem Himmel Angst und wissen nicht wovor.
- Sie zweifeln an Ihrer Beliebtheit und ziehen sich deshalb von anderen Menschen zurück. Sie reihen Erfolg an Erfolg und wundern sich, dass Sie sich über keine Ihrer Leistungen freuen können.
- Sie sehnen sich nach Nähe und intensiven Kontakten, doch sobald Ihnen ein Mensch näherkommt, ziehen Sie sich zurück.

In schöner Regelmäßigkeit tauchen diese Situationen und Stimmungen, diese »Löcher« in Ihrem Leben, auf. Und in schöner Regelmäßigkeit tun Sie das, was Sie immer tun: Sie fallen hinein. Das heißt, Sie ziehen sich zurück, Sie betäuben sich, Sie bekämpfen Ihre Ängste und Ihre Niedergeschlagenheit, indem Sie sich ablenken: mit Arbeit, mit Essen, mit Alkohol oder anderen Drogen. Sie hadern mit sich, den Menschen, mit denen Sie es zu tun haben oder mit Ihrem Leben. Denn was immer Sie versuchen, es gelingt Ihnen nicht, dem jeweiligen »Loch« auszuweichen. Ihnen ergeht es immer wieder wie in der beschriebenen Straßenszene: Entweder sehen Sie das Loch nicht, oder Sie tun so, als wäre es nicht da.

Doch das Loch existiert. Es ist vor langer Zeit gegraben worden, als Sie klein waren. Damals konnten Sie noch nicht erkennen, dass es ein Hindernis gibt, vor dem Sie sich hüten sollten. Sie konnten die Gefahr nicht sehen, und Sie hatten auch gar keine Möglichkeit, ihr auszuweichen. Sie mussten zwangsläufig hineinplumpsen. Sie konnten nichts gegen dieses Loch unternehmen, das von Ihren Eltern und anderen wichtigen Menschen Ihrer Kinderwelt gegraben wurde.

In der Mehrheit der Fälle entstand dieses Loch nicht aus bösem Willen und nicht aus Absicht. Eltern wollen ihren Kindern keine Löcher graben. Fast alle Väter und Mütter wünschen sich für ihr Kind nur das Beste. Welche Eltern möchten schon bewusst und willentlich einem Kind etwas Schlechtes antun oder ihm Steine in den Weg legen? In der Regel bemühen sich Eltern darum, »gute« Eltern zu sein. Meist setzen sie ihren ganzen Ehrgeiz ein, damit es ihren Töchtern und Söhnen besser geht als ihnen selbst. Doch auch wenn sie nur das Beste für ihr Kind wollen, gelingt ihnen das nicht immer oder nicht im gewünschten Maße. Eltern haben ihre eigenen Probleme und Schwächen – und diese wirken sich auf den Umgang mit ihrem Kind aus. Eltern haben Liebeskummer, finanzielle Sorgen, sie werden arbeitslos, krank, müssen vielleicht ständig den Wohnort wechseln oder sind zu manchen Zeiten ihres Lebens schlichtweg überfordert. Weil das Leben für sie schwer ist, machen sie es auch ihren Kindern schwer.

Eltern sind fehlbar. Alle. So gibt es wohl niemanden, der optimal von seinen Eltern umsorgt und geliebt worden wäre. Dabei sind es nicht immer nur spektakuläre, traumatische Erlebnisse wie beispielsweise Misshandlungen, die Löcher in die Straße der Kindheit graben. Sie mögen in einer scheinbar ganz intakten Familie aufgewachsen sein – und dennoch ist das keine Garantie, dass Sie ohne seelische Blessuren heranwachsen konnten. In den »besten Familien« kann es zu Entwicklungen kommen, die eben nicht »das Beste« für ein Kind bedeuten. Sehr viel häufiger als offensichtliche Misshandlungen sind die subtilen seelischen, nicht sichtbaren Verletzungen, die tiefe Löcher graben und unter Umständen einen Menschen ein Leben lang blockieren und beschäftigen können.

- Vielleicht sind Sie mit Eltern aufgewachsen, die viel Angst um Sie hatten und deshalb alle Ihre Schritte kontrollierten. Sie wollten Sie vor Leid und Fehlern bewahren, indem Sie Ihnen vorschrieben, was Sie zu tun und zu lassen hatten. Eine 32-jährige Frau erinnert sich noch genau an den Tag, an dem ihre Sportlehrerin zu ihren Eltern nach Hause kam. Sie war damals elf Jahre alt. Die Lehrerin war von ihrem Schwimmtalent überzeugt und wollte sie in den Schwimmverein aufnehmen. Die Eltern sollten ihre Zustimmung dazu geben. Die erwachsene Frau kann sich gut erinnern, wie ihre Mutter reagierte: »Mein Kind soll in den Schwimmleistungskurs? Das kommt überhaupt nicht infrage!« Weil die Tochter im Alter von sechs Monaten an einer schweren Virusinfektion erkrankt war und lange im Krankenhaus behandelt werden musste, glaubte die Mutter, sie sei verletzlicher und schwächer als andere Kinder. Ein Schwimmleistungskurs erschien ihr da ein Ding der Unmöglichkeit.
Mussten auch Sie Schutzmaßnahmen wie diese öfter erleben, dann wagen Sie sich heute als erwachsener Mensch möglicherweise oft nicht aus der Deckung. Sie scheuen das Risiko, sehen es sogar da, wo es gar keines gibt. Ihr Loch heißt dann vielleicht »Lebensunsicherheit«.
- Möglicherweise sind Sie mit Eltern aufgewachsen, die beruflich sehr eingespannt und selten zu Hause waren oder die sich – aus welchen Gründen auch immer – nicht besonders um Sie kümmern konnten. Sie waren von Anfang an auf sich alleine gestellt, denn die Erwachsenen hatten mit sich selbst und ihren Problemen genug zu tun. Sie mussten schnell erwachsen werden – und möglicherweise sind Sie darauf heute sogar stolz. Sie brauchen niemanden. Sie können sich auf sich selbst

verlassen. Das Loch, das Ihnen zu schaffen macht, heißt dann möglicherweise »Angst vor Nähe«.

● Oder Sie sind in einer Familie groß geworden, in der es ungerecht zuging. Wie amerikanische Wissenschaftler in einer Studie feststellten, ziehen zwei Drittel aller Eltern ein Kind ihren anderen Kindern vor. Die meisten Eltern haben also ein Lieblingskind. Dabei wird das Erst- oder das Letztgeborene oft mit mehr Aufmerksamkeit und Zuneigung bedacht als ein mittleres Kind. Die ungerechte Verteilung der elterlichen Liebe hat Folgen: Kinder, die sich zurückgesetzt fühlen, haben weniger Selbstvertrauen und neigen zu aggressivem Verhalten. Auch Verhaltensprobleme sind bei ihnen häufiger zu beobachten. In Langstudien konnte ferner nachgewiesen werden, dass sich die ungerechte Verteilung der Elternliebe oft im Erwachsenenalter fortsetzt. Auch ihren erwachsenen Kindern zeigen Eltern manchmal deutlich, ob sie ihnen am Herzen liegen oder nicht. Eltern bevorzugen Töchter und Söhne, die die Werte und Ansichten der Eltern teilen.

»Meine Mutter lässt heute noch alles stehen und liegen, wenn mein Bruder sie anruft oder zu Besuch kommt. Das war schon immer so, er ist ihr Liebling«, sagt eine erfolgreiche Managerin, und es kommen ihr die Tränen. Noch jetzt tut es ihr weh, sich an die ungerechte Verteilung der mütterlichen Liebe zu erinnern.

Wenn Sie solche Erfahrungen machen mussten, dann fallen Sie vielleicht immer wieder in das Loch »Ich werde nicht geliebt«.

● Möglicherweise hatten Sie Eltern, die Sie regelrecht verwöhnten, die sich immer um alles gekümmert und Ihnen viele Aufgaben abgenommen haben. Wenn Sie von Ihren Eltern so grenzenlos geliebt worden sind, wenn Ihnen alle Wünsche von den Augen abgelesen wurden, dann mag das für Sie als Kind paradiesisch gewesen sein. Aber spätestens in der Schule dürften die Probleme angefangen haben: Da mussten Sie feststellen, dass Ihnen doch nicht alles gelingt, und dass es Menschen gibt, die etwas von Ihnen fordern. Heute als Erwachsener haben Sie eventuell immer noch Schwierigkeiten, Grenzen zu akzeptieren und auf die Bedürfnisse anderer einzugehen.

Ein 18-Jähriger weiß nach dem Abitur nicht, welchen beruflichen Weg er einschlagen soll. Jeden Morgen findet er auf dem Frühstückstisch neue Vorschläge, die seine Mutter aus der Zeitung ausgeschnitten oder aus dem Internet heruntergeladen hat. Dann würde er am liebsten kehrtmachen und sich wieder ins Bett legen. »Sie meint es nur gut«, sagt er, »aber wenn sie endlich aufhören würde, mir alles abnehmen zu wollen, könnte ich darüber nachdenken, was ich eigentlich will.« Wenn Sie in Ihrer Kindheit nicht ausreichend gefördert und gefordert worden sind, dann kann es sein, dass das Loch, in das Sie regelmäßig fallen, etwas mit dem Gefühl zu tun hat »Ich weiß nicht, was für mich richtig ist«.

● Wenn Sie als Kind mit einer psychisch kranken Mutter oder einem psychisch kranken Vater aufwachsen mussten oder wenn ein Elternteil alkoholabhängig war, haben Sie wahrscheinlich zu wenig Aufmerksamkeit und Zuwendung erfahren. Die Eltern waren mit ihren eigenen Problemen überfordert, möglicherweise war auch der kranke Elternteil wochenlang abwesend, weil er in einer Klinik behandelt werden musste. Das alles war für Sie unverständlich und hat Ihnen Angst gemacht . Diese frühen Gefühle von Hoffnungs- und Hilflosigkeit sowie die Sorge um den kranken Elternteil hinterlassen Spuren und führen unter Umständen dazu, dass Sie nun, als erwachsene Frau oder als erwachsener Mann, ebenfalls Angst vor Erkrankung haben – der eigenen oder der anderer – und Sie in Ihren eigenen Beziehungen häufig die Helferrolle übernehmen und Ihre eigenen Bedürfnisse zurückstellen. Wenn ein Elternteil alkoholabhängig oder chronisch krank war, so zeigt die Forschung, sind Sie möglicherweise übertrieben verantwortungsbewusst, reagieren verunsichert auf Veränderungen, nehmen alles sehr ernst und haben oft das Gefühl, anders als andere zu sein. Auf Ihrem Lebensweg tut sich dann regelmäßig ein Loch auf, dass da heißt »Andere sind wichtiger als ich«.

● Auch die Scheidung der Eltern kann ein Erlebnis sein, das Ihre Kindheit überschattet und langfristige Folgen für Sie hat. Charlotte Roche, Moderatorin und Autorin des Bestsellers *Feuchtgebiete* beschrieb 2008 in einem Interview mit dem *Süddeutsche Zeitung Magazin*, wie sie die Scheidung ihrer Eltern erlebte: »Ich bin ohne Vater aufgewachsen. Ich war mein Leben lang überfordert, habe aber immer weitergemacht, immer höher. Dieser Trieb nach Anerkennung ist in mir ganz stark. Ich habe mir als Kind oft vorgestellt, dass ich mich anfahren lasse, um ins Krankenhaus zu kommen, um wieder beide Eltern um mich zu haben. Ich war fünf, als sie sich scheiden ließen. Und das haben sie so schlecht gemacht, sie haben überhaupt nichts getan, um mir diese Last zu erleichtern. Heute weiß ich erst, dass alle Kinder das Schlimme immer auf sich selbst beziehen. Das Kind denkt: Das ist passiert, weil ich nicht lieb genug war.«

Wenn Ihre Eltern sich scheiden ließen, dann sind Sie sicherlich früh selbstständig und möglicherweise in den Jahren nach der Scheidung in der Schule schlechter geworden. Höchstwahrscheinlich entwickelten Sie Trennungsängste, Depressionen oder Schuldgefühle, weil auch Sie glaubten, für die Trennung der Eltern verantwortlich zu sein. Weil Sie als Kind den großen Wunsch hatten, dass die Eltern wieder zueinanderfinden, bemühen Sie sich heute, als Erwachsener, um Harmonie in Ihren eigenen Beziehungen, sind eher konfliktscheu oder übernehmen gerne die Vermittlerrolle in Streitsituationen. Weil Sie als Kind die Trennung Ihrer Eltern als ernsthafte Bedrohung empfunden haben, taucht auch heute schnell die Angst vor dem Verlassenwerden auf. Diese kann so stark und belastend sein, dass Sie entweder keine Nähe zu anderen zulassen oder sich schnell trennen, um nicht verlassen zu werden. Oder Sie ordnen sich unter, um die Liebe eines wichtigen anderen Menschen nicht zu verlieren. Als Erwachsener befinden Sie sich in einem quälenden Zwiespalt zwischen Ihrer Sehnsucht nach Liebe und Bindung und Ihrer intensiven Angst, in Liebesdingen ebenso zu scheitern wie die Eltern.

Das Loch, mit dem Sie sich immer wieder auseinandersetzen müssen, könnte dann heißen »Ich kann mich auf niemanden verlassen«.

● Vielleicht sind Sie mit Eltern aufgewachsen, die selbst viel zu bedürftig waren und deshalb Ihnen nicht die Liebe und Aufmerksamkeit schenken konnten, die Sie gebraucht hätten. Die Mutter oder der Vater erhofften sich von Ihnen, dem Kind, die Zuwendung, die sie selbst früher nicht bekommen hatten. Deshalb bekamen Sie nur dann Aufmerksamkeit, wenn Sie die Erwartungen der Mutter oder des Vaters erfüllten. Solange Sie alles richtig machten, war alles in Ordnung. Wollten Sie jedoch etwas anderes als die Eltern, wurden Sie mit Liebesentzug bestraft. Sie lernten früh, wie Sie sich verhalten mussten, damit Sie die Liebe der Eltern nicht verloren. Und Sie lernten früh, Ihre eigenen Bedürfnisse zu verleugnen. Sie lernten diese Lektion so gut, dass Sie heute Ihre eigenen Wünsche nicht mehr kennen und regelmäßig in dieses Loch plumpsen: »Ich bin nichts wert.«

● Vielleicht waren Sie den Launen einer lieblosen Mutter ausgeliefert. Vielleicht erwartete man von Ihnen permanent Höchstleistungen und hatte dennoch kaum Lob für Sie übrig. Vielleicht bekamen Sie viel zu wenig Zuwendung und Aufmerksamkeit oder waren die meiste Zeit Ihrer Kindheit einsam und sich selbst überlassen. Vielleicht wurden Sie, als Sie klein waren, ständig gehänselt und fanden keine Freunde. Vielleicht glaubten Ihre Eltern, Sie mit Gewalt zu einem »guten« Menschen erziehen zu müssen. Vielleicht hatten Sie als Kind Angst im Dunkeln, aber niemand hat Ihre Tränen getrocknet. Vielleicht bestimmte der Vater autoritär über Sie.

## Ausweichmanöver – früher nützlich, heute schädlich

Auf der Straße Ihres Lebens kann es in dem Streckenabschnitt »Kindheit« viele Schlaglöcher gegeben haben. Sie konnten ihnen meistens nicht ausweichen. Bereits als Kind spürten Sie, dass der Weg nicht sicher war, und deshalb entwickelten Sie Strategien, um nicht ständig in diese Löcher fallen zu müssen. Möglicherweise haben Sie gelernt zu kämpfen, wurden vielleicht zu einem aufsässigen, unangepassten Kind, das ständig »Ärger« machte. Vielleicht haben Sie versucht, der Gefahr aus dem Weg zu gehen, indem Sie es vermieden, Aufmerksamkeit auf sich zu ziehen. Oder Sie wählten andere Strategien: wurden zum braven Kind, das alles still erduldete oder das es nicht wagte, eigene Wünsche anzumelden.

Alle diese Bewältigungsmechanismen – kämpfen, fliehen, erdulden – waren in Ihrer Kindheit sicher sinnvoll, sie halfen Ihnen, wenigstens hin und wieder ein Schlagloch zu umgehen. Wirklich geändert an Ihrer Situation hat sich dadurch aber nichts. Die Löcher blieben existent. Niemand schüttete sie zu. Sie wussten das als Kind. Deshalb waren Sie immer auf der Hut. Ihr Instinkt sagte Ihnen damals: Vorsicht, Vorsicht, die Straße ist nicht sicher!

Auch heute noch fordert Sie dieser Instinkt zu erhöhter Wachsamkeit auf. Und weil Sie auch heute noch nicht genau wissen, an welcher Stelle welche Löcher lauern, sind Sie sicherheitshalber bei Ihren Strategien geblieben: Sie kämpfen immer noch. Sie verstecken sich immer noch. Sie erdulden immer noch.

Wenn Sie zum Beispiel als Kind durch die Verhaltensweisen Ihrer Umgebung die Überzeugung gewonnen haben »Ich kann mich auf niemanden verlassen«, dann werden Sie auch als Erwachsener wahrscheinlich grundsätzlich mit der Existenz eines Loches rechnen, das da lautet: »Auf niemanden ist Verlass!« Das prägt Ihren Umgang mit anderen Menschen. Je nachdem, welche Bewältigungsstrategie Ihnen als Kind sinnvoll erschien, werden Sie sich anderen gegenüber entsprechend verhalten. Haben Sie gelernt zu kämpfen, dann bemühen Sie sich vielleicht mit allen Mitteln um die Zuwendung anderer, indem Sie sich anklammern, den anderen kontrollieren oder ihm eifersüchtig drohen. Wenn Flucht Ihre Antwort auf die bedrohenden Umstände war, werden Sie sich gar nicht erst auf emotional tiefe Beziehungen einlassen. Und wenn Sie als Kind das Erdulden gewählt haben, verlieben Sie sich heute möglicherweise in Menschen, die nicht verlässlich sind und nehmen die Situation als unveränderlich hin.

All das passiert mit Ihnen, ohne dass Sie sich dessen wirklich bewusst wären. Sie verhalten sich so, weil Sie früher damit gute Erfahrungen gemacht haben. Und weil Ihnen keine Alternativen zur Verfügung stehen. Sie haben Angst vor den Schlaglöchern, möchten sie meiden – aber Sie wissen nicht, wie. Früher oder später fallen Sie doch wieder hinein. Manchmal sind Sie drauf und dran zu resignieren. Sie fürchten dann, die Existenz dieser bedrohlichen Löcher endgültig akzeptieren und sich in Ihr Schicksal fügen zu müssen.

Doch das entspricht nicht der Realität. Heute als erwachsene Frau und erwachsener Mann können Sie mit den Löchern, die in Ihrer Kindheit gegraben wurden, anders umgehen. Sie sind nicht mehr hilflos, klein und ausgeliefert. Heute können Sie lernen, die Gefahren zu sehen und sie zu meistern. Und Sie können schließlich einen neuen Weg wählen – einen, der Sie gefahrloser an Ihr Ziel bringt.

Wie Sie all das erreichen können – das ist das Thema dieses Buches:

- Es beschäftigt sich mit den vielen möglichen Schlaglöchern, die Ihnen auf der Wegstrecke »Kindheit« ein gefahrloses Vorankommen bislang unmöglich machten.

- Es zeigt Ihnen, welche hinderlichen Schlussfolgerungen Sie aus dieser anfänglich so beschwerlichen Reise für Ihr Leben gezogen haben.

- Und es gibt Ihnen konkrete Hilfen an die Hand, wie Sie trotz der vorhandenen Löcher in Zukunft glatter vorankommen und es schaffen können, mit etwas Geduld und Ausdauer immer seltener in alte Löcher zu fallen.

# Einleitung –
# Warum bin ich so, wie ich bin?

»Ich werde immer als sein kleiner Sohn leben,
mit dem Gewissen eines kleinen Sohnes,
so wie er immer lebendig bleiben wird, nicht nur als mein Vater,
sondern als der Vater, der zu Gericht sitzt über alles,
was immer ich tue.«

*Philip Roth*

»Wie war Ihre Kindheit?« – Wenn Sie diese Frage lesen, fällt es Ihnen dann schwer, sie zu beantworten? Müssen Sie erst lange und intensiv darüber nachdenken, wie die ersten Lebensjahre für Sie waren? Bereitet es Ihnen Schwierigkeiten, sich an die Ereignisse und die Atmosphäre Ihrer frühen Kindheit zu erinnern? Wahrscheinlich nicht. Denn wie wohl jeder Mensch haben auch Sie sich vermutlich zu irgendeinem Zeitpunkt Ihres Lebens mit Ihren Anfängen beschäftigt und sich gefragt, was Vater und Mutter für Persönlichkeiten waren und wie Sie von diesen Menschen beeinflusst und geprägt worden sind. Je nachdem, welche Antworten Sie gefunden haben, kann Ihre Reaktion auf die Frage »Wie war die Kindheit?« sehr unterschiedlich ausfallen.

Möglicherweise erzählen Sie, ohne groß nachzudenken, dass Ihre ersten Jahre schon ganz in Ordnung waren. Na klar, Eltern machen Fehler, aber das ist doch normal. Alles in allem war die Kindheit sogar glücklich. Aus heutiger Sicht, so sagen Sie – und mit Ihnen viele Erwachsene – , könnte man die Eltern natürlich schon kritisch sehen, aber früher wusste man doch noch gar nicht, was ein Kind eigentlich braucht. Das Wissen über Kindererziehung und Pädagogik war doch allgemein ziemlich dürftig. Vielleicht ergeht es Ihnen wie der Pianistin Hélène Grimaud, die in ihrer Biografie schreibt:

»Es ist merkwürdig: Wenn ich gefragt werde, ob ich ein glückliches Kind gewesen sei, antworte ich ganz spontan ›ja‹, aber wenn ich wirklich über diese Frage nachdenke, wenn ich mich zurückerinnere, was ich damals gewesen bin, dann lautet die Antwort nein, entschieden nein.«

Denkbar ist aber auch, dass Sie auf die Frage »Wie war Ihre Kindheit?« von vornherein mit der klaren, eindeutigen Antwort »schlecht« reagieren. Vielleicht aktiviert diese Frage einen mühsam unterdrückten Groll, und Sie erinnern sich sofort und schmerzlich, was in den ersten Jahren Ihres Leben alles falsch gelaufen ist, wie ungerecht man Sie behandelt, eventuell sogar misshandelt hat. Die Erinnerungen daran sind so klar und deutlich, als wäre es gestern geschehen. Und Sie sind überzeugt davon, dass Sie heute ein anderer Mensch wären, wenn Sie andere Eltern und damit bessere Startchancen gehabt hätten. Möglicherweise wären Sie dann unabhängiger, selbstständiger, hätten weniger Probleme, kämen mit anderen Menschen besser zurecht, hätten glücklichere Liebesbeziehungen, ein positiveres Selbstbild, wären optimistischer und so weiter – kurz, Sie wären ein ganz anderer Mensch, wenn Ihre Kindheit besser gewesen wäre.

Aber vielleicht haben Sie gar keine konkrete Erinnerung an früher. Ihre Kinderjahre liegen in einem Nebelfeld, und da sollen sie Ihrer Ansicht nach auch bleiben. Was früher war, wen interessiert das schon? Wozu soll es gut sein, in der Vergangenheit herumzustochern? Sie wissen nicht, ob Sie eine gute oder eine schlechte Kindheit hatten, und Sie glauben, dass es Ihnen nicht viel helfen würde, falls Sie die Antwort wüssten. Was vorbei ist, ist vorbei, winken Sie ab, wenn jemand etwas von früher wissen will. Möglicherweise reagieren Sie auch abwehrend und genervt, wenn andere Menschen ihre aktuellen Probleme mit einer schlechten Kindheit erklären oder gar rechtfertigen wollen. Sie glauben an die Eigenverantwortung der Menschen und daran, dass jeder seines Glückes Schmied und damit auch selbst verantwortlich dafür ist, ob es ihm gut oder schlecht geht.

Wenn Sie so über Ihre eigene Vergangenheit denken, wenn Sie sich an gar nichts oder wenig aus der frühen Kindheit erinnern, wenn Sie sich nicht als Vierjährige sehen und nicht wissen, was Sie als Sechsjähriger erlebt haben, dann könnte das ein Hinweis darauf sein, dass ein klarer Blick auf das Früher für Sie zu schmerzhaft wäre und Sie deshalb bestimmte Abwehrmechanismen entwickelt haben, um sich nicht erinnern zu müssen. Sie haben dann scheinbar vergessen, was geschehen ist – und das war früher, als Sie klein waren, die beste Lösung. Denn diese Mechanismen schützten Sie davor, die Wahrheit über das Geschehen in vollem Ausmaß zu begreifen. Sie halfen Ihnen, in einer unwirtlichen Umgebung, mit ablehnenden, strafenden, überbehütenden, gleichgültigen Eltern zu überleben. Und sie helfen Ihnen noch heute, weil Sie sich mithilfe dieser Abwehrmechanismen die Illusion erhalten können, dass Vater und Mutter gute Eltern gewesen sind, dass diese Sie geliebt und nichts falsch gemacht haben.

*Ein 60-jähriger Mann, der nach dem Scheitern einer dritten Ehe psychologische Beratung aufsucht und sein Leben ordnen will, erinnert sich in der Therapie an seine Mutter. Sie war eine sehr schöne Frau, die sehr wohl wusste, wie sie auf Männer wirkte. Und ganz offensichtlich erprobte sie diese Wirkung auch an ihrem Sohn.*

*Er erinnert sich, dass er sie als Junge oft beim Ankleiden beobachtet hat, dass er ihr beim Baden den Rücken einseifen durfte, dass sie sich des Öfteren auch nackt vor ihm zeigte. Er war unendlich stolz auf diese wunderschöne Mutter, die so ganz anders war als andere Mütter. Als die Therapeutin behutsam thematisiert, dass er möglicherweise gar keine richtige Mutter gehabt hatte, dass er nicht wirklich Sohn sein durfte, sondern nur der Mutter als Spiegel, als Partnerersatz dienen sollte und dass dies möglicherweise etwas mit seinen Problemen mit Frauen zu tun haben könnte, reagiert er heftig ablehnend. Seine Mutter war die beste Mutter, die er sich nur denken konnte. Sie habe nichts, aber auch gar nichts mit seinen Beziehungsschwierigkeiten zu tun.*

## Kindheit hat Folgen

Gute Erinnerungen, schlechte Erinnerungen, keine Erinnerungen –
gleichgültig, wie präsent Ihnen Ihre Vergangenheit ist und gleichgültig, wie sehr Sie sich bislang für Ihr eigenes Aufwachsen interessierten – eines steht fest: Sie hatten eine Kindheit. Und diese Kindheit
hat Folgen. Die Erfahrungen, die wir in unseren frühen Jahren machen, hinterlassen Spuren. Sie sind auf unserer »Lebenslandkarte«
eingezeichnet. Ähnlich wie auf einer richtigen Landkarte alle Stra-
ßen, Orte und Flüsse zu sehen sind, so sind auf dieser inneren Karte
alle unsere Erlebnisse mit unseren frühen Bezugspersonen vermerkt.
Ihr Aussehen, ihr Lachen, ihre Art, sich zu kleiden, auch ihre Meinungen, ihre Ermahnungen, ihr Lob und ihre Kritik, ihre Zärtlichkeit und ihre Gleichgültigkeit haben dort zu Eindrücken und Abdrü-
cken geführt. »Jeder Mensch hat einen biologischen Vater und eine
biologische Mutter. Man muss sie nicht unbedingt lieben oder anerkennen, man kann ihnen misstrauen. Aber sie existieren – mit ihrem Gesicht, ihrer Haltung, ihren Manieren und Manien, ihren Illu-
sionen, ihren Hoffnungen, der Form ihrer Hände und Zehen, der
Farbe ihrer Augen und ihres Haares, ihrer Art zu reden, ihren Gedanken und vermutlich dem Alter, in dem sie sterben, all das haben
wir in uns aufgenommen«, schreibt der französische Schriftsteller
J.M.G. Le Clézio.

Die frühen Erfahrungen mit unseren Eltern dienen uns als Weg-
weiser. Wir orientieren uns daran, ganz gleichgültig, ob es sich um
positive oder negative Erlebnisse handelt. So belegen diverse Studien, dass wir uns bei der Wahl unseres Liebespartners vom Aussehen der Eltern beeinflussen lassen: Männer verlieben sich eher in
Frauen, die beispielsweise dieselbe Augen- und Haarfarbe der Mutter haben, Frauen wählen Männer, die ihrem Vater gleichen.

Oder wir lieben eine bestimmte Farbe, weil wir sie mit einer angenehmen kindlichen Erinnerung verknüpfen. Lavendelblau zum Beispiel. »Sie hatte ein lavendelblaues Kleid aus Viole mit einem fließen-
den Schal, ich erinnere mich noch so genau an dieses Kleid. Wenn

sie abends ausging, kam sie mir gute Nacht sagen in diesem Kleid. Papa rumorte schon ungeduldig im Flur. Sie roch so … so aufregend. Ich durfte mein Gesicht in den weichen Stoff reiben. Nur nichts verknittern durfte ich.« Diese Kindheitserinnerung erzählt schwärmend der Protagonist in der Erzählung *Der Anruf* von Keto von Waberer.

Vergangenheitsspuren wie diese sind angenehm und harmlos. Sie bereichern unser Leben. Gravierend und belastend jedoch sind andere Markierungen auf unserer Lebenslandkarte: fehlende liebevolle Zuwendung, keine oder eine unsichere Bindung an wichtige Bezugspersonen, Vernachlässigung und Misshandlung, Verwöhnung und Überbehütung. Wenn solche markanten Punkte auf unserer inneren Karte zu finden sind, stolpern wir möglicherweise orientierungslos durchs Leben und finden nicht den festen Weg, den wir suchen. Die Welt kommt uns dann nicht als sicherer Ort vor, an dem es sich gut leben lässt. Stattdessen ist Unsicherheit das Thema, das viele, wenn nicht alle Bereiche unseres Lebens dominiert: Wir sind unsicher, was uns selbst betrifft, wir kennen nicht unseren Wert und unsere Stärken. Und wir sind unsicher in Bezug auf andere Menschen. Die Erfahrungen in unseren ersten Lebensjahren bestimmen die Art und Weise, wie wir uns mit anderen Menschen fühlen und verhalten: ob wir sicher im Umgang mit ihnen sind oder ob wir ihnen misstrauisch und vorsichtig begegnen und ständig unsere Unabhängigkeit und Selbstständigkeit betonen müssen.

Gleichgültig, wie viel Einfluss Sie selbst Ihrer Kindheit auf Ihr aktuelles Leben einräumen – in Ihren frühen Jahren liegen die Antworten auf viele Fragen. Auf Fragen, die Sie sich wahrscheinlich selbst immer mal wieder stellen und die sich unter eine Hauptfrage subsummieren lassen: »Warum bin ich so, wie ich bin?« Vor allem in Stresssituationen und Krisenzeiten zerbrechen Sie sich wahrscheinlich immer wieder den Kopf über sich selbst:

- »Warum habe ich immer wieder ähnliche Probleme in meinen Liebesbeziehungen?«
- »Warum nur arbeite ich so viel und gönne mir selbst so wenig?«

- »Weshalb empfinde ich zu meinen eigenen Kindern eine so große Distanz?«
- »Warum fällt es mir so schwer, wirkliche Nähe zuzulassen?«
- »Woher kommt meine Ängstlichkeit und Selbstunsicherheit?«
- »Warum bin ich nur so ein Perfektionist?«
- »Warum fühle ich mich immer wieder zu Menschen hingezogen, deren Anerkennung oder Liebe ich mir erkämpfen muss?«
- »Warum kann ich nicht Nein sagen?«
- »Warum verdunkelt sich immer wieder meine Stimmung? Woher kommt diese Niedergeschlagenheit und Mutlosigkeit?«
- »Immer denke ich erst an die anderen; an mich denke ich, wenn überhaupt, nur zuletzt. Warum kann ich mich nicht wichtiger nehmen?«
- »Warum bin ich schon bei der geringsten Kleinigkeit oft so eifersüchtig?«
- »Warum kann ich anderen Menschen nicht wirklich vertrauen?«
- »Gibt es einen Grund dafür, dass ich keine Freude an Sexualität habe?«
- »Weshalb esse/trinke/rauche ich immer wieder zu viel?«
- »Warum werde ich von meinen Freunden immer wieder ausgenutzt?«
- »Woher kommen diese schlimmen Migräneanfälle, die mich schon mein Leben lang begleiten?«
- »Warum nur werde ich meine Rückenschmerzen und Verspannungen nicht los?«
- »Weshalb kann ich so schwer Entscheidungen treffen?«
- »Warum kann ich mich nicht trennen?«
- »Warum kann ich keine wirkliche Bindung eingehen?«

Es gibt diese alltäglichen Verhaltensweisen und Gefühle, die uns mal mehr, mal weniger störend an uns auffallen. Und dann gibt es auch noch jene kritischen Lebenssituationen, in denen wir uns überhaupt nicht erwachsen fühlen, sondern völlig alleingelassen, hilflos, verzweifelt, ohnmächtig und wertlos. Eben wie ein kleines Kind. Dann überwältigen uns plötzlich Gedanken und Gefühle, auf die wir alles andere als stolz sind. Wir haben meist keine Erklärung dafür, sprechen vielleicht von Überlastung, Burn-out, Stress oder Ähnlichem. Den wahren Ursprung unserer Befindlichkeit erkennen wir nicht. Wir erkennen nicht, dass diese für einen erwachsenen Menschen seltsamen und unangemessenen Verhaltensweisen in den meisten Fällen aus der Vergangenheit stammen, und da gehören sie eigentlich auch hin. Sie haben in der Gegenwart nichts zu suchen und mit dieser in der Regel auch nichts zu tun. Doch weil wir uns ihrer Herkunft nicht bewusst sind, können sie uns ungehindert das Leben schwer machen. Wir merken nicht, dass unser Verhalten und Fühlen in der Gegenwart unserem Verhalten und Fühlen in der Vergangenheit ähnlich ist. Anstatt einen Zusammenhang zwischen dem Heute und dem Gestern zu sehen, machen wir häufig aktuelle Geschehnisse für unsere Gefühle und Reaktionen verantwortlich – und wundern uns, warum wir aus bestimmten Situationen nichts lernen, warum uns manches immer wieder passiert. Wir erkennen nicht, dass unsere Art, mit Stress und Konflikten umzugehen, genau der Art entspricht, wie wir als Kind gelernt haben, mit Stress und Konflikten umzugehen. Das, was wir in der Kindheit erlebt und unter Umständen erlitten haben, bringen wir nicht in Zusammenhang mit unseren aktuellen Schwierigkeiten und Empfindungen.

## Marionetten der Vergangenheit?

*Der Geburtstagtisch war festlich gedeckt. Sonnenblumen, wohin das Auge blickte. Dazwischen eine große Torte, geschmückt mit Marzipanrosen und einer großen Zahl: 90. Kaffeeduft lag in der Luft. Die Gäste waren alle schon versammelt. Es war eine kleine Schar, die Familie war nicht mehr sehr groß, dazu ein paar Freunde. Sie warteten auf die Jubilarin. Als die Tür aufging und die alte Frau im Rollstuhl hereingefahren wurde, klatschten alle und sangen, was an solchen Tagen immer gesungen wird: Happy birthday und*

*Hoch soll sie leben.* Reglos nahm die alte Frau, die zwar pflegebedürftig, aber nicht dement war, die Gratulationen entgegen. Ihr Gesichtsausdruck war mürrisch. Die Tochter, die all das arrangiert hatte, wurde leicht nervös. »Stimmt irgendetwas nicht?« Keine Antwort. »Schau, die schöne Torte.« »Ja.« »Und die wunderbaren Sonnenblumen.« Keine Reaktion. Doch nach einiger Zeit meinte die Mutter: »Nur so wenig Sträuße?« Die Tochter wusste sofort, was die Mutter meinte. An ihren früheren Geburtstagen hatte die Mutter Blumensträuße wie Trophäen gesammelt. An der Anzahl der Sträuße las sie ihre Beliebtheit ab. Und heute? Nur drei Blumengebinde standen auf der Geburtstagstafel. Ein Schuldgefühl durchflutete die Tochter. Hatte sie doch den Gästen gesagt: Bitte keine Blumen, das Zimmer im Pflegeheim ist zu klein. Wie dumm von ihr! Aber da war ja noch ihre Überraschung, die würde diesen Fauxpas schon wieder gut machen.

Bemüht, der alten Mutter einen unvergesslichen Tag zu bereiten, hatte die Tochter einen Sänger und eine Klavierspielerin engagiert. Sorgfältig waren die Lieder ausgewählt worden, Lieblingslieder ihrer Mutter. Als die Musiker sich vorstellten, blickte die alte Frau im Rollstuhl skeptisch. »Wer ist das?« »Mein Geschenk für dich«, sagte, schon etwas verunsichert, die Tochter. »Die beiden werden für dich singen und spielen. Pass gut auf, du wirst die Lieder alle kennen.« Hoch auf dem gelben Wagen – der Sänger hatte eine gute Stimme. Laut genug, dachte die Tochter und beugte sich zur Mutter. »Erkennst du das Lied?« Kopfschütteln. »Nein? Aber der Text, der ist dir doch bekannt.« Die Tochter sang das Lied mit. Diesmal kam gar keine Reaktion. Auch nicht beim nächsten. »Im Frühtau zu Berge« – früher sang die Mutter es bei jedem Ausflug. »Nein, kenne ich nicht.« Irrte sie sich oder wurde der Gesichtsausdruck der Mutter immer mürrischer? Zunehmend nervös versuchte die Tochter, der Mutter irgendeinen Funken des Erkennens oder der Freude zu entlocken. Ohne Erfolg. In einer Gesangspause meinte die Mutter nur: »Du hast doch sicher was anderes für mich vorbereitet.« »Was meinst du?« »Keine Ahnung, was anderes eben.« Die Tochter rang um Fassung. Doch beim nächsten Lied konnte sie die Tränen nicht mehr zurückhalten. Enttäuscht saß die 60-Jährige neben ihrer 90-jährigen Mutter und fühlte sich wie eine Fünfjährige. Sie hatte alles falsch gemacht. Sie selbst war falsch.

Sigmund Freud, der Begründer der Psychoanalyse, nannte das durch die Vergangenheit bestimmte Handeln »agieren«. Wer agiert, verhält sich nicht wie ein Erwachsener, sondern wie das Kind, das er mal war. Wenn wir agieren, reagieren wir auf die Kritik eines Vorgesetzten vielleicht trotzig oder ziehen uns tief gekränkt zurück; wir fühlen uns dann sofort ungeliebt, wenn ein geliebter Mensch auch mal ohne uns etwas unternehmen will; wir halten uns für wertlos, wenn wir nicht immer und ständig Perfektes leisten. Oder wir sind als längst erwachsene Frau den Tränen nahe, wenn sich die alte Mutter so verhält, wie sie sich immer verhalten hat: voller hoher Erwartungen.

Der Zusammenhang zwischen dem Gestern und dem Heute zeigt sich in allen möglichen Situationen. Vor allem wird er deutlich, wenn das Leben schwierig ist, wenn wir Kränkungen und Niederlagen hinnehmen müssen. Dann steigen Gefühle und Gedanken in uns hoch, die uns in ihrer Heftigkeit oftmals selbst überraschen. Dann agieren wir.

*Als eine 45-jährige Ehefrau entdeckt, dass ihr Mann sie seit Jahren betrügt, entzieht ihr das verständlicherweise den Boden unter ihren Füßen. Sie ist verzweifelt, traurig, wütend. Diese Gefühle sind eine völlig angemessene Reaktion auf eine extreme Situation. Nicht angemessen ist jedoch ein anderes Gefühl, welches sie zunehmend beherrscht: Sie liegt nächtelang wach und ist von ihrer eigenen Wertlosigkeit überzeugt. Sie denkt, dass sie für niemanden auf dieser Welt eine Bedeutung hat, dass ihr Leben nun zu Ende ist und sie deshalb gleich Schluss machen könnte.*

*Eine 36-jährige Frau opfert sich für ihre alten Eltern auf. Sie tut alles, um es ihrem 85-jährigen Vater und ihrer 79-jährigen Mutter recht zu machen. Fast täglich schaut sie bei den beiden Alten vorbei, kauft für sie ein, kocht, putzt, unterhält sie. Als sie ihnen eines Tages verkündet, ihr Mann hätte ihr zum Geburtstag eine kleine Reise geschenkt, macht der Vater eine abfällige Bemerkung. Es ist offensichtlich, dass er ihr die Reise nicht gönnt. Die erwachsene Tochter reagiert zunächst nicht darauf. Doch zu Hause bekommt sie* einen Weinkrampf und sagt ihrem Mann, dass er die Reise stornieren soll. Sie könne ihre alten Eltern nicht alleine lassen.

*Seine junge Frau erwartet ein Kind. Eigentlich könnte er glücklich sein. Doch der werdende Vater ist alles andere als das. Seit er weiß, dass aus dem Paar eine Familie wird, kämpft er mit heftigen Depressionen. Er versteht sich selbst nicht. Denn wenn er ehrlich ist, freut er sich nicht auf das Kind. Ganz im Gegenteil: Er hat Angst davor, Vater zu werden. Dass diese Angst möglicherweise etwas damit zu tun hat, dass sein eigener Vater die Familie verlassen hat, als er zwei Jahre alt war – dieser Gedanke kommt ihm nicht.*

*Ein junger Mann hat Schwierigkeiten damit, sich Termine zu merken und pünktlich zu sein. Er schiebt regelmäßig Dinge auf und erledigt Aufgaben erst auf den letzten Drücker. Nun hat er eine Arbeitsstelle angetreten, und es liegt ihm viel daran, diese schlechte Angewohnheit, wie er es nennt, loszuwerden. Doch sein Verhalten ist mehr als nur eine schlechte Angewohnheit: Er ist der einzige Sohn eines Akademikerehepaares, das lange auf ein Kind gewartet hatte. Als er endlich, spät und dann unerwartet, geboren wird, gilt die ganze Aufmerksamkeit und Fürsorge der Eltern nur ihm. Seine Mutter regelt alles für ihn, sie lässt ihm keinerlei Freiraum. Ständig kontrolliert sie ihn – seine Kleidung, seine Freundschaften, seine Hausaufgaben, sein Zimmer, nichts entgeht ihrem Blick. Indem er zum unpünktlichen Aufschieber wird, weist er die Mutter in ihre Grenzen. Seine Verweigerungshaltung ist der einzige autonome Akt, der ihm möglich scheint. Als er diesen Zusammenhang erkennt, kann er damit aufhören, anstehende Aufgaben erst im allerletzten Moment zu erledigen.*

*Ein 61-jähriger Abteilungsleiter einer großen Versicherungsgesellschaft hat bereits über Jahre hinweg hervorragende Bilanzen. So erfolgreich wie er arbeitet keiner seiner Kollegen und Kolleginnen. Die Geschäftsleitung zollt ihm Anerkennung, er bekommt regelmäßig am Ende des Jahres Erfolgsprämien ausbezahlt. Doch er kann sich nicht freuen – weder über die Anerkennung, noch über seine Leistungen. Ihn beherrscht das Gefühl, ein Hochstapler zu sein, der die ganze Aufmerksamkeit gar nicht verdient hat. Seine*

*Erfolge sind auf Sand gebaut, so meint er und fürchtet, dass früher oder später auch seine Vorgesetzten das merken müssten. Dass seine äußerst guten schulischen Leistungen den Eltern kein Wort des Lobes wert waren, dass seine Mutter ganz im Gegenteil ihm ständig das Gefühl gab, nicht gut genug für sie zu sein – das bringt er nicht in Zusammenhang mit seinen aktuellen Problemen.*

*Als die 40-jährige Sekretärin am Morgen in ihr Auto einsteigen will, stellt sie fest, dass alle vier Reifen in der Nacht zerstochen wurden. Sie ist geschockt. Und weiß nicht, was sie jetzt tun soll. Völlige Hilflosigkeit überfällt die ansonsten so tatkräftige Frau, sie merkt, wie die Tränen in ihr hochsteigen. Verzweifelt flüchtet sie in ihre Wohnung, ruft ihren Chef an und meldet sich krank. Sie sagt ihm nicht, dass ihr Auto nicht fahrfähig ist, sie mit öffentlichen Verkehrsmitteln fahren muss und deshalb zu spät kommt. Stattdessen legt sie sich ins Bett und lässt ihren Tränen freien Lauf. Ein Verhalten, das sie kennt: In Stresssituationen überfällt sie regelmäßig eine tiefe Hilflosigkeit. Dass sie sich als Fünfjährige tagelang im Keller versteckt hielt, erzählt sie eher belustigt. Dass zu diesem Zeitpunkt der geliebte Vater die Familie verlassen hat, weiß sie. Aber was hat das mit ihrer Hilflosigkeit als erwachsene Frau zu tun?*

Seltsame und unverständliche Reaktionen? Auf den ersten Blick scheint das so. Aber wenn Sie sich selbst befragen, fallen Ihnen dann nicht ebenfalls Situationen ein, in denen auch Sie seltsam, unverständlich oder unangemessen reagiert haben? Ist es Ihnen nicht auch schon passiert, dass Sie auf eine harmlose, kritische Bemerkung hin völlig ausgerastet sind? Oder dass Sie sich zutiefst einsam gefühlt haben, weil der Partner mal ein paar Tage verreist war, dass Ihnen Ihre eigenen Erfolge völlig wertlos vorkamen, dass Sie sich für einen Fehler unangemessen lange geschämt haben …?

Solange wir agieren, solange wir in der Gegenwart unbewusst wiederholen, was wir früher erlebten, so lange können wir nicht erkennen, was eigentlich mit uns los ist. Erst wenn wir einen ungetrübten Blick auf unsere Geschichte werfen, können wir uns einge stehen, wie schwer die Mitgift unter Umständen sein kann, die wir aus Kindertagen mit uns herumschleppen. Dieser »ungetrübte Blick« ist jedoch alles andere als einfach. Erkenntnisse über den Zusammenhang zwischen Früher und Heute stellen sich nicht von alleine ein. Sie sind nur durch »psychische Arbeit« zu erlangen, wie Sigmund Freud meinte. Diese psychische Arbeit können wir auf unterschiedliche Weise leisten: mithilfe therapeutischer Unterstützung, aber auch alleine, indem wir unser Handeln und unser Fühlen auf selbstzerstörerische Elemente hin untersuchen: Alkohol- oder Drogenmissbrauch, Essstörungen, Suizidgedanken oder -versuche, Depressionen, Ängste, Panikattacken, immer nett sein wollen, alles perfekt machen müssen, andere dominieren müssen, Arbeitssucht, immer alles persönlich nehmen, sich selbst nicht für wertvoll halten, sich selbst nicht einschätzen können – all das und vieles mehr kann ein Hinweis darauf sein, dass wir aus der Vergangenheit ferngesteuert werden und frühe negative Botschaften, sozusagen Spam aus der Vergangenheit, unser Leben zumüllen. Wann immer wir uns selbstdestruktiv oder äußerst unfreundlich uns selbst gegenüber verhalten, können wir in der Regel davon ausgehen, dass frühe Erfahrungen die Ursache dafür sind.

Es ist wie bei einer Grippe. Wir tragen einen Virus in uns. Aber in diesem Fall ist nicht Fieber das Anzeichen dafür, dass wir krank sind, sondern wir können es an unserem »Agieren« erkennen, an unseren unangemessenen Reaktionen und Verhaltensweisen. Sie sind ein Indiz dafür, dass wir etwas in uns tragen, was mit der Gegenwart wahrscheinlich wenig zu tun hat, sondern dessen Wurzeln in unserer Kindheit liegen.

## Der Weg zur Selbsterkenntnis

»Warum bin ich so, wie ich bin?« Wenn wir es wagen, diese Frage zu stellen, wenn wir uns interessieren für unsere Anfänge, wenn wir uns mit dem Kind, das wir einst waren, besser vertraut machen und uns interessieren für dessen Lebensbedingungen, bekommen wir mit großer Wahrscheinlichkeit wichtige und aufschlussreiche Antworten.

Sicherlich können wir nicht alle unsere Verhaltensweisen, nicht jedes unserer Probleme mit den Erfahrungen in den frühen Jahren erklären. Die Psychologie weiß heute, dass unsere Persönlichkeit zu einem großen Teil von unseren Genen geprägt wird. So spielt beispielsweise auch unser angeborenes Temperament eine Rolle. Zahlreiche Studien zeigen, dass manche unserer Reaktionsmuster ererbt sein können. Aber dennoch spielen auch hier die Bedingungen der Kindheit wieder eine Rolle: Wird uns als Kind eine Umwelt geboten, die unserem Temperament entspricht – die Psychologie spricht von »Passung« –, können wir uns optimal entwickeln. Bekommt beispielsweise ein lebhaftes, unruhiges Kind ausreichend Verständnis und Möglichkeiten zum Toben, wird es sich besser und gesünder entwickeln als ein unruhiges Kind, das von seinen Eltern, im Kindergarten oder in der Schule zu einem ruhigen Kind erzogen wird. Umgekehrt wird ein eher ängstliches Kind sich wohler fühlen in einem Elternhaus, in dem es – ausreichend geschützt – Ermutigung erfährt.

In unserer Kindheit finden wir den Schlüssel für eine bessere Selbsterkenntnis. Hier wurde der Grundstock gelegt für unsere Entwicklung und unsere Persönlichkeit. Die Art und Weise, wie uns die wichtigen Bezugspersonen in unserer frühen Kindheit begegnet sind, das Maß an Zuwendung und Interesse, das sie uns entgegengebracht haben, die Liebe, die wir gespürt (oder nicht gespürt) haben – all das hat im Zusammenwirken mit unseren biologischen Eigenschaften den Menschen aus uns gemacht, der wir heute sind. Wenn wir mit diesem Menschen nicht voll und ganz einverstanden sind, wenn wir mit uns selbst hadern, wenn es zu viele unglückliche Momente in unserem Leben gibt, kann ein tieferer Blick in die eigene Vergangenheit aufschlussreich sein.

Aber – und das ist enorm wichtig: Dieser Blick zurück erzählt uns nicht nur eine Geschichte über uns, sondern wir können aus dieser Geschichte auch wertvolle Schlussfolgerungen ziehen, die uns helfen, unser Leben zu verbessern. Die Auseinandersetzung mit der eigenen Vergangenheit hat nur dann wirklich einen Wert und einen Sinn, wenn wir nicht bei der Erkenntnis »Meine Kindheit war schlecht, deshalb geht es mir heute nicht gut«, stehen bleiben, sondern wenn wir gleichzeitig erkennen, dass Kindheit nicht Schicksal sein muss. Das Erbe der Kindheit muss uns nicht zwangsläufig ein Leben lang belasten. Wir sind nicht dazu verurteilt, mit dieser Mitgift ein Leben lang zu kämpfen, die frühen Erfahrungen müssen nicht unabwendbar das spätere Geschehen negativ beeinflussen. Uns kann das Leben gelingen, obwohl oder gerade weil der Anfang unglücklich verlaufen ist. Wir können zum Regisseur unseres eigenen Lebens werden, denn wir können bestimmen, wie es mit uns weitergeht. Die Kindheit stellt Weichen, aber wir sind nicht dazu verurteilt, unser gesamtes Leben lang dieser Weichenstellung brav zu folgen. Wir können die Richtung wechseln!

### Der lehrreiche Blick zurück

Um die Regie im eigenen Leben übernehmen zu können, müssen wir uns jedoch zunächst damit beschäftigen, wie die Regieanweisungen früher gelautet haben und was sie bewirkten. Tun wir das nicht, scheuen wir vor dieser – zugegeben nicht leichten – Aufgabe zurück, dann können wir unserem Lebenslauf kaum eine andere, bessere Richtung geben. Wer seine Vergangenheit nicht kennt, ist dazu verdammt, sie zu wiederholen, sagte der amerikanische Philosoph George Santayana mit Blick auf die Geschichte von Nationen. Das Gleiche gilt auch für jeden einzelnen Menschen. Die Einsicht in die Vergangenheit, die Kenntnis dessen, was geschehen ist, ist die unabdingbare Voraussetzung dafür, etwas Neues in Angriff nehmen zu können. Wer diesen Schritt nicht wagt, für den kann die Kindheit wirklich zum Schicksal werden. »Leben lässt sich nur rückwärts verstehen, muss aber vorwärts gelebt werden«, meinte der Philosoph Søren Kierkegaard.

Das bedeutet: Wir sollten dem eigenen Werdegang Beachtung schenken. Nur wenn wir uns damit auseinandersetzen, warum wir so sind, wie wir sind, warum wir bestimmte Entscheidungen immer wieder treffen, warum manche Verhaltensmuster immer wieder auftauchen, können wir mehr Kontrolle über unser Leben bekommen. Um das Leben selbst gestalten zu können, ist es unabdingbar, dass wir uns in unsere frühen Jahre zurückversetzen und erkennen, was wir als Kind erlebt haben. Insofern hat der Hypnotherapeut Milton Erickson auf jeden Fall Recht, wenn er meint: »Einsicht in die Vergangenheit kann sehr lehrreich sein.« Solange uns diese Einsicht fehlt, müssen wir das in der Kindheit Geschehene in der Gegenwart wiederholen, ohne dass wir uns dieser Wiederholung bewusst wären. Unser Verhalten ist dann nicht nur durch die aktuelle Situation bestimmt, sondern in erheblichem Ausmaß durch Situationen, die unter Umständen Jahrzehnte zurückliegen. Wir glauben zwar, dass wir auf eine konkrete Angelegenheit, auf ein konkretes Verhalten reagieren, doch wir reagieren auf etwas, das uns bekannt vorkommt, das wir so oder so ähnlich schon einmal erlebt haben.

Wenn wir nicht wissen, was in unserer Kindheit geschah und wie dieses Geschehen nach wie vor unsere Gedanken, Gefühle und unser Verhalten prägt, sind wir wie Menschen, die in der Wüste nach Wasser graben. Der Psychoanalytiker Andreas E. Benz hat dieses Bild einmal benutzt, um deutlich zu machen, dass eine unglückliche Kindheit uns zu verzweifelten Suchern machen kann. In der Wüste nach Wasser zu graben bedeutet, wir hoffen, von Menschen etwas zu bekommen, was diese uns nicht geben können; wir wollen mit anderen etwas austauschen, was mit ihnen nicht auszutauschen ist. »Je länger sie kein Wasser finden und je durstiger sie werden, umso verzweifelter graben sie bis zur Erschöpfung immer tiefer, ohne den Mangel je zu überwinden«, schreibt der Psychoanalytiker über Menschen, die blind sind für die Wunden, welche ihnen in der Kindheit zugefügt worden sind.

Wenn es Ihnen ähnlich geht und Sie sich auch manchmal vorkommen wie ein Verdurstender, der in der Wüste aussichtslos nach Wasser gräbt, ist es vielleicht an der Zeit, die Grabungen einzustellen und nach einem Weg Ausschau zu halten, der Sie aus der Wüste herausführt. Wie Ihnen das gelingen kann, davon handelt der zweite Teil dieses Buches. Dort geht es um die Frage, wie wir mehr Lebendigkeit und Zufriedenheit erreichen können, obwohl die Weichen in den ersten Lebensjahren nicht auf Lebensglück gestellt waren. Ab Kapitel 4 wird deutlich werden, dass Kindheit nicht Schicksal sein muss – vorausgesetzt, wir kennen die Vergangenheit.

### Die Opferperspektive hilft nicht

Solange wir uns als hilfloses Opfer der Vergangenheit sehen, erkennen wir nicht, welches Potenzial, welche Kraft in unseren ganz spezifischen Kindheitserfahrungen liegen kann. Als Opfer konzentrieren wir uns auf all das, was nicht gewesen ist – und das zieht unsere Aufmerksamkeit vom gegenwärtigen Leben ab und lässt uns dieses Leben versäumen. Als Opfer glauben wir, dass wir mit den uns früh zugefügten Wunden leben müssen, dass wir keinerlei Einfluss auf die Situation haben. Das aber ist keineswegs der Fall. Wir können lernen, mit unserer Kindheit anders umzugehen, indem wir sie aus einer Erwachsenenperspektive betrachten und uns sozusagen selbst an den Haaren aus dem Sumpf ziehen. Durch eine klare, erwachsene Auseinandersetzung mit dem, was früher war, schaffen wir die wichtige Grundlage für neues Lernen. Denn das können wir: Neues lernen, um mit den Narben, die uns durch frühe negative Erfahrungen zugefügt wurden, möglichst unbelastet leben zu können. Wir sind in der Lage, der frühen Mitgift ihren Stachel zu nehmen. Wir sind ihr nicht auf Gedeih und Verderb ausgeliefert und müssen den in der Kindheit eingeschlagenen Weg nicht einfach so weitergehen.

Welche Auswirkung unsere Kindheit auf unser heutiges Leben hat, können wir mitbestimmen. Selbst wenn Sie in Ihren frühen Jahren keinen Platz an der Sonne hatten, wenn Ihre Erinnerungen an die Kindheit eher negativ sind und Sie wenig Liebe und Zuwendung erfahren haben, heißt das nicht zwangsläufig, dass auch heute Ihr Leben schwierig und steinig sein muss. Denn die Geschichte Ihres Lebens besteht aus zwei Teilen: Der erste Teil wurde von fremden Autoren und Autorinnen geschrieben. Von Ihren Eltern, Ihren Geschwistern, anderen Verwandten beispielsweise. Auf diesen ersten Teil hatten und haben Sie keinerlei Einfluss. Sie müssen den Stil, in dem er geschrieben wurde, ebenso akzeptieren wie den Inhalt. Im Nachhinein können Sie daran nichts mehr redigieren, korrigieren oder ergänzen.

Ganz anders aber liegt der Fall für den zweiten Teil Ihrer Geschichte. Nun können Sie selbst entscheiden, ob die Fremdautoren auch hier den Inhalt weiter bestimmen oder ob Sie jetzt selbst eingreifen und entscheiden, wie dieser zweite Teil geschrieben werden und wovon er handeln soll. Wenn Sie zum Autor, zur Autorin Ihrer Lebensgeschichte werden, sind Sie selbst verantwortlich dafür, ob der zweite Teil eher eine Geschichte von Leid und Scheitern erzählt, oder ob dieser Teil leichtfüßiger als der erste daherkommt, mehr von Optimismus als von Pessimismus handelt, ob Hoffnung und Zuversicht in ihm eine Rolle spielen – und vor allem: ob die Hauptfigur ein glücklicher, zufriedener Mensch ist.

Die Menschen, deren Geschichte im nächsten Kapitel erzählt wird, haben einiges über ihre Kindheit gewusst. Doch ganz offensichtlich ist es ihnen nicht gelungen, sich als sie erwachsen waren, in den Regiestuhl zu setzen und das Drehbuch ihres Lebens zu verändern.

# 1.

# Kindheitsgeschichten 1 –
# Der Einfluss der frühen Jahre

»Wir schwiegen und ich dachte plötzlich: ich frag sie jetzt mal.
Es ist so lange her, warum soll ich nicht wenigstens einmal
die Sprache darauf bringen, vielleicht kann sie ja sagen
›es tut mir leid‹, und ich fragte meine Mutter: ›Warum hast du
mich damals eigentlich so entsetzlich geschlagen?‹
Die Antwort kam sofort: ›Ich habe dich nicht geschlagen.‹«

*Elke Heidenreich*

Die folgenden Geschichten schildern das Leben von prominenten
Männern und Frauen. Es sind ausschließlich Geschichten ohne
Happy End. Diese Geschichten widerlegen – wie es scheint – den
Titel dieses Buches: Für diese Prominenten war ihre Kindheit tatsächlich Schicksal. Ihre frühe Kindheit hatte entscheidenden Einfluss auf ihr späteres Lebensglück. Doch darin liegt keine Zwangs-
läufigkeit. Auch diese Lebensgeschichten hätten anders verlaufen
können. Ihre schlimme Kindheit hätte nicht zu einem unglücklichen
Erwachsenenleben führen müssen, hätten diese Männer und Frauen
die Chance bekommen, konstruktiv mit ihren frühen Kindheitserfahrungen umzugehen. In Kapitel 4 werden Biografien von Prominenten vorgestellt, die ebenfalls eine schwere Kindheit hatten, deren
Geschichte jedoch einen positiveren Verlauf nimmt. Diese
Biografien zeigen eindrucksvoll, dass Kindheit nicht Schicksal sein
muss, vorausgesetzt, es sind bestimmte alternative Erfahrungen
möglich.

Doch zunächst wenden wir uns den Menschen zu, auf die der Satz
»Kindheit ist Schicksal« zutrifft. Die Fakten der verschiedenen Lebensgeschichten basieren auf Biografien und Selbstbeschreibungen
der jeweiligen Prominenten. Ob das, was man über ihre ersten Jahre

weiß, wirklich wahr ist, spielt keine Rolle. Wichtig ist, welche Erinnerungen diese Männer und Frauen der Öffentlichkeit preisgegeben haben. Denn es sind eben diese Erinnerungen, die sie geprägt und die sie nie mehr losgelassen haben.

Die Menschen, um die es in den nun folgenden Kindheitsgeschichten geht, sollen zunächst anonym bleiben. Lassen Sie die Lebensgeschichten auf sich wirken. Überlegen Sie, wie sich die Person, von der jeweils die Rede ist, wohl als Kind gefühlt haben mag. Vielleicht erraten Sie bereits beim Lesen, um wen es sich handelt; wenn nicht – warten Sie auf die Auflösung.

### Einsames Mädchen, einsamer Star

*Ihre Mutter ist ehrgeizig, sehr ehrgeizig. Manche meinen, sie sei vom Ehrgeiz zerfressen. Ihr ganzes Leben gilt ihrer Leidenschaft: dem Film. Nichts anderes hat darin Platz. Auch kein Kind. Eigentlich. Dennoch wird die berühmte Filmschauspielerin Mutter. Sie schenkt einer Tochter das Leben. Doch schon bald nach der Geburt des Kindes stürzt sie sich wieder in die Arbeit. Die Mutterrolle liegt ihr nicht. Der Vater, ebenfalls Schauspieler, ist auch kein Familienmensch. Er bleibt gerade mal fünf Tage bei der kleinen Familie, ehe es ihn wieder zu einem neuen Engagement zieht. In seinem ersten Lebensjahr bekommt das Mädchen die Eltern nur als Besucher zu sehen. Die Großeltern mütterlicherseits und ein Kindermädchen kümmern sich um die Kleine. Eine gute Lösung, findet die Mutter, die später in ihrer Autobiografie schreiben sollte: »Das Schicksal eines Säuglings- oder Kinderheims blieb ihr auf diese Weise erspart.«*

*Als die Tochter fünf Jahre alt ist, trennen sich die Eltern auf dramatische Weise. Heftige Auseinandersetzungen, schlimme Auftritte gehen der Scheidung voraus. Danach versinkt die Mutter in tiefe Trauer, denkt sogar an Selbstmord. Ihre Gefühle verbirgt sie nicht vor ihrer kleinen Tochter. Diese bekommt die Not und Verzweiflung der Mutter hautnah mit – und ist davon natürlich völlig überfordert. Auch sie vermisst den Vater schrecklich, doch für ihre Gefühle, für ihren Schmerz ist kein Platz, niemand zeigt dafür Interesse. Die dramatische Mutter beansprucht jede Zuwendung. Langsam fügt sich das Mädchen in sein Schicksal und gibt jede Hoffnung auf ein nor-*

males Familienleben auf. Als sie zehn Jahre alt ist, schickt die Mutter sie in ein Internat. Erneut fühlt sich das Mädchen zurückgewiesen und abgelehnt. Trotz (oder wegen) der Enttäuschungen, die ihr die Mutter zufügt, fasst sie im Internat den Entschluss, in die Fußstapfen der Mutter zu treten: Sie will ebenfalls Schauspielerin werden. Und der Plan gelingt: Wie die Mutter ist auch die Tochter erfolgreich, sehr erfolgreich. Sie wird ein international anerkannter Star. Doch der Erfolg bleibt auf den Beruf beschränkt. In einem Interview sagte sie einmal: »Verzeihen Sie, wenn ich das so simpel sage, aber das hätte alles sehr viel besser laufen können mit meinem Leben.« Ihr Privatleben ist von Niederlagen, Trennungen und Schicksalsschlägen gezeichnet. Ihre Beziehungen zu Männern scheitern, früh unternimmt sie einen Suizidversuch und stirbt mit Anfang 40 an Herzversagen. Die Spekulationen, sie könnte sich selbst das Leben genommen haben, halten bis heute an.

### Die Tochter der Politikerin

Ihr Zwillingsbruder, davon ist sie überzeugt, ist der Liebling. Während die Mutter an ihr immer etwas auszusetzen hat, geht sie mit dem Bruder viel wohlwollender und akzeptierender um. Gleichgültig, ob es der Zustand ihres Zimmers oder ihr Outfit ist, die Mutter findet alles, was mit ihr zu tun hat, »schrecklich«. Der Tochter dagegen erscheint die Mutter perfekt. Zudem ist sie berühmt. So berühmt, dass das kleine Mädchen regelrecht Angst vor der großen Mutter hat. Die hat Wichtigeres zu tun, als sich mit ihrem kleinen Mädchen zu beschäftigen, sie ist schließlich eine erfolgreiche Politikerin. Als die Tochter größer wird, muss sie immer wieder feststellen: Was immer sie auch der Mutter erzählt, die ist mit ihren Gedanken ganz woanders. Kein Wunder, denkt sie sich, ich rede wahrscheinlich auch ziemlichen Unsinn. Die Mutter ist klügere Konversationen gewöhnt. Als Teenager vergleicht sie sich mit der Mutter, und schneidet dabei schlecht ab. Die Mutter ist attraktiver, besser gekleidet, einfach von der Natur begünstigt, findet die Tochter.

Ist sie ein ungeliebtes Kind? Nein, so weit geht sie nicht. Aber ihr ist klar: Sie kommt nicht an erster Stelle. Die ist für den Beruf der Mutter reserviert. Das merkt sie unter anderem daran, dass die Mutter sie manchmal mit dem

Namen ihrer Sekretärin anspricht. Verständlich, denkt die Tochter, kreisen doch die Gedanken der Mutter immer um ihren Job. An zweiter Stelle, nach dem Beruf, kommt der Bruder und dann kommt, auf Platz drei – vielleicht – sie. Aber auch das ist nicht sicher. Denn wann immer die Tochter Aufmerksamkeit verdient hätte, zum Beispiel bei ihrer Abschlussprüfung, benötigt die Mutter noch mehr Aufmerksamkeit, weil sie gerade wieder ein berufliches Problem zu bezwingen hat.

Und was ist mit ihrem Vater, kann er wenigstens die Liebe geben, die sie gebraucht hätte? Die erwachsene Tochter stellt heute fest: »Es gab keine besondere Vater-Tochter-Beziehung.« Auch dem Vater fühlt sie sich nicht nah. Von Anfang an wollte der von seinen Kindern offensichtlich nichts wissen. Erst spät, als die Geburt schon längst vorüber ist, taucht er in der Klinik auf. Und als er die Babys sieht, meint er entsetzt: »Die sehen aus wie Hasen. Bringt sie zurück.« Die Gedanken der Mutter sind ebenfalls nicht bei ihren beiden Kindern. Noch im Krankenhaus plant sie ihren nächsten Karriereschritt.

Die Tochter wählt dann einen Beruf, der auch sie ein wenig in die Öffentlichkeit bringt – sie wird Journalistin und Buchautorin. Und endlich richten sich die Scheinwerfer auch mal auf sie: Sie nimmt an der britischen Version der TV-Sendung »Ich bin ein Star – holt mich hier raus« teil. Und wird von den Zuschauern zur Dschungelqueen gewählt. Das ist für sie, so scheint es, der absolute Höhepunkt ihres Lebens. Endlich steht sie einmal im Rampenlicht – und nicht die berühmte Mutter.

### Der Junge ohne Kindheit
Die Eltern haben es nicht leicht: Neun Kinder müssen ernährt werden. Das heißt: Arbeit, Arbeit, Arbeit – von früh bis spät. Sobald die Kinder alt genug sind, müssen sie mit anpacken. Und sie sind früh alt genug. Mit anderen Kindern spielen? Dafür ist keine Zeit. Im Haushalt gibt es immer was zu tun. Wenn eines der Kinder nicht spurt, gibt es Schläge vom Vater. Kabel und Gürtel dienen als Züchtigungswerkzeuge. Später wird der Vater behaupten, er hätte seinen Sohn, um den es hier geht, niemals geschlagen: Denn Schläge verabreiche man schließlich mit einem Stock. Einen solchen hätte er jedoch nie benutzt!

*Die Geschwister sind musikalische Genies. Fünf von ihnen werden von den Eltern zu einer Gesangstruppe geformt, sie beginnen aufzutreten und haben mit der Zeit beachtliche Erfolge. Die Honorare, die die kleinen Musiker nach Hause bringen, lindern die Armut.*

*Der Begabteste unter ihnen, der an siebter Stelle der Geschwisterreihe stehende Sohn, muss bereits als Fünfjähriger auf die Bühne. Er tanzt und singt die Geschwister schnell in den Hintergrund. Später macht er eine beispiellose Solokarriere, er wird zum Weltstar. Zu seinem Vater befragt, lässt er in Interviews nichts auf ihn kommen. Er bewundere die Erziehungsmethoden seines Vaters, sagt er. Er finde, Kinder sollten Ehrfurcht vor ihren Eltern haben, die Strenge des Vaters habe ihm nicht geschadet, er und seine Geschwister hätten es doch zu etwas gebracht.*

*Doch ganz offensichtlich will er mit seinem Vater nichts gemein haben. Er lässt sich seine Nase operieren, angeblich, weil er die Nasenform seines Vaters geerbt hat und nicht so aussehen will wie dieser. Es bleibt nicht bei diesem Eingriff. Mit den Jahren verändert der Star sein Äußeres durch chirurgische Operationen dramatisch. Er wird zu einem androgynen, alterslosen Wesen mit abschreckenden Zügen. Eine Zirkusfigur. Und als solche passt er in seine Ersatzfamilien und künstlichen Kinderwelten, die er sich als Erwachsener zusammenkauft. Er sammelt exotische Tiere, Zeichentrickfiguren und Schaufensterpuppen. Und er schart Prominente um sich, die ihm als Eltern- und Geschwisterfiguren dienen. Irgendwann realisiert er dann seine Kinderträume in gigantischer Weise: Auf einer 1000 Hektar großen Ranch entsteht nach seinen Vorstellungen ein riesiger Freizeitpark und Zoo. Der Star will Kindern all das bieten, was in seiner Kindheit gefehlt hat. Sie sollen sorglos spielen dürfen, Freude haben, unbeschwert Kind sein dürfen.*

*Seine Liebe zu Kindern ist groß. Zu groß. Auf dem Höhepunkt seines Erfolgs wird er wegen Kindesmissbrauchs angezeigt. Er wird freigesprochen. Lange Zeit hört man nur noch wenig vom Superstar. Keine neuen Songs, keine neuen Shows, keine neuen CDs. Und niemand rechnet mehr ernsthaft mit einem Comeback. Doch im März 2009 kündigt der inzwischen 50-Jährige auf einer Pressekonferenz überraschend 50 Konzerte an, die er zwischen Juli 2009 und März 2010 in London geben will. Doch zu diesen Konzerten wird es nicht kommen.*

### Der heimatlose Engel

Bereits dreizehn Tage nach ihrer Geburt kommt das kleine Mädchen zu Pflegeeltern, einem streng religiösen Paar, das das Mädchen rigide puritanisch aufzieht. Der leibliche Vater ist unbekannt (das Mädchen wird ihn erst als erwachsene Frau kurz sehen), die Mutter leidet unter schweren psychischen Problemen. Sie versucht sogar, das Baby zu ersticken – jedenfalls wird die Tochter das später erzählen.

Als das Mädchen sieben Jahre alt ist, holt die Mutter es von den Pflegeeltern weg und nimmt es zu sich. Doch immer noch ist sie der Erziehung des Kindes nicht gewachsen. Schon wenige Monate später erkrankt sie erneut und kommt wegen schwerer Depressionen ins Krankhaus. Anschließend wird sie mit der Diagnose Schizophrenie in eine Nervenheilanstalt eingewiesen. Eine Freundin der Mutter wird Vormund des Mädchens, doch auch dieses Zuhause wird ihr bald wieder genommen: Die Betreuerin heiratet einen Mann mit drei Kindern, für die Kleine ist kein Platz mehr. Sie wird in ein Waisenhaus abgeschoben, zwei Jahre danach findet sie Unterschlupf bei einer Tante ihrer Mutter. Später, längst erwachsen, sagt die Tochter über ihre leibliche Mutter: »Meine Mutter hat mich nicht gewollt. Wahrscheinlich ging ich ihr im Weg um, und es muss eine Schande für sie gewesen sein, dass ich überhaupt existierte.«

Zweieinhalb Wochen nach ihrem sechzehnten Geburtstag wird das inzwischen zu einem hübschen Teenager herangewachsene Mädchen mit einem fünf Jahre älteren Fabrikarbeiter aus der Nachbarschaft verheiratet. Doch diese Ehe scheitert nach wenigen Jahren. Noch während der Ehe wird ein Fotograf auf die schöne junge Frau aufmerksam, er fotografiert sie, und tatsächlich wird sie von einer Modelagentur engagiert. Sie bekommt einen Vertrag. Filmaufnahmen folgen.

Sie färbt ihr Haar von brünett zu blond und nimmt einen Künstlernamen an. Langsam läuft ihre Karriere als Schauspielerin an. Sie ist begabt, wird aber schnell auf ein bestimmtes Genre festgelegt: auf die süße, blonde Sexbombe. In dieser Rolle wird sie rücksichtslos vermarktet. Ein Schriftsteller beschrieb sie einmal so: »Sie war unser Engel, der süße Engel des Sex...«

1954 heiratet sie zum zweiten Mal. Diesmal einen über elf Jahre älteren Baseball-Star. Doch auch diese Ehe ist glücklos und nur von kurzer Dauer.

*Ebenso wie Ehe Nummer 3 mit einem berühmten Autor, den sie zunächst aus Spaß, dann aber gewohnheitsmäßig »Papa« nennt. Die Frau, die als Sexsymbol die Fantasien unzähliger Männer beflügelte und die Bewunderung der Frauen auf sich zieht, wird in ihrem Privatleben nicht glücklich. Ihr dritter Ehemann meint einmal zu ihr: »Du bist das traurigste Mädchen, das ich je gesehen habe.« Am 5. August 1962 nimmt sie sich das Leben.*

## Kindheiten ohne Liebe

Kindheiten, traurige Kindheiten. Geschichten von prominenten Menschen, die es in ihren frühen Jahren alles andere als »schön« hatten. Wer ihre tragischen Biografien liest, kann sich dem Argument »Kindheit ist Schicksal« nur schwer entziehen. Diese Biografien bestätigen, dass die Geschehnisse der frühen Jahre einen enormen Einfluss auf den weiteren Lebenslauf haben können. Die Prominenten, um die es hier geht, scheinen keine wirkliche Chance gehabt zu haben, die Entwicklung zum Positiven zu verändern.

Wer verbirgt sich hinter diesen Lebensläufen?

*Ein einsames Mädchen und ein einsamer Star* – das war Romy Schneider. Durch ihre Filmrolle als Kaiserin Sissi und ihre späteren ernsthaften Rollen wie in dem Film *Die Spaziergängerin von Sans-Souci* wurde sie weltberühmt, bewundert und vergöttert von ihrem Publikum. Die Menschen projizierten ihre Hoffnungen und Vorstellungen auf sie. Für die Boulevardpresse wurde die Schauspielerin jedoch nicht nur wegen ihrer Fähigkeiten zum Objekt der Begierde, sondern auch wegen ihres Privatlebens. Ihre unglückliche Beziehung zu Alain Delon, ihre gescheiterten Ehen, der Unfalltod ihres vierzehnjährigen Sohnes David – alles wurde unbarmherzig ausgeschlachtet. Fasziniert versuchte die Öffentlichkeit, das Unglück hinter der Maske der Erfolgreichen auszuloten. Ein Unglück, das wohl schon bei der Geburt der kleinen Romy seinen Anfang nahm. Der Autor Jürgen Trimborn sieht in der Trennung der Eltern ein wichtiges Schlüsselereignis für ihre weitere Entwicklung. Der Weggang des Vaters sei für Romy »eine Wunde, die nie ganz heilt; zeitlebens wird sie sehr unsicher sein, was Liebe und Beziehung angeht. Schon in jungen Jahren macht sie sich keine allzu romantischen Vorstellungen von der Liebe mehr – bereits die dreizehnjährige Romy wird abgeklärt in ihr Tagebuch schreiben: ›Männer bleiben ja selten treu.‹«

Romy Schneider hat extreme Probleme mit dem Alleinsein, ohne Partner an ihrer Seite fühlt sie sich einsam und schutzlos. Ist sie nach einem Drehtag allein, »betäubt sie sich mit Alkohol und Tabletten. Zum Einschlafen braucht sie Schlaftabletten, zum Wachwerden Aufputschmittel; beides kombiniert sie mit Unmengen von Wein, Whiskey und Champagner«, wie ihr Biograf Trimborn schreibt. Der Drehbuchautor und Regisseur Claude Sautet sagte einmal über Romy: »Sie trank recht viel am Abend nach dem Drehen. Für sie war das die einzige Möglichkeit, ihre ständige Angst auszuschalten.« Nach der Scheidung von ihrem zweiten Ehemann, dem Schauspieler und Theaterregisseur Harry Meyen, leidet sie unter noch stärkeren Stimmungsschwankungen und sagt von sich selbst »Ich bin eine einsame Frau, eine besiegte Frau.«

**Die Tochter der Politikerin** heißt Carol Thatcher. Ihre Mutter, Margret Thatcher, war die »Eiserne Lady«, die britische Premierministerin.

Carol Thatcher wuchs in Downing Street Nr. 10 auf, mit einer Mutter, die nur ihre Politik im Kopf hatte. Anders als die respektierte und gefürchtete Mutter, erwirbt sich die Tochter auf ihre ganz eigene Art einen Namen. Sie tritt in drittklassigen Fernsehshows auf, macht durch ihren Alkoholkonsum von sich reden und auch ihre Geldprobleme sind öffentliches Thema. In einem Artikel über sie heißt es, Carol Thatcher sei eine »Berühmtheit der besonderen Art«. In den Berichten über sie schwinge immer eine »Mischung aus Verachtung, Mitleid und Sympathie mit«.

Carol Thatcher hat sich ihr Leben lang damit auseinandergesetzt, was es bedeutet, Tochter einer berühmten Mutter zu sein. In ihrer Autobiografie *A Swim-on-Part in a Goldfish-Bowl* (etwa: Im Goldfischglas ums Überleben schwimmen), beschreibt sie ihre Mutter mit Bewunderung und vermeidet es, deren Versäumnisse direkt anzuprangern. Das braucht sie auch gar nicht, denn so manche Zitate sprechen eine deutliche Sprache. Wie beispielsweise jener Brief, den die Mutter an Weihnachten ihrer Tochter schrieb: »Liebe Carol, ich weiß nicht, was für eine Art Weihnachten wir haben werden. Die nächsten sechs Monate werden politisch schwierig, vor allem wegen der Arbeitslosigkeit, aber wir werden das Problem meistern.«

Aussagekräftig ist auch ihre Reaktion auf den Hinweis der Tochter, sie habe heute eine Prüfung und sei ziemlich nervös: »Du kannst gar nicht so nervös sein, wie ich es bin.« Ihr stand eine Abstimmung in der Partei bevor …

**Der Junge ohne Kindheit,** der Superstar, der bereits als Fünfjähriger zum Lebensunterhalt der Familie beitrug und nun mit über 50 vor den Scherben seiner Karriere und seines Lebens stand, ist Michael Jackson. Seine Geschichte kennt jeder. Auch seine schwierige Kindheit ist bekannt und war lange beliebtes Thema der Boulevardpresse. Doch sehr viel interessanter waren für die Öffentlichkeit sein bizarres Aussehen, die Vorkommnisse auf seiner Ranch *Neverland*, der Vorwurf des Kindesmissbrauchs und die Prominenten, mit denen er sich umgab. Dass es möglicherweise einen Zusammenhang geben könnte, zwischen seinen frühen Kindheitserfahrungen, zwischen dem Fünfjährigen, der auf der Bühne für die Familie arbeiten musste und oft genug zum Singen und Tanzen mit Schlägen gezwungen wurde, sieht die Öffentlichkeit nicht. Kinder erinnerten Michael Jackson möglicherweise an das Kind, das er einst gewesen ist: schutzlos, ausgeliefert, der Kindheit beraubt. Was er nicht bekommen hatte, wollte er vielleicht Kindern zurückgeben. Er wollte sie verwöhnen, sich um sie kümmern, ihnen eine eigene Welt erschaffen, in der sie nur spielen und Kind sein dürfen.

Gleichzeitig aber steckte in ihm aber auch der Dämon seiner eigenen Kindheit, der wiederholt, was ihm geschehen ist: Möglicherweise missbrauchte er Kinder tatsächlich – wenn nicht sexuell, so als Ersatz für seine verlorene Kindheit. Aber in diesem Missbrauch liegt vielleicht der verzweifelte Versuch, die eigene Geschichte neu und anders zu schreiben, indem er diesen Kindern jene Liebe und Zuwendung schenkte, die ihm verwehrt geblieben ist.

All das ist natürlich Spekulation. Keine Spekulation ist allerdings: Michael Jackson leidet. Er leidet, weil er bereits als Kind gelitten hat und ihm niemand über dieses Leid hinweghelfen konnte oder wollte. Nach der Pressekonferenz, auf der er sein Comeback ankündigte, spekulierte die Presse über seinen Gesundheitszustand: Den Journalisten war sein hölzerner Gang aufgefallen und sein abgemagerter Zustand. Die Zweifel sind berechtigt: »König Einsam«, wie ihn der *Spiegel* nennt, stirbt im Juni 2009 an Herzversagen – so die offizielle Todesursache.

**Der heimatlose Engel**  Norma Jeane Mortenson hatte, obwohl berühmt und bewundert, zeitlebens »keinen Ort und niemanden, zudem sie gehen konnte«. Das schrieb ihr dritter Ehemann über sie, der Schriftsteller Arthur Miller. Er heiratete Norma Jeane, die wir alle unter ihrem Künstlernamen Marilyn Monroe kennen, im Jahr 1956. 1960 zerbrach auch diese Verbindung. Kurz vor der Heirat hatte sie eine Psychoanalyse begonnen: Von 1955 bis zu ihrem Tod 1962 suchte sie ihren Analytiker Ralph Greenson regelmäßig, oft zweimal täglich, auf. Auch mit Miller sprach Marilyn über ihre Vergangenheit. Ihm erzählte sie, wie es ihr ging, als sie ins Waisenhaus kam. Sie war wohl völlig geschockt und hatte verzweifelt gerufen: »Aber ich bin keine Waise! Ich bin keine Waise!« Miller meint dazu in seinen Memoiren: »Es war der Schock darüber, dass die eigene Mutter sie abwies und Fremden überließ.« Dieses Erlebnis erklärt möglicherweise auch eine Beobachtung, die Miller ebenfalls schildert: »Im Laufe der Jahre beobachtete ich, dass sie immer labile ältere Frauen um sich haben musste und im tiefen Inneren ein perverses Vergnügen daran fand, von ihnen ausgenutzt zu werden.«

Dass Norma Jeane auch als Superstar Marilyn Monroe nicht glücklich werden konnte, erklärte Arthur Miller so: »Ihre Mutter war geisteskrank und versuchte irgendwann, Marilyn zu zerstören. Dazu kam der religiöse Hintergrund einer streng puritanischen Erziehung. Ausgerechnet das, was Marilyn tat, galt als besonders verdammungswürdig – die Schauspielerei, die Arbeit im Showgeschäft. So lag auf ihrem ganzen Leben immer nur der Makel des Verbotenen und der Sünde. Wenn sie vor die Kamera trat, rebellierte sie dagegen, um anschließend tief in ihrem Inneren auf die Bestrafung zu warten.«

Die Hoffnung, dass es irgendwann in ihrem Leben eine Person geben könnte, welche die Leere, die sie empfand, dauerhaft ausfüllen würde, hat sich für die Monroe erneut zerschlagen, als die Ehe mit Arthur Miller zerbrach. Nur 22 Monate nach der Scheidung nahm sie sich das Leben.

Vier Kindheitsgeschichten, vier Schicksale. Die Kindheit dieser Menschen war alles andere als ein Paradies. Sie wurden herumgeschubst, abgelehnt, ignoriert, geschlagen. Liebevolle Zuwendung gab es kaum. Dennoch gelang es Marilyn Monroe, Romy Schneider, Michael Jackson und Carol Thatcher, etwas aus ihrem Leben zu machen – sie wurden bewunderte und umjubelte Stars oder wie im Fall von Carol eine bekannte Journalistin. Eines aber sind sie nicht geworden: glücklich und zufrieden. Es ist ihnen nicht gelungen, ein Leben zu führen, das ihnen entspricht. Woran lag das? Sind daran wirklich nur ihre Kindheitserfahrungen schuld? Oder gibt es noch andere Gründe, warum die Wunden, die ihnen in der Kindheit zugefügt worden sind, niemals wirklich verheilen konnten? Wer kann das mit Sicherheit beantworten?

Fest steht, dass im Leben von Norma, Romy, Michael und Carol von Anfang an etwas Lebenswichtiges gefehlt hat. Was hätten sie als Kind gebraucht, um in ihrem späteren Leben zufrieden, ausgeglichen und glücklich sein zu können? Allgemeiner gefragt: Was braucht jedes Kind, was hätten Sie an seelischer »Erstausstattung« benötigt, um gut durchs Leben zu kommen? Haben Sie es bekommen? Oder sind auch Ihnen wesentliche Erfahrungen nicht möglich gewesen? Wurden auch Ihnen die Fundamente einer gesunden seelischen Entwicklung vorenthalten?

# 2.

## Weichenstellungen – Was Sie als Kind gebraucht hätten

>»Dem Kind hatte man früh ausgetrieben, die Mitte der Welt zu sein,
und beigebracht, dass Nichtauffallen weniger schmerzlich sei.
Ganz glücklich war es damit nicht in der endlosen Kette der
›du musst jetzt‹ und ›das macht man nicht‹, und sooft es konnte,
zog es sich aus der verbalen Welt zurück in eine halb sichtbare,
halb zurechtgebilderte schattige oder halbschattig grüne,
in der Menschen nur von Ferne zu hören waren ...«
>
> *Hans-Georg Behr*

Die Eltern von Marilyn Monroe, Romy Schneider, Michael Jackson
und Carol Thatcher würden sich, könnte man sie befragen, ganz sicherlich als »gute« Eltern bezeichnen. Sie machten sich Sorgen um
ihre Kinder und hatten den großen Wunsch, dass es ihrer Tochter,
ihrem Sohn gutgeht, und dass er oder sie zu einem zufriedenen,
glücklichen Erwachsenen heranwächst. Auch wenn einige ihrer Mit-
glieder in der Öffentlichkeit standen, waren diese Familien oberflächlich gesehen ganz normale Familien. Genauso normal wie Ihre.
Möglicherweise gab es in Ihrer Familie mehr oder weniger schwer-
wiegende Probleme (vielleicht wurde ein Elternteil arbeitslos, vielleicht ließen die Eltern sich scheiden, vielleicht zog die Familie häufig
um, vielleicht mussten Krankheiten bewältigt werden), aber dennoch war auch Ihre Familie, alles in allem, wahrscheinlich eine ganz
gewöhnliche Familie, an der es nichts Auffallendes gab. Ihre Eltern
waren, wie die Mehrheit aller anderen Eltern auch, sicher bemüht,
alles richtig zu machen. Sie versuchten, Ihnen gute Eltern zu sein und
Ihnen das bestmögliche Leben zu bieten.

In diesem Sinne waren Ihre Eltern gute Eltern, die wollten, dass
Sie glücklich sind und dass etwas aus Ihnen wird. Sie haben Sie er-

nährt, erzogen, Ihnen eine Ausbildung geboten, Sie gepflegt, wenn Sie krank waren und ihre Talente so gut sie es konnten gefordert und gefördert. Die »Rahmenbedingungen« einer guten Erziehung waren wahrscheinlich gegeben. Wenn Sie nicht zu den Menschen gehören, die in ihrer Kindheit und Jugend Gewalt oder Missbrauch erleiden mussten, wuchsen Sie wahrscheinlich in einer völlig normalen Familie auf.

Doch auch wenn Sie unter solchen ganz normalen Umständen groß geworden sind, wenn Sie gut versorgt und auf Ihrem Lebensweg begleitet worden sind, kann es sein, dass Ihnen – wie so vielen Kindern – ein wichtiges Recht vorenthalten wurde. Ein Recht, das in der *UN-Kinderrechtekonvention* an vorderster Stelle genannt wird: das Recht eines jeden Kindes, »umgeben von Liebe, Geborgenheit und Verständnis aufzuwachsen«. Das ist ein Recht, das alle Eltern erfüllen können, selbst dann, wenn es ihnen am Nötigsten zum Leben fehlt. Dieses wichtige Recht kostet kein Geld, für dieses Recht braucht man keine besondere Ausbildung oder irgendwelche anderen Voraussetzungen. Um seinem Kind dieses Recht erfüllen zu können, brauchen Eltern nichts anderes als die Liebe zu ihrem Kind. Doch genau daran mangelt es so mancher Mutter und so manchem Vater.

Welche Erinnerungen haben Sie an Ihre frühen Jahre? Können Sie sich an Momente des Glücks, der sorglosen Geborgenheit, der absoluten Sicherheit erinnern? Sind Sie bedingungslos von einem Menschen geliebt worden als Sie klein waren? Wurden Sie von einem Erwachsenen voller Freude durch die Luft gewirbelt, hat man Ihnen vor dem Schlafengehen geduldig Gutenachtgeschichten vorgelesen und Sie dann zärtlich zugedeckt? Gab es jemanden, der Ihnen die wichtigen Dinge eines Kinderlebens beibrachte, der mit Ihnen durch den Wald streifte, Ihnen erklärte wie man Vögel an ihrem Ruf erkennt und wie welche Pflanze heißt? Hat irgendein Erwachsener in Ihrer Kindheit erkannt, welche Talente in Ihnen schlummern und hat er dafür gesorgt, dass diese gefördert werden? Wer hat Sie getröstet, wenn Sie sich die Knie aufschlugen, wer saß an Ihrem Bett,

wenn Sie Fieber hatten? Gab es jemanden, der für Sie Ihre Lieblingsspeise kochte, an dem Tag, als Ihr Haustier eingeschläfert werden
musste?

Können Sie die meisten dieser Fragen positiv beantworten, dann
sind Sie wahrscheinlich »umgeben von Liebe, Geborgenheit und
Verständnis« aufgewachsen. Ihre Eltern haben dann dieses grundlegende Recht eines Kindes anerkannt und sich entsprechend verhalten. Sie gaben Ihnen von Anfang an emotionale Wärme und machten
Ihnen das »Geschenk der reinen Aufmerksamkeit«, wie der Philosoph Martin Buber es formuliert. Ihre Eltern begegneten Ihnen mit
einem Lächeln und mit Zärtlichkeit. Sie zeigten Ihnen, dass Sie erwünscht, geachtet und respektiert sind, sie förderten Sie in Ihrer Eigenständigkeit, hörten sich Ihre Wünsche und Ängste an, gaben Ihnen Halt und Orientierung, indem sie Ihnen gesunde Grenzen setzen
und unterstützten Sie, indem sie immer Ihr Wohlergeben im Auge
hatten – und nicht das eigene.

Man kann an einem Bild gut verdeutlichen, was bei einer Erziehung geschieht, die das Wohl des Kindes in den Mittelpunkt stellt
und dessen Recht auf Liebe, Geborgenheit und Verständnis anerkennt: Stellen Sie sich Ihr Leben wie eine Schatzkiste vor. Zu Beginn
Ihres Daseins ist diese Schatzkiste noch leer. Sie muss von den Eltern
oder anderen Erwachsenen gefüllt werden. Das gelingt, wenn Sie
angemessen versorgt werden, wenn Sie Sicherheit und Wärme erfahren, wenn Sie von diesen Erwachsenen das Lachen lernen, wenn Ihre
Ängste beruhigt und Ihre Unabhängigkeit gefördert werden, wenn
Sie Lob und Anerkennung bekommen, wenn Sie Fehler machen und
aus ihnen lernen dürfen. Sind diese Voraussetzungen gegeben, können sich in der Schatzkiste Ihres Lebens langsam wertvolle Dinge
ansammeln, und Sie können es wagen, mit diesen Schätzen die Welt
zu erobern. Denn Sie wissen, dass Sie genug Rückhalt besitzen – inneren und äußeren –, um den Herausforderungen des Lebens zu begegnen. Diese gut gefüllte Truhe ist auch der Garant dafür, dass Sie
sich von Menschen angezogen fühlen, deren Schatzkiste ebenfalls
gute, wertvolle Dinge enthält.

Ist Ihre Lebenstruhe jedoch nicht angemessen bestückt, ist sie halb leer geblieben, fühlen Sie sich unsicher und sind vielleicht ständig auf der Suche nach dem, was fehlt. Sie sind dann in Gefahr, sich von anderen Menschen mit halb leeren Lebenstruhen angezogen zu fühlen, die ebenfalls verzweifelt versuchen, ihre Defizite auszugleichen.

Von den erwachsenen Begleitern Ihrer frühen Kindheit hängt es also ab, ob sich in Ihrer Schatztruhe existentiell wichtige Dinge befinden. Ihre Eltern oder andere Personen, mit denen Sie aufwuchsen, mussten dafür sorgen, dass ganz bestimmte, wichtige Grundbedürfnisse erfüllt wurden, als Sie klein waren. Wurden diese Bedürfnisse missachtet, haben Sie heute als Erwachsener möglicherweise das Gefühl, in vielerlei Hinsicht auf schwankendem Boden zu stehen.

## Unsere frühen Bedürfnisse

Als kleine Wesen sind wir auf die Erwachsenen in unserer engsten Umgebung angewiesen: Wir sind darauf angewiesen, dass sie uns, so unfertig und verletzlich wie wir sind, versorgen und wärmen. Wir sind darauf angewiesen, dass sie sich über uns freuen und sich für uns interessieren. Und wir sind darauf angewiesen, dass Vater und Mutter uns als einzigartig empfinden und angemessen auf unsere Bedürfnisse reagieren. Von all dem hängt unserer Wohl und Wehe als Kind ab. Und nicht nur das: Ob und wie unsere frühen Bedürfnisse gesehen und beantwortet werden, hat einen entscheidenden Einfluss darauf, wie es uns später als erwachsener Frau, als erwachsenem Mann geht. Schauen wir diese Bedürfnisse genauer an. Es handelt sich um

● das Bedürfnis nach einer sicheren Bindung,
● das Bedürfnis, um seiner selbst willen geliebt zu werden,
● das Bedürfnis nach Autonomie,

- das Bedürfnis, respektvoll behandelt zu werden,
- das Bedürfnis, sich als kompetent erleben zu können,
- das Bedürfnis nach Resonanz,
- das Bedürfnis nach sicheren Grenzen und Orientierung,
- das Bedürfnis, eigene Gefühle und Meinungen ausdrücken zu dürfen und
- das Bedürfnis nach angemessener Förderung.

### Das Bedürfnis nach einer sicheren Bindung

Wie Sie als Kind die Mutter, den Vater oder andere Menschen erlebten, das beeinflusst in fundamentaler Art und Weise Ihre spätere Gesundheit, Ihre Beziehungsfähigkeit und Ihre Stressresistenz. Nur wenn eine gute, sichere Bindung an die wichtigen Personen Ihrer ersten drei Lebensjahre möglich war, konnten Sie als Kind die so lebenswichtige psychische Sicherheit entwickeln. Sie diente Ihnen als eine Art stabiler Flugzeugträger, von dem aus Sie beruhigt in die Welt starten konnten. War es Ihnen nicht möglich, in der ersten Zeit Ihres Lebens positive Erfahrungen mit der Mutter, dem Vater oder einer anderen wichtigen Person zu machen, dann hat das unter Umständen lebenslange Folgen. In diesen ersten Jahren lernen Sie ganz bestimmte Beziehungsregeln, die Sie dann Ihr Leben lang anwenden. Regeln wie zum Beispiel diese: »Ich kann mich auf jemanden verlassen.« »Ich muss perfekt sein.« »Ich darf nicht weinen.«

Psychische Sicherheit entsteht aus der Zuneigung, die uns in unserer frühen Kindheit entgegengebracht wird. Ein enger, von Fürsorglichkeit geprägter Kontakt zwischen uns, dem hilflosen Säugling, und der Mutter oder dem Vater stellt die Weichen: Vermittelt dieser Kontakt Geborgenheit, dann kann daraus eine stabile seelische Sicherheit entstehen. Ist dieser Kontakt jedoch von Unsicherheit, Kälte oder gar Ablehnung geprägt, entwickeln wir eine »unsichere Bindung«.

Wenn Sie ein unsicher gebundenes Kind waren, dann kann es

sein, dass Sie heute als erwachsener Mensch Schwierigkeiten haben, sich auf andere wirklich einzulassen. Sie vermeiden enge, intime Beziehungen. Zu große Nähe macht Ihnen Angst. Vielleicht gehören Sie sogar zu den Menschen, die sagen: »Ich brauche andere nicht, ich kann gut alleine sein.« In Wirklichkeit aber lassen Sie andere Menschen nicht an sich heran, weil Sie fürchten, erneut enttäuscht zu werden.

### Das Bedürfnis, um seiner selbst willen geliebt zu werden

Flughafen Frankfurt am Main, Ankunftsterminal. Etwa zwei Dutzend Personen warten hier auf ankommende Reisende. Ein junger Mann hält ein Schild in der Hand, der Name einer Firma steht darauf. Er holt wohl Geschäftsleute ab. Der etwas korpulente Mittvierziger, der mit einer tiefroten Rose nervös auf und ab geht, wird wahrscheinlich nicht seine Mutter herbeisehnen. Bei der jungen Frau, die mit ihrer etwa zweijährigen blonden Tochter immer wieder ungeduldig über die Absperrung zum Gepäckbereich der Ankunftshalle schaut, fällt das Raten schon schwerer. Wen holen die beiden ab? Warten sie auf den Vater des Kindes? Auf eine Freundin? Auf Verwandte?

Die gelandeten Fluggäste strömen heraus. Manchmal kommt ein ganzer Pulk, manchmal öffnet sich die automatische Schiebetür nur für ein oder zwei Reisende – je nachdem, wie die Gepäckbänder ihre Beute freigeben. Die Begrüßungsrituale unterscheiden sich: heftige Umarmungen, Freudentränen, manchmal aber auch nur distanziertes Schulterklopfen oder Händeschütteln. Da, jetzt kommt Bewegung in die junge Mutter. Sie winkt einem älteren Paar zu, für das sich gerade die automatische Schiebetür geöffnet hat. Ohne zu zögern packt sie die kleine Tochter, hebt sie über die Barriere und drückt sie einem etwa 55-jährigen Mann in dessen bereits begehrlich ausgestreckte Arme. Er nimmt das Kind, gibt ihm einen dicken Kuss auf die Backe und drückt es fest an seine Brust. Die Kleine lacht und

schmiegt sich begeistert an den Hals des Mannes, der wohl ihr Großvater ist. Während der nun folgenden Begrüßung der Erwachsenen
lassen der große bärtige Mann und das kleine Mädchen nicht voneinander ab. Das Kind strahlt vor Glück.

Dieses Mädchen macht eine existenziell wichtige Erfahrung. Ganz
unabhängig davon, wie sonst ihr Leben aussieht: Die Kleine hat einen Großvater, der sie offensichtlich inniglich liebt. Sie erlebt in den
so wichtigen frühen Jahren ihres Lebens, dass es jemanden gibt, der
sich über ihr Dasein bedingungslos freut. Was immer ihr auch in
ihrem zukünftigen Leben noch passieren mag, diese Erfahrung kann
ihr niemand mehr nehmen. Natürlich ist die Liebe des Großvaters
keine Garantie dafür, dass aus dem kleinen Mädchen später eine
glückliche Frau wird – ob dieses Kind dank seiner Liebe wirklich ein
besseres Leben haben wird, das kann natürlich niemand wissen.
Aber ganz sicher hat sie bessere Startbedingungen als ein Mensch,
der niemanden hatte, der sich so offensichtlich über sein Dasein
freut wie dieser Großvater sich über seine Enkeltochter. Dieses Kind
wird, so steht zu vermuten, die unweigerlich auftauchenden Hürden
des Lebens wahrscheinlich mit größerer Zuversicht nehmen als ein
Mensch, der in seinen frühen Jahren vergeblich nach dem »Glanz in
den Augen« eines Erwachsenen gesucht hat. Ein Glanz, der sich
dann einstellt, wenn sich jemand bedingungslos über ein kleines Wesen freut.

Konnten Sie, wie das kleine Mädchen vom Flughafen, diesen
Glanz im Auge eines liebenden Erwachsenen sehen? Wenn ja, dann
haben Sie in Ihrer Kindheit eine existenziell wichtige Erfahrung machen dürfen: »Ich werde geliebt. Ich bin willkommen. Ich bin richtig,
so wie ich bin!« Konnten Sie diese Überzeugung entwickeln, ist die
Welt ein sicherer Ort für Sie. Als Kind wussten Sie, dass Sie Mutter
und Vater und anderen wichtigen Personen Ihrer Umgebung bedingungslos vertrauen und sich auf deren Zuwendung und Anerkennung immer verlassen können. Als erwachsener Mensch bringen Sie
wiederum nun dieses Grundvertrauen anderen Personen entgegen. Es
fällt Ihnen leicht, Beziehungen zu knüpfen und aufrechtzuerhalten.

Die Überzeugung »Ich werde geliebt, wie ich bin« konnten Sie als Kind aber nur dann gewinnen, wenn Ihre Eltern ihre Zuneigung nicht an Bedingungen geknüpft haben. Wer nur geliebt wird, weil er seinen Teller leer isst, gute Noten nach Hause bringt und sich immer wunschgemäß und vorbildlich verhält, kann kein stabiles Selbstwertgefühl entwickeln. Ebenso wird in seinem Selbstwert zutiefst verunsichert, wem unvermeidbare Fehler immer als Charakterschwäche angelastet werden. Mussten Sie als Kind immer wieder erleben, dass Sie als »böse«, »eigensinnig« oder »dumm« beschimpft wurden, verfestigte sich in Ihnen allmählich die Überzeugung, irgendwie nicht in Ordnung zu sein.

Sie halten dann selbst nicht viel von sich, Sie glauben, andere seien auf jeden Fall besser, klüger, unabhängiger, beliebter, erfolgreicher. Ihr schwaches Selbstwertgefühl steht Ihnen im Weg zum Lebensglück – es kann Ihnen Lebenschancen verbauen und zu ernsthaften Problemen führen. Sie zweifeln an Ihren Fähigkeiten, haben oft das Gefühl »Ich kann nichts«, »Mir gelingt nichts«, »Ich bin dumm«. Weil Sie sich selbst nicht vertrauen, trauen Sie oft auch anderen nicht; dabei wären Sie so sehr auf deren Zuwendung und Anerkennung angewiesen! Sie sehnen sich nach der Bestätigung und Anerkennung, die Sie in jungen Jahren so schmerzlich entbehren mussten. Sie wollen sich auf andere einlassen, doch Ihr Wunsch nach Nähe ist mit der Sorge verbunden, letztlich doch wieder abgelehnt zu werden.

Ein schwaches Selbst ist die Konsequenz aus einer Kindheit, die Sie nicht mit all dem Lebenswichtigen versorgte, das Sie gebraucht hätten, um psychische Sicherheit zu entwickeln. Psychisch stehen Sie nämlich nur dann auf sicherem Boden, wenn Sie sich als Kind so geliebt und anerkannt fühlen konnten wie das Mädchen vom Flughafen.

### Das Bedürfnis nach Autonomie

Gehören Sie zu den Menschen, die eine eigene Meinung haben und die klar sagen können, wenn sie etwas wollen oder nicht wollen? Fällt es Ihnen leicht »Nein« zu sagen, sich abzugrenzen von anderen oder sagen Sie häufig um des lieben Friedens willen »Ja« – obwohl Sie eigentlich »Nein« sagen wollen? Wenn Sie dazu neigen, sich dem Willen anderer unterzuordnen, und wenn Sie den eigenen Willen weniger wichtig nehmen, dann konnten Sie möglicherweise als kleines Kind einen wichtigen Entwicklungsschritt nicht vollziehen.

Mit etwa zwei Jahren nämlich entdeckten Sie Ihre Umgebung. Alles war spannend und wollte erkundet sein. Sie entwickelten aber nicht nur Interesse an den Dingen in der Wohnung und an anderen Personen, sondern Sie waren von einer Entdeckung ganz besonders fasziniert: Als etwa zweijähriges Kind bemerkten Sie, dass Sie unabhängig von der Mutter und vom Vater existieren konnten. Sie erlebten sich zum ersten Mal als eigenständige Person mit einem eigenen Willen. Sie entdeckten das Nein und spürten, dass Sie sich dem Willen der Eltern widersetzen konnten. Eine völlige neue Welt tat sich auf: Sie konnten auf Ihren eigenen Beinen gehen und waren in der Lage, sich von der Mutter fortzubewegen und die Umgebung zu erkunden. Das war toll und machte Spaß – aber nur, solange Sie sicher sein konnten, dass die Mutter oder eine andere wichtige Bezugsperson im Falle eines Falles gleich in der Nähe und ansprechbar war. Denn jede Wegbewegung von der Sicherheit spendenden Person war auch mit Angst verbunden: Angst, ganz alleine zu sein, Angst von der Mutter oder einer anderen wichtigen Bezugsperson verlassen zu werden. Es hing von der Reaktion der Erwachsenen ab, ob Ihre Entdeckungsreisen als zweijähriges Kind ein Erfolgserlebnis waren oder ob Sie solche eigenständigen Ausflüge lieber bleiben ließen, weil die Angst zu groß war.

Wurden Sie als Kind in Ihrer Entdeckerfreude unterstützt und konnten in die »weite Welt« hinausgehen, weil Sie sicher wussten: »Mutter ist da« oder »Vater habe ich im Rücken«, dann haben Sie als erwachsener Mensch heute wohl keine Probleme mit dem eigenen Willen: Sie kennen ihn, und Sie können ihm auch Ausdruck verschaffen. Ist der wichtige Entwicklungsschritt jedoch nicht gelungen, dann wissen Sie heute möglicherweise gar nicht, was Sie wirklich wollen und sind deshalb schnell bereit, sich den Bedürfnissen anderer anzupassen.

»Ich war nicht frei, die Welt um mich herum zu entdecken, denn du kontrolliertest jeden meiner Lernschritte ... Gleichaltrige Freunde hatte ich nicht, vermisste sie aber auch nicht. Du, meine Mutti, warst mir genug«, schreibt die Autorin Marianne Krüll über ihre Mutter. Überbehütung und Kontrolle sind für ein Kind, das seine Eigenständigkeit entwickeln muss, pures Gift. Denn autonom und unabhängig kann es sich nur dann fühlen, wenn ihm die Eltern ausreichend Freiraum lassen und es nicht zur Befriedigung ihrer eigenen Bedürfnisse missbrauchen. Binden Eltern ihr Kind zu eng an sich, lernt dieses, dass es nichts Eigenes haben darf, sondern dass die Bedürfnisse der Mutter, des Vaters wichtiger sind als seine. Es kann kein Vertrauen in die eigenen Fähigkeiten entwickeln und wird abhängig von der Meinung und Behütung durch die Erziehungspersonen. Werden die Bedürfnisse des Kindes systematisch missachtet und unterdrückt, gibt es irgendwann auf, passt sich an und wird zu einem »braven« Kind. Es unterdrückt dann alles, was die Erwartungen von Mutter oder Vater enttäuschen könnte. Die Folgen dieser frühen Einengung können unter Umständen dramatisch sein. Häufig entwickeln derart eingeschränkt aufgewachsene Menschen später Depressionen, weil sie als Kind den Wert ihrer eigenen Person nicht erfahren durften. Wenn ein Elternteil das kleine Wesen als Eigentum, als eine Erweiterung seiner selbst betrachtet hat, dann ist die wichtige Erfahrung »Ich bin ich« oft nicht möglich.

Nicht nur Depressionen können die Folge von mangelnder Autonomieentwicklung sein. Möglicherweise ist auch ein unerfüllt bleibender Kinderwunsch darauf zurückzuführen. Die Psychoanalytikerin Ute Auhagen-Stephanos hat in ihrer langjährigen Arbeit mit Frauen, die ungewollt kinderlos blieben, festgestellt: »Oftmals sind die betroffenen Frauen als Kinder nicht um ihrer selbst willen geboren worden, sondern als ein Objekt ihrer Mutter, quasi zu deren Gebrauch. Die Mutter benötigte dieses Kind für ihr eigenes Gleichgewicht. Sie ließ es zur Welt kommen, ohne ihm sein eigenes Selbst zuzugestehen.« Wenn diese Töchter nun Schwierigkeiten haben, ihrerseits einem Kind das Leben zu schenken, so kann das nach Ansicht der Psychoanalytikerin an diesen frühen Kindheitserfahrungen liegen.»Anscheinend möchten solche Frauen zunächst herausfinden, was sie selbst wirklich wollen, bevor sie ein eigenes Kind zur Welt bringen.« Sie wollen kein Kind aus dem Motiv heraus, sich selbst eine Freude zu machen.

### Das Bedürfnis, respektvoll behandelt zu werden

Das Wort »Respekt« kommt aus dem Lateinischen: Respicere bedeutet soviel wie »zurücksehen«, auf jemanden sehen, also Rücksicht nehmen auf seine Bedürfnisse und seine Verletzlichkeit. So sehr wir Erwachsenen den Respekt von anderen erwarten und oft auch einklagen, so wenig machen wir uns oft Gedanken darüber, dass auch Kinder Wesen sind, die Respekt brauchen. Normalerweise denken wir eher an den umgekehrten Fall: Kinder haben Erwachsenen Respekt zu erweisen. Aber auch kleine Kinder haben ein großes Bedürfnis danach, respektvoll behandelt zu werden. Doch häufig wird ihnen dieser Respekt nicht entgegengebracht. Nicht selten müssen sie stattdessen Herabsetzung, Spott und Demütigung erdulden.

Herabsetzung hat viele Gesichter: Vielleicht sind Sie als Kind von Erwachsenen verspottet worden, vielleicht hat man sich lustig gemacht über das, was Sie taten oder sagten oder man hat über Ihr Aussehen gelacht. Bemerkungen wie »Na, da kommt ja unser Dickerchen« oder beschämende Bloßstellungen (»Gestern Nacht hat er wieder eingenässt, stellt euch vor!«), lassen ein Kind zwangsläufig zu dem Schluss kommen: »Ich bin nicht richtig, so wie ich bin, ich tauge nichts.« Auch ständiger Tadel, willkürlich angeordnete Strafaktionen und wiederkehrende Beschimpfungen (»Du Tölpel, du kannst doch nichts richtig machen!«) können ein Kind so stark in seinem Selbstwertgefühl erschüttern, dass es seinen eigenen Fähigkeiten misstraut.

*Und dann war wieder einmal Nikolaustag. Diesmal wollte er mutig sein. Das hatte er sich geschworen und selbst versprochen. Diesmal sollten sie nicht über ihn spotten und ihn als »Memme« bezeichnen. Statt sich wie in den Jahren davor in sein Zimmer zu verkriechen, wollte er nun dem Feind mutig ins Auge sehen. Schließlich war er sechs Jahre alt und ging schon zur Schule. Die Nervosität, das Zittern seiner Hände, versuchte er zu ignorieren.*

*Unbemerkt von der Familie schlich er sich ins Treppenhaus und setzte sich auf die unterste Stufe, direkt vor die Eingangstür. Von dort mussten sie kommen, der heilige Nikolaus und der gefürchtete Krampus. Es war kalt, er fror. Mit der Zeit wusste er nicht mehr, ob er wegen der Kälte so zitterte oder wegen seiner Angst. Was wird ihm wohl dieses Mal vorgeworfen? Wie groß wird sein Schuldenregister dieses Jahr sein?*

*Er wusste nicht, wie lange er schon da im Hausflur saß und wartete. Die Zeit erschien ihm endlos. Doch nichts geschah. Plötzlich hörte er eine Tür gehen. Seine Mutter trat in den Hausflur, offenbar auf der Suche nach ihm. »Da bist du ja. Wir warten schon auf dich mit dem Abendessen. Was machst du denn da in der Kälte?«*

*Jetzt war die Stunde seines Triumphes gekommen: »Ich warte auf den Nikolaus«, sagte er mit fester Stimme, der man hoffentlich die Unsicherheit nicht anmerkte. Nun würde sie ihn endlich als großen Jungen anerkennen müssen, dachte er. Doch seine Mutter war alles andere als beeindruckt ob seines Mutes. Sie lachte. Und lachte. Und lachte. Und dann holte sie den Vater und den großen Bruder und alle blickten auf ihn herunter und amüsierten sich köstlich. Der Vater, der seine Verwirrung endlich bemerkte, klärte ihn auf: »Dieses Jahr kommt der Nikolaus nicht. Du bist doch schon zu groß für solche Sachen.«*

## Das Bedürfnis, sich als kompetent erleben zu können

»Sie sah mir zu, wie ich mit den Gardinen auf der Leiter stand, gab Anweisungen, rügte: ›Du machst sie mit deinen Pfoten ja gleich wieder dreckig‹, oder fand, dass ich die Azaleen ganz falsch zurückgeschnitten hätte. Sie bedankte sich auch nie, konnte es nicht einmal über sich bringen, ›das hast du gut gemacht, Nina‹ zu sagen. Das hatte sie nie gekonnt. Bei uns zu Hause wurde nicht gelobt. ›Na also, es geht doch!‹ war das Höchste, was meiner Mutter an Anerkennung über die Lippen kam, und das war schon so gewesen, als ich noch ein Kind war und gute Noten aus der Schule nach Hause brachte – ›Na also, es geht doch.‹« Dieses Zitat stammt aus Elke Heidenreichs Erzählung *Die schönsten Jahre* und lässt eine Erfahrung lebendig werden, die sicher viele Menschen in ihrer Kindheit machen mussten: »Bei uns zu Hause wurde nicht gelobt.«

Wurden Sie als Kind nicht gelobt, wurden Ihre Leistungen für selbstverständlich genommen und brachten Ihnen nur Ihre Misserfolge Aufmerksamkeit ein, dann konnten Sie kaum die Erfahrung machen, dass Sie selbst etwas bewirken können und dass Sie Fähigkeiten haben, die von anderen anerkannt und gefördert werden. Bemerkten Ihre Eltern nur Ihre Fehler und bewerteten sie Erfolge als selbstverständlich, dann gelingt es Ihnen heute vermutlich nur schwer, ein Gefühl für das eigene Können zu entwickeln und stolz auf sich zu sein. Sie zweifeln an Ihren Fähigkeiten, und das führt häufig dazu, dass Sie Aufgaben nur zögerlich oder gar nicht angehen. Misserfolge entmutigen Sie, da Sie diese immer und grundsätzlich auf eigenes Fehlverhalten zurückführen: »Mir gelingt eben nichts!«

Als Kind zogen Sie weitreichende Schlussfolgerungen aus den Bemerkungen der Erwachsenen. Mussten Sie ständig Sätze hören wie »Du bist tollpatschig!«, »Halt den Mund!«, »Sprich nicht, wenn Erwachsene reden«, »Das verstehst du noch nicht!«, dann folgerten Sie möglicherweise daraus, dass Sie nur stören und Ihre Meinung nicht von Wert ist. Konnten Sie in Ihren Kindheitsjahren nicht die

Erfahrung machen, dass Ihre Eltern Ihnen etwas zutrauen, sind Sie mit hoher Wahrscheinlich auch heute als Erwachsener in Ihrem Selbstwertgefühl stark verunsichert und ganz besonders auf Anerkennung und Bestätigung durch andere Menschen angewiesen.

Ebenso schädlich wie überzogene Kritik ist übrigens auch unberechtigtes Lob. Eltern, die ihr Kind idealisieren und alles toll finden, was es tut, erreichen damit genau das Gegenteil dessen, was sie wünschen: Das Kind kann seine Stärken und Schwächen nicht realistisch einschätzen und reagiert ähnlich verunsichert wie ein Kind, das ständig nur kritisiert wird.

»Wenn es einen Glauben gibt, der Berge versetzen kann, so ist es der Glaube an die eigene Kraft«, meinte die österreichische Erzählerin Marie von Ebner-Eschenbach. Und dieser Glaube an die eigene Kraft kann sich nur entwickeln, wenn wir als Kind erleben, dass andere Menschen Vertrauen in uns setzen, unsere Fähigkeiten sehen und fördern und uns das Gefühl geben, dass wir so, wie wir sind, richtig sind.

### Das Bedürfnis nach Resonanz

Gleichgültig, was einem kleinen Kind passiert: Es braucht einen Erwachsenen, der seinen Schmerz sieht und bestätigt. Fällt es hin und schlägt sich das Knie auf, dann sollte jemand da sein, der seine körperliche Verletzung, aber auch seinen seelischen Schmerz (den Schreck, den es durch das Fallen erlitten hat) bemerkt und ernst nimmt. Ist ein solcher Zeuge schon für die kleinen Alltagsschrecken von großer Bedeutung, so ist er es erst recht, wenn es um Schwerwiegenderes geht: um Trauer, weil das Kaninchen gestorben ist; um die Scham, weil ein Freund einen abgewiesen hat; um die Angst vor einem Lehrer; um den Ärger über eine schlechte Note. Ein Erwachsener, der hören, sehen und trösten kann, ist wichtig für ein Kind; nur durch seine Unterstützung kann es die Bedeutung eines Erlebnisses richtig einordnen.

Als Kind waren Sie auf das Einfühlungsvermögen der Eltern angewiesen. Sie mussten die Erfahrung machen können, dass ein Erwachsener aufmerksam und feinfühlig auf Sie reagiert und wahrnimmt, was Sie erleben und erleiden. Waren Sie traurig, fühlten Sie sich einsam und ängstlich, dann brauchten Sie einen aufmerksamen Menschen, der Sie beruhigen und die Ursache Ihres Unwohlseins beseitigen konnte. Blieb die Beruhigung aber aus, weil die Mutter oder der Vater nicht da waren oder weil diese Ihre Not gar nicht bemerkten, gerieten Sie als Kind unter erheblichen Stress. Sie schlussfolgerten dann, dass das, was Sie empfinden, niemanden interessiert und dass auf die Menschen in Ihrer Umgebung kein Verlass ist. Sie fühlten sich im Stich gelassen, und Sie zogen Ihre Lehren aus den Reaktionen Ihrer Eltern: Sie zeigten ihnen nicht mehr, was Sie fühlten. Sie behielten Ihre Ängste für sich. Sie wussten, dass sich niemand für Ihre Gefühle interessierte, dass Trost und Zuwendung ausbleiben. Wahrscheinlich gehörten Sie zu jenen Kindern, die nach außen ruhig und gelassen wirken und so tun, als sei alles in bester Ordnung. In Wirklichkeit aber toben in diesen Kindern heftige Gefühle. Ein Kind, das aus dem Verhalten der Erwachsenen schlussfolgern muss »Mein Leid interessiert niemanden« und dann beschließt »Ich behalte meine Gefühle für mich«, kostet das enorm viel Kraft. Neuere Studien bestätigen das: Wenig beachtete Kinder bleiben in schwierigen Situationen äußerlich ganz ruhig. Aber physiologische Messungen belegen, dass ihr Herz rast und dass auch die Stresshormone im Blut deutlich erhöht sind. Diese Kinder stehen unter Strom – aber keiner registriert das.

*Sie war acht Jahre alt, saß im Klassenzimmer und krümmte sich vor Schmerzen. Die Lehrerin konnte das nicht mehr mit ansehen, sie machte sich Sorgen um die Kleine und schickte sie nach Hause. Die Mutter empfing die Tochter, die schon ziemlich blass um die Nase war, ziemlich unwirsch. »Was willst du denn schon zu Hause? Bauchschmerzen? Stell dich bloß nicht so an!« Aber wenn sie nun schon mal da sei, könne sie ihr bei der Hausarbeit zur Hand gehen. Das Mädchen riss sich zusammen und ver-*

*suchte, in möglichst unauffälliger Haltung die Möbel abzustauben. Sie biss die Zähne zusammen, im wahrsten Sinn des Wortes. Doch die Schmerzen wurden immer schlimmer. In heftigen Wellen rollten sie durch ihren schmächtigen Körper. Bei einer ganz schlimmen Kolik brach sie dann zusammen. Jetzt wurde die Mutter endlich aufmerksam und rief den Hausarzt. Dieser diagnostizierte eine akute Blinddarmentzündung mit Verdacht auf Blinddarmdurchbruch und rief den Krankenwagen. In der Klinik wurde das Mädchen sofort notoperiert.*

*Viel zu lange hatte sie ihre Schmerzen für sich behalten, viel zu lange hatte sie niemandem etwas davon erzählt. Kein Wunder, wusste sie doch: Auf ihre »Wehwehchen«, wie ihre Mutter ihre Schmerzen immer nannte, nimmt ja doch keiner Rücksicht. Als sie nun im Krankenhaus lag, versuchte die Mutter, sich unbeholfen zu entschuldigen. Ihre Tochter aber zeigte keine Regung, sie blieb ganz cool und unbeeindruckt. Doch in ihr tobte ein Gefühlschaos: Kränkung, Wut, Traurigkeit, aber auch ein seltsames Gefühl des Triumphes.*

Als Kind brauchen wir unbedingt Resonanz, Mitgefühl und Mitleid. Fehlt all das, wissen wir nicht, ob das, was uns widerfährt und was wir spüren, wirklich wichtig ist. Und wir wissen es dann oft auch als Erwachsener nicht. Haben wir das Recht, krank zu sein, dürfen wir klagen und jammern, wenn uns etwas wehtut? Wenn niemand unsere Tränen sah, als wir klein waren oder wenn uns die Berechtigung dieser Tränen abgesprochen wurde (»Ein Junge weint nicht« »Ein Indianer kennt keinen Schmerz«), lernen wir nicht, unseren Gefühlen zu trauen. Wir haben dann um die Verletzungen der Kindheit, die niemand beachtet hatte, eine hohe Mauer gebaut. Niemand kann diese Mauer überwinden, wir lassen auch niemanden nah an uns heran. Als wir Zuwendung und Liebe dringend gebraucht hätten, war kein aufmerksamer Mensch an unserer Seite. Jetzt glauben wir nicht mehr daran, dass ein anderer Mensch wirklich in der Lage ist, uns zu verstehen.

### Das Bedürfnis nach sicheren Grenzen und Orientierung

Konnten Sie als Kind lernen, dass es bestimmte Regeln gibt, nach denen die Welt funktioniert? Und durften Sie die Erfahrung machen, dass diese Regeln hilfreich sind, dass diese Sie darin unterstützen, das Richtige vom Falschen zu unterscheiden? Wenn Ihnen eine solche Erfahrung vorenthalten wurde, dann sind Sie möglicherweise als Kind zu sehr verwöhnt worden oder man hat Sie überbehütet.

Die Psychologie spricht von »Überbehütung«, wenn die Bezugsperson das Kind nicht aus den Augen lässt, es ständig kontrolliert, immer am besten weiß, was gut für das Kind ist, es mit Liebe und körperlicher Nähe überschüttet, ohne darauf zu achten, ob das Kind das auch will. Das Kind hat keinen Freiraum, eigene Bedürfnisse zu entwickeln oder sie zu erkennen.

»Wenn man ein Kind verwöhnt, hat es keine Grenzen. Verwöhnen bringt Kinder dazu, mit Menschen zu spielen«, sagt der Psychoanalytiker Arno Gruen. »Grenzen setzen ist also richtig und wichtig. Viele Eltern aber erwarten von ihrem Kind ein bestimmtes Verhalten, damit sie bezeugen können, dass sie gute Eltern sind. Um das zu erreichen, arbeiten Eltern heute weniger mit Bestrafung, sondern mit Verwöhnung und Belohnung. Dabei geht aber die Kreativität des Kindes ebenso verloren wie beim erzwungenen Gehorsam. Sowohl das verwöhnte als auch das vernachlässigte Kind wird missbraucht.«

Der Psychoanalytiker Alfred Adler hat sich ebenfalls mit dem Phänomen der Verwöhnung auseinandergesetzt und festgestellt, dass Eltern ihren Kindern damit nicht nur nichts Gutes, sondern erheblichen Schaden zufügen. Denn jede »Verzärtelung«, wie Adler es nennt, stößt irgendwann an ihre Grenzen. Wenn diese Menschen »nicht mehr die behagliche Wärme und Unterwürfigkeit finden, die sie gewöhnt waren, fühlen sie sich verraten; sie betrachten die Gesellschaft als ihren Feind und versuchen, sich an ihren Mitmenschen zu rächen. Wenn die Gesellschaft ihrerseits nun ihrem Lebenswandel feindlich gegenübersteht, was sie fast immer tun wird, so halten sie dies für einen weiteren Beweis, dass sie persönlich schlecht behandelt werden.«

Der englische Psychoanalytiker Donald W. Winnicott sprach mit Blick auf die versorgende Mutter davon, dass diese »hinreichend gut« *(good enough)*, aber nicht »zu gut« sein sollte. Denn eine Mutter, die es zu gut mit ihrem Kind meint, kann ihm schaden. Mit »hinreichend gut« meinte der Analytiker, dass sich eine Mutter nur ganz am Anfang voll und ganz auf die Bedürfnisse des Kindes einstellen sollte, dass sie aber, je älter das Kind wird, ihm die Chance geben muss, wichtige Fähigkeiten selbstständig und alleine zu erlernen. Wenn sie zum Beispiel nicht gleich zu ihm eilt, wenn es einen Unmutslaut von sich gibt, ermöglicht sie es dem Kleinkind, die Erfahrung zu machen, wie es sich selbst beruhigen kann. Wenn die Mutter dagegen immer und jederzeit zur Stelle ist, bekommt das Kind solche und andere wichtige Lernchancen nicht. »Eine Mutter, die sich jenseits der ersten Lebensmonate perfekt an die Bedürfnisse ihres Babys anpasst, ist keine gute Mutter«, meint Winnicott und erklärt, wie eine »hinreichend gute« Mutter sich verhält. »Zu Beginn passt sich die hinreichend gute Mutter voll und ganz an die Bedürfnisse des Babys an. Über die Zeit geht sie jedoch weniger und weniger perfekt auf das Kind ein, parallel zur wachsenden Fähigkeit des Kindes, damit umgehen zu können.« Auf diese Weise ermöglicht die Mutter dem Kind die Erfahrung, dass es unabhängig sein kann, dass es nicht immer und jederzeit auf »Bemutterung« angewiesen ist. Wenn Mütter, oder auch Väter, es zu gut mit ihrem Kind meinen, halten sie es in der Unmündigkeit.

Wurden auch Sie als Kind allzu sehr verwöhnt und behütet, haben Sie wahrscheinlich Schwierigkeiten mit der Selbstständigkeit. Sie wollen dann auch als erwachsener Mensch, dass andere sich um Sie kümmern, und möglicherweise neigen Sie dazu, überzogene Erwartungen und Forderungen an andere zu stellen. »Ein kleines Kind, das eine jederzeit verfügbare Mutterfigur an seiner Seite hat, wird mit großer Wahrscheinlichkeit mit einem egozentrischen Selbstbild aufwachsen«, meint die britische Psychoanalytikerin Judith Jackson. Kinder, denen alles abgenommen wird, gelangen ihrer Meinung nach häufig zu der Überzeugung »Ich kann alles, und mir ist alles erlaubt.« Nach ihrer Erfahrung fördert ein nachgiebiger Erziehungsstil »einen ungesunden Narzissmus und führt im schlimmsten Fall zu pathologischem Verhalten. Diese Kinder erwarten auch später, weiterhin die Rolle der Prinzen und Prinzessinnen auszufüllen. Wenn sie dann aber feststellen, dass sie nur einer von vielen sind, ist das ein fürchterlicher Schock für sie. Oft haben sie später Schwierigkeiten, Konkurrenz zu ertragen – ob in der Schule oder am Arbeitsplatz. Oder sie können es nicht aushalten, mit einem Vorgesetzten zu arbeiten.« Für Judith Jackson ist Verwöhnung eine »Form der Vernachlässigung. Kinder, denen zu viel gegeben wurde, sind genauso vernachlässigt wie Kinder, denen zu wenig gegeben wurde.«

Durch klare Regeln, sinnvolle Grenzen und konsequentes Erziehungsverhalten vermitteln Eltern ihren Kindern stabile Werte. Konnten Sie als Kind lernen, zwischen »richtig« und »falsch«, zwischen »gut« und »böse« zu unterscheiden, sind Sie vor existenziellen Verunsicherungen weitgehend geschützt. Heute, wo Sie selbst entscheiden müssen, sind diese früh erfahrenen Werte ein Leitsystem, das Ihnen Gewissheit für die Richtigkeit Ihres Verhaltens gibt. Mussten Sie in frühen Jahren diese Orientierung entbehren, haben Sie jedoch möglicherweise große Schwierigkeiten, Entscheidungen zu treffen und Ihren Standpunkt zu bestimmen.

### Das Bedürfnis, eigene Gefühle und Meinungen ausdrücken zu dürfen

Wurden Sie als Kind beachtet und gehört? Durften Sie über alles sprechen und Ihren Standpunkt vertreten? Konnten Sie die Überzeugung entwickeln, dass Sie und das, was Sie fühlen und denken, einen Wert haben? Solange Sie sehr klein waren, war es selbstverständlich, dass Erwachsene über Ihr Wohlergehen wachten und entschieden, was gut für Sie ist. Aber sobald Sie Ihren eigenen Willen entwickelten (mit etwa eineinhalb oder zwei Jahren), sollten Ihre Eltern Sie als kleine Persönlichkeit wahrgenommen und es Ihnen ermöglicht haben, Ihren eigenen Willen zu äußern. Bestimmten jedoch die Erwachsenen ständig über Ihren Kopf hinweg, sagten sie Ihnen immer, was Sie zu tun und zu lassen hatten, entschieden sie, was gut für Sie war und was nicht und wollte niemand hören, was Sie als Kind zu sagen hatten, dann kann es gut sein, dass Unsicherheit Ihr Lebensthema ist.

Einem kleinen Kind eine Meinung zuzutrauen und ihm auch Verantwortung zu übergeben, heißt nicht, sich dem Willen des Kindes unterzuordnen. Das wäre Verwöhnung und würde das Kind möglicherweise zu einem »kleinen Tyrannen« werden lassen. Es geht vielmehr um eine innere Haltung des Erwachsenen, der das kleine Wesen als unabhängig von sich selbst, als autonome Persönlichkeit anerkennt und durch sein Verhalten dies dem Kind auch vermittelt. Nur so kann ein Kind sich als kompetent erleben und die Selbstsicherheit entwickeln, die es durchs Leben tragen wird.

*»Halte deinen Mund, es sei denn, es fragt dich jemand nach deiner Meinung.« Dieses Gebot hat er sehr früh in seinem Leben von seiner Mutter eingetrichtert bekommen. Seine Meinung war nicht gefragt, auch nicht seine Wünsche und Bedürfnisse. An eine Situation erinnert sich der heute 50-Jährige noch sehr gut: Er war etwa fünf oder sechs Jahre alt. Und es war etwas passiert, was er seiner Mutter unbedingt mitteilen wollte, ja musste. Doch wie so oft, fauchte sie ihn auch diesmal an: »Wie oft habe ich dir gesagt, du sollst nur reden, wenn Erwachsene es dir erlauben.« Und wie so oft unterstrich sie ihre Mahnung auch diesmal mit einer Backpfeife. Dabei wollte er ihr tatsächlich etwas immens Wichtiges mitteilen: Seine Katze Mimi war vom Balkon gefallen, und er konnte das Tier nirgends finden. Der Junge war aufgeregt, verschreckt und in großer Sorge um Mimi. Deshalb gab er diesmal nicht auf – und konnte nach ihm endlos erscheinenden Minuten endlich seine Botschaft anbringen. Der Lohn dafür war eine erneute Ohrfeige, nun begleitet von den wütenden Worten: »Warum hast du das denn nicht gleich gesagt!« Das Gefühl, ständig im Wege zu*

*stehen und überflüssig zu sein, begleitete ihn seine ganze Kindheit hindurch und hat ihn bis heute nicht richtig verlassen. Oftmals schickte ihn seine Mutter in die Ecke, ohne dass er so recht wusste, warum. Was hatte er verbrochen, wofür musste er in der Ecke stehen? Heraus durfte der Junge erst dann, wenn er bereit war, die magischen Worte zu stammeln. »Es tut mir leid. Ich entschuldige mich.« Noch heute, als längst Erwachsener, ertappt er sich immer wieder dabei, dass er sich ohne Grund bei anderen entschuldigt.*

### Das Bedürfnis nach angemessener Förderung

Erwachsene haben die Pflicht, ihren Kindern die Welt zu zeigen und zu erklären. Sie haben ebenso die Pflicht, die Talente und Fähigkeiten ihres Kindes zu erkennen und – so weit es ihre materiellen Möglichkeiten zulassen – diese zu fördern. Überforderung ist die Kehrseite dieser Medaille. So schädlich mangelnde Förderung ist, so schädlich ist zu viel Förderung, die schnell in Überforderung und Perfektionismus übergeht. Wenn nur gute Leistungen zählen und als selbstverständlich angesehen werden, wenn Anstrengung und Fleiß höher bewertet werden als Kreativität, Ausprobieren oder Spielen, dann lernt ein Kind, dass das Leben ein steiniger Weg ist, dass es sich immer anstrengen muss. Nur so kann es die Anerkennung und Zuwendung bekommen, die es sich wünscht.

*Ihr Vater war ein sehr destruktiver Mensch, in allem. Er war gefühlskalt, ließ gar nichts an sich herankommen. Die Tochter hält ihn für einen durch und durch negativen Menschen und meint heute, Jahre nach seinem Tod: »Mein Vater hat mir nie etwas gegeben, weder emotional, noch hat er mir Selbstbewusstsein vermittelt. Wenn ich mich über etwas gefreut habe, hat er es niedergemacht. Wenn ich Pläne hatte, hieß es immer gleich: ›Ach, das hat sowieso keinen Sinn.‹« Sie kann sich nicht erinnern, von ihrem Vater jemals den Satz gehört zu haben: »Das hast du gut gemacht!« Ob das gute Noten in der Schule waren oder das Abitur, es war alles selbstverständlich und kei-*

*ner Rede wert. Natürlich hat sie immer auf eine Reaktion von ihm gewartet, im Grunde wartet sie heute noch darauf.*

Sich geborgen und sicher fühlen, um seiner selbst willen geliebt und respektiert werden, in seinen Kompetenzen gefördert werden, Orientierung bekommen, eine eigene Meinung entwickeln dürfen – wenn diese wichtigen Grundbedürfnisse in Ihren ersten Lebensjahren erfüllt wurden, dann konnten Sie lebenswichtige Überzeugungen gewinnen, die Sie einigermaßen sicher durchs Leben geleiten. Diese Überzeugungen sind die Basis Ihres Selbstgefühls. Sind sie vorhanden, dann kann Sie so schnell nichts aus der Bahn werfen. Denn dann wissen Sie:

Ich werde geliebt, so wie ich bin.
Ich kann etwas.
Ich weiß selbst, was richtig und was falsch ist.
Ich darf einen eigenen Willen haben.
Ich werde wahrgenommen.

Wenn Sie so zuversichtlich und voller Selbstvertrauen von sich denken, kommen Sie mit den unvermeidlichen Widrigkeiten des Lebens sicher recht gut zurecht. Sie sind dann in der Lage, mit Niederlagen, Schicksalsschlägen, mit Gefühlen wie Angst und Ärger so umzugehen, dass diese sich nicht destruktiv auf das eigene Leben oder das anderer auswirken. Sie können das, denn Sie haben etwas Grundlegendes in Ihrer Kindheit fürs Leben gelernt:

- Sie haben gelernt, dass Sie ein guter Mensch sind und Gutes verdienen.
- Sie haben gelernt, dass Sie auf sich selbst aufpassen und für sich selbst sorgen können.
- Sie haben gelernt, dass Sie selbst etwas bewirken können.
- Sie haben gelernt, anderen Menschen zu vertrauen.

Wurden Ihnen diese wichtigen Erfahrungen jedoch vorenthalten, dann entwickelten Sie vermutlich völlig andere Überzeugungen:

- Besser, ich zeige meine Gefühle nicht.
- Besser, ich halte meinen Mund.
- Besser, ich versuche immer alles richtig zu machen.
- Besser, ich verhalte mich nicht so, wie ich wirklich bin.
- Besser, ich passe mich an.
- Besser, ich funktioniere, wie man es von mir erwartet.

»Die Menschen werden als Prinzen und Prinzessinnen geboren, bis ihre Eltern sie in Frösche verwandeln«, hat Eric Berne, der Begründer der Transaktionsanalyse einmal geschrieben. Je nachdem, welche Erfahrungen Sie in Ihren ersten Lebensjahren machen mussten, entwickelten Sie ganz spezifische Verhaltensweisen, Einstellungen, Überzeugungen. Waren die Angebote in Ihrer Kindheit unterstützend und ermutigend, konnten Sie sich zu einem freien und selbstständigen Menschen entwickeln. Wuchsen Sie jedoch in einer wenig freundlichen Umwelt auf, mussten Sie mit dem auskommen, was Ihnen angeboten wurde. Sie waren gezwungen, sich den Verhältnissen anzupassen, das heißt, Sie verhielten sich so, als seien Sie das Kind, das Ihre Eltern sich wünschten. Sie wurden zu dem Menschen, den diese brauchten. Sie verwandelten sich, um mit Berne zu sprechen, von einer Prinzessin, einem Prinzen in einen Frosch.

Als Kind hatten Sie gar keine andere Wahl, als sich den Regeln, die in Ihrer Familie herrschten, anzupassen. Hätten Sie es nicht getan, hätten Sie sich widersetzt, dann hätten Sie Ihre eigene Sicherheit (so dürftig sie auch gewesen sein mag) aufs Spiel gesetzt. Als Kind konnten Sie sich das nicht leisten. Sie ignorierten deshalb die verunsichernde Realität und hielten für »normal«, was anders nicht auszuhalten gewesen wäre. Ein anderes Leben kannten Sie nicht. »Ich weiß nicht, wie das Familienleben aussieht, wenn die Mutter nicht depressiv ist«, sagte ein Anfang-30-Jähriger, »ich kenne keine andere Familie. Ich weiß nicht, wie es in Familien zugeht, in denen niemand psychisch krank ist.«

## Das falsche Selbst und die Muster der Vergangenheit

Mussten Sie als Kind eigene Gefühle verleugnen und unterdrücken, dann haben Sie es sehr schwer, ein gesundes Selbstwertgefühl zu entwickeln. Denn dazu hätten Sie in der Gewissheit aufwachsen müssen: »Ich bin ich. Und ich bin etwas wert, so wie ich bin!« Wenn Sie jedoch früh lernten, dass das nicht der Fall ist, unternahmen Sie alles, um die Zuwendung zu bekommen, die Sie so dringend brauchten. Sie verstellten sich, Sie verbargen Ihr wahres Selbst und machten der Umwelt ein Angebot, das diese nicht ablehnen konnte, wie Sie damals hofften. Sie entwickelten dann möglicherweise ein »falsches Selbst«, wie der Psychoanalytiker Donald W. Winnicott es nennt.

Wenn Sie ein Mensch mit einem falschen Selbst sind, tun Sie bereitwillig, was man von Ihnen verlangt, kennen Ihre eigenen Bedürfnisse und Wünsche nicht und glauben vielleicht sogar, gar keine eigenen Bedürfnisse zu haben. Der Preis für diese Fassade ist hoch: Gefühle der Leere, Sinnlosigkeit, Heimatlosigkeit bis hin zur Depression können die Folge sein. Denn im Innersten wissen Sie, der oder die Sie immer ein »braves Kind« gewesen sind, dass nicht Ihr richtiges Selbst geliebt worden ist und auch heute noch nicht geliebt wird, sondern das, was Sie vorgeben zu sein. Sie können noch so erfolgreich und stark nach außen wirken, Sie können sich noch so sehr für andere aufopfern, das Bild, das Sie der Umwelt präsentieren, stimmt nicht mit Ihren wirklichen Gefühlen überein. Gefühle, die Sie zwar nicht bewusst wahrnehmen, weil sie verdrängt sind, die aber im Unterbewusstsein lebendig geblieben sind – und die einen langen, dunklen Schatten auf das Leben werfen, solange sie nicht gelebt werden dürfen.

Vor langer Zeit ist etwas geschehen, das bis heute Auswirkungen auf Ihr Leben hat. Vor vielen, vielen Jahren haben Sie aus bestimmten Erfahrungen und Erlebnissen Schlussfolgerungen gezogen, die immer noch Ihr Handeln und Denken bestimmen. Diese Schlussfolgerungen hindern Sie am Lebendigsein, sind verantwortlich für Ihr schwankendes Selbstwertgefühl und auch dafür, dass Beziehungen

zu anderen kompliziert sind. Damals, früher, mögen diese Schlussfolgerungen folgerichtig und notwendig für Ihr seelisches Überleben
gewesen sein. Sie gaben Ihnen das Gefühl, das Geschehen einigermaßen unter Kontrolle zu haben und halfen Ihnen, Ihre Gefühle der
Verlassenheit, Hilflosigkeit und Angst zu dämpfen. Kurz: Sie halfen
Ihnen standzuhalten.

Heute haben diese Schlussfolgerungen und die auf ihrer Basis ge-
wählten Strategien ihre sinnvolle Funktion längst verloren. Aber
nun sind sie Ihnen in Fleisch und Blut übergegangen, und Sie können
nur schwer erkennen, dass Sie sie nicht mehr länger brauchen, ja,
dass sie Ihnen nur noch schaden und nicht mehr von Nutzen sind.
Heute legen Ihnen diese früh erworbenen Schlussfolgerungen feste
Handschellen an und halten Sie vom Leben ab. Alte Muster bestimmen das Denken und Handeln, beeinflussen die Gefühle und prägen
das Selbstwertgefühl. Diese Muster sind Ihnen so vertraut, dass Sie
ihre Existenz gar nicht bewusst wahrnehmen und nicht merken, wie
sich frühe Erfahrungen auf destruktive Weise wiederholen.

# 3

# Lebensmuster – Warum Sie mit sich und dem Schicksal hadern

»Ein Wort über meine Eltern. Sie laden alles auf mich ab, ihre Verbitterung, ihre Wut, ihre Geilheit, ihre ungestillten Sehnsüchte, ihr Scheitern im Beruf, ihren grenzenlosen Neid, ihren Geltungsdrang, ihre Eifersucht auf Männer und Frauen, ihre schmutzigen Witze, ihre Unschuld, ihre Pfennigfuchserei, ihren falschen Stolz, ihren Missmut, ihre Feigheit, ihre Begeisterung für jeden Hohlkopf, ihre Besessenheit von Wahnideen, ihre Angst vor dem Alleinsein, ihren Hunger nach Liebe und ihr Scheitern an sich selbst. Doch was das Schlimmste ist: Ich, der Fünfzigjährige, bin der Erbe ihrer Gefühle.«

*Manfred Bieler*

»Wir haben alle eine lange persönliche Lerngeschichte hinter uns. Tausende Mal haben wir gehört und erlebt, dass wir so, wie wir sind, nicht recht waren. Wir waren und sind zu zappelig, zu laut, zu vorlaut, zu faul, zu ängstlich, zu dumm, zu träge usw. Sätze wie ›Aus dir wird nie etwas‹ oder ›Du mit deinen zwei linken Händen, gib her, da mache ich es lieber selbst‹, haben viele von uns gehört. So wurde ein tiefes Misstrauen uns selbst gegenüber begründet. Wir meinen, aus uns selbst kann doch nichts Gescheites kommen.« Der Zusammenhang zwischen frühen Ermahnungen und früher Kritik und unserem heutigen Selbstbild, den die Psychotherapeuten Theodor Seifert und Ang Lee Seifert hier beschreiben, ist uns oft nicht bewusst. Wir halten all das Negative, das wir über uns selbst denken, für wahr und kommen gar nicht auf die Idee, dass wir in unserem allzu kritischen Selbstbild möglicherweise beeinflusst sein könnten. Das ist nicht weiter verwunderlich, denn in der Regel erinnern wir uns kaum an die frühen Zuschreibungen unserer Eltern oder anderer Bezugspersonen – und wenn doch, kommen wir nicht auf die Idee, sie infrage zu stellen. Wir merken nicht, dass innere Stimmen uns leiten und lenken; innere Stimmen, die nicht unsere sind, sondern die anderen gehören – eben meist den Eltern. Was diese Stimmen uns sagen, wie sie uns ermahnen, kritisieren, für was sie uns loben und für was sie uns »runtermachen«, das hat seinen Ursprung in unseren Kinderjahren.

Solange wir diese Stimmen nicht bewusst wahrnehmen und ihre Botschaften, Ermahnungen und ihre Kritik nicht als das erkennen können, was sie sind – nämlich Altlasten aus der Vergangenheit –, solange können sie uns steuern und beeinflussen. Dann besteht die Gefahr, dass wir wirklich zu Opfern unserer Vergangenheit werden. Es geht also darum, Vergangenes vom Gegenwärtigen trennen und die Macht der frühen Zuschreibungen zu brechen. Damit das geschehen kann, müssen wir uns aber zunächst mit ihnen intensiver beschäftigen und lernen, sie zu identifizieren. Denn erst, wenn es uns gelingt, diese früh gehörten und in »Fleisch und Blut« übergegangenen Zuschreibungen bewusst wahrzunehmen, können wir erkennen, dass sie es sind, die uns mit dem Leben hadern lassen, und wir können lernen, uns ihnen zu widersetzen.

## Glaubenssätze aus der Kindheit

Die Erfahrungen, die wir mit den Eltern machen durften oder mussten, die Art und Weise, wie diese lebten und wie sie uns behandelten, haben uns ein ganz bestimmtes Bild von anderen und von uns selbst vermittelt. Dieses Bild liefert Antworten auf Fragen wie: Welchen Stellenwert habe ich? Wie funktionieren Beziehungen? Darf man anderen Menschen Vertrauen schenken? Kann ich mir selbst vertrauen?

Auf der Basis dieser Antworten entwickelten wir grundlegende Überzeugungen, die beeinflussen, wie wir durchs Leben gehen. Diese Überzeugungen geben die Richtung vor, sie bieten uns eine Orientierung, wie wir mit uns selbst und mit anderen am besten umgehen können. Haben wir Glück, und es handelt sich um konstruktive, positive Glaubenssätze wie zum Beispiel »Ich schaffe, was ich mir vorgenommen habe« oder »Ich bin beliebt bei anderen«, gehen wir mit Zuversicht und großem Selbstvertrauen durchs Leben. Hinderliche, negative Glaubenssätze aber liegen wie eine schwere Bleiplatte auf uns und lassen uns an uns selbst zweifeln, manchmal sogar verzweifeln.

Wie genau sind diese Glaubenssätze entstanden? Sehr früh haben wir gelernt, was Eltern und andere Erwachsene von uns erwarten, und wie wir die Anerkennung bekommen, die wir dringend brauchen. Wer zum Beispiel immer hören musste »Aus dir wird nie etwas« oder »Deine Wünsche sind falsche Wünsche« verinnerlicht diese Botschaft und glaubt dann irgendwann selbst daran. Das Gefühl »Ich kann nichts« oder »Ich weiß nicht, was ich will, weil ich nicht weiß, was richtig ist« wird zu einem Glaubenssatz, der Handeln und Denken negativ beeinflusst. Wenn sich solche Überzeugungen verfestigen, werden sie zu einem Leitfaden fürs Leben – ohne dass wir uns der Existenz dieses Leitfadens bewusst wären. Denn in den meisten Fällen kennen wir unsere Glaubenssätze nicht. Unerkannt treiben sie ihr Unwesen und setzen uns unter Druck. Sie sind »innere Antreiber«, so nennt die Transaktionsanalyse diese früh erworbenen Überzeugungen, die uns maßregeln und das Leben schwer machen.

Der Psychiater Ronald D. Laing schrieb einmal: »Ich habe den Eindruck, dass wir den größten Teil unserer frühesten und nachhaltigsten Instruktionen in der Form von Zuschreibungen erhalten.« Welche Lektion lernt wohl ein Junge, der seine Mutter wieder und wieder sagen hört: »Ich versuche immer, ihn dazu zu bringen, dass er mehr Freundschaften schließt, aber er ist so gehemmt. Habe ich nicht recht, mein Junge?« Aus solchen Bemerkungen und Zuschreibungen zimmert sich ein Kind schließlich ein Selbstbild, es lernt, wie es ist und vor allem, wie es zu sein hat, damit ihm die Eltern gewogen bleiben.

*Wenn sie zum Beispiel mal eine Tür zu laut zugeknallt hatte, dann konnte sie sicher sein, dass ihr Vater wütend wurde. Noch heute, längst erwachsen, kann sie keine Tür knallen hören, ohne dass sie zusammenzuckt und unwillkürlich auf ein Donnerwetter wartet. Und noch eine unangenehme Erinnerung hat sie an den Vater: Wenn sie samstags mit ihm zum Einkaufen musste, dann hat er sie ständig zurechtgewiesen, sie solle anderen nicht im Wege sein. Verharrt sie heute etwas länger an einem Einkaufsregal oder weiß nicht recht, was sie einkaufen soll, bekommt sie prompt das beklemmende Gefühl, sich beeilen zu müssen. Und sie prüft, ob sie jemanden behindert, ob ein anderer genau an dieses Regal möchte, an dem sie steht. Die Hauptbotschaften ihres Vaters sind fest in ihr verankert: Du stehst anderen im Wege, und sei nicht so laut. Vielleicht ist das der Grund dafür, dass sie heute immer noch das Gefühl hat, nur ja nicht auffallen zu dürfen.*

An diesem Beispiel wird deutlich, warum es für ein Kind sinnvoll ist, aus den Regeln der Eltern feste Glaubenssätze zu zimmern. Wenn es lernt, dass es sich vor der Wut des Vaters schützen kann, indem es die Türen leise schließt und ihm auch ansonsten nicht im Weg steht, kann es selbst dafür sorgen, möglichst wenig in die Kritik zu geraten. Glaubenssätze haben also in der Kindheit durchaus einen Sinn – sie sind Hilfsmittel, die vor Verletzungen schützen und Ängste mindern. Hatten Sie beispielsweise als Kind von den Eltern vermittelt bekommen, dass Sie nichts wert sind, dann ist es durchaus sinnvoll, wenn Sie als »wertlose« Person bestimmte Regeln einhalten, um nicht ständig Abwertung und Zurückweisung zu erfahren. Solche Regeln können dann zum Beispiel lauten:

- »Lass dir von niemandem in die Karten schauen!«
- »Zieh dich zurück, wenn es Konflikte gibt. Du wirst nie Recht bekommen.«
- »Finde heraus, was andere wollen. Wenn du es nicht tust, werden sie sich von dir abwenden.«
- »Nur wenn du perfekt bist, wirst du anerkannt.«

● »Besser, du triffst keine Entscheidung, dann kannst du auch nichts falsch machen.«

So hilfreich diese Glaubenssätze in der Kindheit auch gewesen sein mögen – wenn wir älter werden, sind sie ein gefährlicher Sprengsatz. Sie verlieren ihre Schutzfunktion und werden zu teuflischen Einflüsterungen, die uns in fataler Weise beeinflussen, weil sie den Inhalt unserer Selbstgespräche bestimmen. Wir alle reden ununterbrochen mit uns selbst, das ist völlig normal. Wir bewerten andere, stellen Vermutungen über ihre Gefühle und Motive an, machen Vorhersagen – und wir schimpfen oder loben uns selbst. Was genau wir sagen und in welchem Ton wir es sagen, hängt dabei in hohem Maße von unseren Glaubenssätzen ab.

Der Schauspieler und Comedian Steve Martin schreibt in seiner Autobiografie, wie sein jähzorniger Vater ihn und seine Mutter einschüchterte – und wie er durch sie einen ganz bestimmten Glaubenssatz entwickelte: »Meine Mutter wurde immer unterwürfiger, um seinen Jähzorn nicht auszulösen. Sie flüsterte mir ihre Gedanken im Geheimen zu und verlangte von mir ›Erzähl niemandem, was ich dir gesagt habe‹. So entwickelte ich die Überzeugung, dass es gefährlich war, eine eigene Meinung zu äußern.« Steve Martin hat den Glaubenssatz »Behalte deine Meinung für dich« verinnerlicht und gelernt, seine Meinung in Humor zu verpacken und ihr damit ihre vermeintliche Gefährlichkeit zu nehmen.

Die Überzeugungen, die Sie als Kind erwerben, können unter Umständen Ihr ganzes Leben lang wirksam sein und zu ganz spezifischen Problemen führen. Welchen Einflüsterungen Sie genau ausgesetzt sind, hängt dabei davon ab, was Sie in Ihrer Kindheit erleben mussten. Der Psychotherapeut Jeffrey Young hat den Zusammenhang zwischen frühen Erfahrungen und heutigen Lebensproblemen erforscht und dazu eine eigene Theorie erarbeitet, die *Schematheorie*. Die folgenden Ausführungen basieren auf seinen Erkenntnissen. Vielleicht erkennen Sie sich in einem Glaubenssatz wieder? Vielleicht sogar in mehreren?

### »Ich werde immer verlassen!«

Fehlte es beispielsweise in Ihrer Kindheit an Stabilität und Sicherheit, war das emotionale Klima in der Familie kalt und unberechenbar, dann kann es sein, dass Sie immer wieder mit dem Gefühl der *Verlassenheit* zu kämpfen haben. Sie fühlen sich schnell von anderen im Stich gelassen. Sie glauben nicht, dass andere Menschen verlässlich für Sie da sind und neigen deshalb zu anklammerndem, kontrollierendem Verhalten. Es reicht dann schon, wenn der Partner distanziert oder abwesend wirkt, um massive Ängste in Ihnen auszulösen. Sie neigen schnell zu extremer Eifersucht und können Trennungen, selbst kurzfristige, kaum ertragen. Um diese negativen Gefühle zu vermeiden, gehen Sie aus Selbstschutz oftmals keine engen Beziehungen ein und schaffen von sich aus immer wieder emotionale oder auch räumliche Distanz.

Der Glaubenssatz »*Ich werde immer verlassen*« ist gefährlich. Er kann Sie in Ihrem Verhalten so beeinflussen, dass Sie wirklich verlassen werden. Psychologen der New Yorker Columbia-Universität untersuchten in einer Studie mit fast 50 jungen Paaren, wie groß die Angst vor Zurückweisung und Verlassenwerden der jeweiligen Partner ist. Vor allem interessierten sie sich für die Frage, ob die Beziehungen von Menschen, die große Angst vor dem Verlassenwerden haben, gefährdeter sind als andere. Nach einem Jahr fragten sie nach, wie es um die Partnerschaften stand. Ergebnis: Wer zu Beginn der Studie besonders große Angst vor dem Verlassenwerden äußerte, lebte mit 40-prozentiger Wahrscheinlichkeit nach einem Jahr nicht mehr mit seinem Partner oder seiner Partnerin zusammen. Von den Beziehungen, die von weniger Angst geprägt waren, scheiterten nur 15 Prozent. Die Wissenschaftler schlussfolgern daraus: Die Angst vor Zurückweisung und vor dem Verlassenwerden kann eine Beziehung gefährden. Denn Menschen mit großer Verlustangst reagieren sehr sensibel auf tatsächliche oder auch nur eingebildete Zurückweisungen durch den Partner, fühlen sich auch durch Kleinigkeiten verletzt und bedroht. Sehr viel schneller als andere sind sie dann davon überzeugt, dass der Partner sie unvermeidlich verlassen wird. Sie versuchen dann, ihm zuvorzukommen und beenden die Beziehung – aus Angst, der andere könnte es tun. Die Furcht, verlassen zu werden, wird so zu einer sich selbst erfüllenden Prophezeiung.

Das Muster »*Ich werde immer verlassen*« entsteht meist sehr früh, noch ehe ein Kind sprechen kann. Wer in diesem Muster gefangen ist, hat deshalb oftmals keine konkreten Erinnerungen an früher und kann sich seine ständige Furcht, verlassen zu werden, nicht erklären. Die Ursachen können vielfältig sein: ein Elternteil ist gestorben oder durch Scheidung aus dem Leben des Kindes verschwunden, die Mutter war psychisch krank oder emotional abweisend, ein Elternteil hat erneut geheiratet, man war als Kind wegen Krankheit lange von der Mutter getrennt und ähnliche Trennungserfahrungen.

### »Ich kann niemandem vertrauen«

Möglicherweise ist Ihr Leben aber weniger von Verlassenheitsängsten als von *Misstrauen* geprägt. Misstrauen entsteht, wenn Ihre frühen Beziehungen zu den Eltern oder anderen wichtigen Bezugspersonen nicht verlässlich waren oder wenn Sie schlimme Erfahrungen mit ihnen machen mussten. Gewalt, Missbrauch, seelische Verletzungen, ständige Hänseleien, schwere Strafen – solch gravierende Grenzverletzungen führen dazu, dass Sie das Vertrauen in andere Menschen verlieren. Misstrauen ist dann ein Schutzschild: Es schützt vor Nähe, die Sie als bedrohlich erleben, hält andere Menschen auf Abstand. Diesen schaffen Sie zum Beispiel dadurch, dass Sie sich vollkommen desinteressiert am Leben und Erleben anderer Menschen zeigen oder indem Sie kritisierend, ablehnend, kalt und zynisch auf deren Annäherungen reagieren. Auf diese Weise geben Sie anderen zu verstehen »Ich brauche dich nicht!«, »Ich bin nicht auf dich angewiesen!«. Weil Ihr Vertrauen in der Kindheit tief erschüttert worden ist, glauben Sie, sich nur auf diese Weise vor erneuter Zurückweisung schützen zu können.

In einer Studie der Universität Texas zeigte sich, dass Menschen, die in ihrer Kindheit häufig Zurückweisung erleben mussten, nicht an den Gedanken und Gefühlen ihres Partners oder ihrer Partnerin interessiert sind. Und sie geben auch nur ungern Informationen über sich preis. Sie leben nach dem Motto: Je weniger der andere von mir weiß, desto weniger kann er mich enttäuschen. Wie es in ihnen aussieht, geht niemanden etwas an. Schwäche und Ratlosigkeit dürfen nicht gezeigt werden. Um Hilfe und Unterstützung zu bitten, käme ihnen nicht in den Sinn. Sie müssen stark sein, denn schließlich ist auf niemanden Verlass.

*Als Kind musste sie regelmäßig die Erfahrung machen, dass ihr in Notsituationen niemand zur Seite stand. Als sie einmal hinfiel und sich den Arm brach, war wie immer niemand zu Hause, der sie hätte zum Arzt bringen können. Erst Stunden später fuhr sie ein Nachbar auf Bitten ihrer gestressten Mutter ins Krankenhaus. Vor kurzem hatte sie, wie sie meinte, eine schwere Erkältung. Sie nahm zwei Aspirin und ging etwas früher zu Bett als sonst. Ihrem Mann erzählte sie nicht viel davon. Nur dass sie sich nicht wohl fühle, sagte sie ihm. In der Nacht wurden die Beschwerden immer schlimmer und als sie sich endlich dazu durchrang, Fieber zu messen, hatte sie 40 Grad. Erst als sich die Situation immer weiter verschlechterte, zog sie sich um drei Uhr morgens leise an, schlich sich aus dem Haus und fuhr zum Ärztlichen Notdienst. Es wäre ihr gar nicht in den Sinn gekommen, ihren Mann um Hilfe zu bitten.*

An diesem Beispiel wird deutlich, wie einsam uns die Überzeugung »Ich kann niemandem vertrauen« machen kann. Und in manchen Fällen kann dieser Glaubenssatz sogar gegen sich selbst verwandt werden. Wir schenken uns selbst kein Vertrauen, weil uns als Kind niemand Vertrauen entgegengebracht hat. Auch das hat weitreichende Folgen. Wenn es beispielsweise um Entscheidungen im Leben geht oder um das Meistern von schwierigen Situationen, dann kann es sein, dass großes Selbstmisstrauen uns blockiert. Wir entscheiden dann lieber nichts, weil das Risiko einer falschen Entscheidung uns zu groß erscheint. Und wir verharren in Situationen und Beziehungen, die uns schaden, weil wir zu wenig Vertrauen in unsere eigenen Fähigkeiten haben.

Die folgende Überzeugung steht direkt in Zusammenhang mit dem fehlenden Vertrauen in sich und andere.

### »Ich schaffe das nicht«

Wenn Sie mit übertrieben verwöhnenden und überbehütenden Eltern aufwuchsen oder wenn das Gegenteil zutrifft und Sie viel zu früh sich selbst überlassen wurden, kann es sein, dass Sie als erwachsener Mensch mit großer *Unsicherheit* und *Abhängigkeitsgefühlen* zu kämpfen haben. Denn das Verhalten der Eltern ließ Ihnen keine Chance, ein Gefühl für Ihre eigenen Fähigkeiten zu entwickeln und sich als autonom und unabhängig erleben zu können. Gedanken wie »Mir wächst alles über den Kopf«, »Das schaffe ich nie!« oder »Wie soll ich das alleine bewältigen?« sind ebenso typisch für dieses Lebensmuster wie unbegründete Angstzustände. Wenn Sie zu den Menschen gehören, die früh gelernt haben, sich inkompetent zu fühlen, haben Sie möglicherweise ständig Existenzsorgen, Verarmungs- oder Trennungsängste, oder Sie werden von Flugangst, der Angst vor Autobahnfahrten oder großen Brücken gequält. Da Sie sich wenig zutrauen, überlassen Sie oft anderen das Sagen und auch die Entscheidungen, die Ihr Leben betreffen. Nicht selten entwickeln sich aufgrund der Selbstunsicherheit im Laufe des Lebens reale Inkompetenzen. Sie wissen nicht mehr, wie elementare Dinge im Leben zu bewältigen sind. Dann kann es passieren, dass Sie in Partnerschaften oder an Arbeitsplätzen verharren, obwohl diese Ihnen nicht guttun.

*Sie ist ziemlich unglücklich in ihrer Wohnung. Die Wände sind sehr hellhörig. Die Nachbarin über ihr nervt sie mit ihrer Neugierde. Sie würde gerne umziehen, und sie hat sogar schon eine Alternative gefunden. Doch die*

35-Jährige kann sich nicht entscheiden. Wie gelähmt harrt sie in der unge-liebten Wohnung aus. So lange, bis die schönere Wohnung an jemand an-deren vergeben ist. Als sie das erfährt, fällt sie in ein tiefes Loch. Wieder ist ihr passiert, was sie seit ihrer Kindheit ständig erleben muss: Andere neh-men ihr Entscheidungen ab. Ihr Zögern bringt sie regelmäßig in Schwierig-keiten. Sie leidet unter ihrer Entscheidungsunfähigkeit, aber sie kann nichts daran ändern. Wann immer eine Entscheidung ansteht, glaubt sie, dass sie erst dann handeln kann, wenn sie ganz genau weiß, was die richtige Ent-scheidung ist.

»Du weißt ja doch nicht, was du willst!«. Diesen stets ungeduldig ge-sprochenen Satz ihres Vaters hat sie im Ohr. Er war es auch, der eigentlich immer alles für sie entschieden hat: Welchen Sport sie treiben soll, welcher Beruf zu ihr passt, welche Lippenstiftfarbe ihr steht ... Und diesen Vater ruft sie in Entscheidungssituationen regelmäßig an, obwohl sie weiß, dass seine Wahl eigentlich nicht ihre Wahl ist. Seine Empfehlung und ihre wahren Wünsche passen meist nicht zusammen. Sie hasst den Beruf, den sie auf sein Anraten hin ergriffen hat, ebenso wie sie die Frisur hasst, die er gut an ihr findet. Doch weil sie ihrer eigenen Kompetenz nicht vertraut, lässt sie alles so wie es ist – und entscheidet sich dafür, sich nicht zu entscheiden.

### »Ich bin niemandem wirklich wichtig«

Dieses Gefühl begleitet Sie, wenn Sie in Ihrer Kindheit *emotionale Entbehrung* erfahren haben. Ein tiefes Gefühl der Leere führt zu hohen Ansprüchen an andere. Bei der kleinsten Abwendung droht in Ihren Augen Gefahr. Sie neigen dann möglicherweise zu anklam-merndem oder auch kontrollierendem Verhalten, weil Sie es nicht ertragen können, das Interesse und die Aufmerksamkeit eines wich-tigen anderen Menschen teilen zu müssen. Für Ihre Umwelt ist Ihr Verhalten oft unverständlich und auch schwierig zu ertragen; aber noch schwieriger ist es für Sie selbst. Das Gefühl, sofort ins Nichts zu versinken, wenn andere, wichtige Personen ihre Augen abwen-den, ist äußerst quälend. Der Wunsch »Beachte mich«, »Kümmere dich um mich« hat seine Wurzeln darin, dass Sie nicht lernen konnten, dass Sie anderen etwas wert sind. Sie spüren Ihren Wert nicht, oder Sie spüren ihn nur, wenn Sie ganz viel Aufmerksamkeit bekommen. Doch meist ist »ganz viel« auch nicht ausreichend.

Was auch immer die anderen Menschen anbieten – es reicht nicht. Sie brauchen übermäßig viel Liebe, Aufmerksamkeit und Zuwendung. Angehörige und Freunde haben oft das Gefühl: Was immer sie tun, es ist nie genug.

Der Ursprung des Glaubenssatzes »Ich bin niemandem wirklich wichtig« liegt in der fehlenden Fürsorge zu Beginn Ihres Lebens. Die Bezugsperson, meist die Mutter, war zwar anwesend, hat sich aber nicht angemessen um Sie gekümmert. Sie hat Ihnen nicht die Aufmerksamkeit, Zärtlichkeit und Bewunderung geschenkt, die Sie gebraucht hätten, um sich geliebt und wertgeschätzt zu fühlen. Vielleicht konnte sie sich nicht um Sie kümmern, weil sie mit sich selbst große Probleme hatte, vielleicht war sie mit der Sorge für ein kleines Kind chronisch überfordert – Fakt ist, dass sie Ihnen nicht das Gefühl geben konnte, wirklich erwünscht zu sein. Wenn Sie mit diesem Grundgefühl aufwachsen mussten, fühlen Sie sich heute als erwachsene Frau, als erwachsener Mann wahrscheinlich häufig zu abweisenden, wenig herzlichen Menschen hingezogen. Das Gefühl, das diese Menschen in Ihnen auslösen, ist Ihnen auf fatale Weise vertraut – und diese Vertrautheit lockt Sie immer wieder in die gleiche Falle. In Beziehungen zu abweisenden Menschen machen Sie die altbekannte Erfahrung: »Ich bekomme nicht, was ich möchte, weil ich dem anderen nichts bedeute.« Statt sich aus destruktiven oder unbefriedigenden Beziehungen zu befreien, tun Sie genau das Gegenteil. Weil Sie extreme Angst vor Trennung haben und glauben, ohne den anderen nicht leben zu können (als Kind konnten Sie ohne Ihre Mutter tatsächlich nicht leben, ganz gleichgültig, wie ablehnend sich diese auch verhielt), klammern Sie sich an ihn, wie ein Ertrinkender an einen dünnen Zweig. Und Sie tun alles für andere, in der Hoffnung, sich dadurch unentbehrlich zu machen und die Beziehung auf Dauer zu stabilisieren.

Wenn Sie glauben, für andere, Ihnen wichtige Menschen nicht wichtig zu sein, besteht die Gefahr, dass Sie zum »Kümmerer« werden. Sie übernehmen bereitwillig und ungefragt Verantwortung. Wenn Sie etwas für andere tun können, fühlen Sie sich wohl. Das Gefühl, es anderen recht machen zu können, vermittelt Ihnen emotionale Sicherheit. Solange andere Sie brauchen, solange werden diese Sie nicht verlassen. Das jedenfalls ist Ihre große Hoffnung. Für eigene Bedürfnisse und Wünsche ist in diesem Szenario natürlich kein Platz, sie könnten diese Sicherheit gefährden, die ja, wie Sie genau wissen, auf tönernen Füßen steht.

Wenn Sie glauben, für niemanden wirklich wichtig zu sein, sind Sie sehr angewiesen auf enge, verlässliche Beziehungen. Diese Beziehungen sind existenziell enorm wichtig, nichts darf sie trüben. Aggressionen, Wut, Ärger müssen zurückgehalten werden, so glauben Sie und verdrängen alle – scheinbar – »bösen« Impulse. Nach außen hin verhalten Sie sich sehr liebenswürdig, freundlich und angepasst. Doch innerlich toben sich oft die angeblich »schlechten« Emotionen aus. Die Wut, die eigentlich den anderen gilt, die scheinbar so desinteressiert sind und um die man so heftig kämpfen muss, richten Sie dann gegen sich selbst. Selbstzweifel, Selbstvorwürfe, depressive Verstimmungen, psychosomatische Krankheiten können die Folge sein.

Kinder von alkohol- oder chronisch kranken Eltern bekommen zwangsläufig nicht die Zuwendung und den Zuspruch, den sie für ihre eigene Entwicklung bräuchten. Sie können nur schwer psychische Sicherheit aufbauen, wie die Geschichte der heute 28-jährigen Erdmute von Mosch zeigt, deren Mutter an einer schweren Depression erkrankte, als die Tochter 12 Jahre alt war. 2008 beschrieb sie in einem Interview mit dem *Stern* die Qualen, mit denen sie als junges Mädchen fertig werden musste: »Meine Mutter konnte mir keinen emotionalen Rückhalt geben. Ich wurde ein übertrieben schüchternes Kind, konnte abends nicht einschlafen, litt unter Übelkeit. Dieses Gefühl nannte ich ›Bauchangst‹. Zugleich war ich wütend auf meine Mutter, weil sie nicht normal war ... Als ich 14 war, fingen dann auch bei mir die Depressionen an. Ich hielt alles für sinnlos, hatte keine Hobbys mehr. Ich saß nur da und wünschte, dass der Tag vorüberging – und das Leben auch. Jeden Morgen war mir schlecht. Ich habe mich in der Schule oft krankgemeldet. Meine Stimme war so leise, dass man mich kaum gehört hat. Ich hatte starke Selbstzweifel und wahnsinnige Prüfungsangst – das hat mich meine guten Noten gekostet.«

### »Ich bin nichts wert«

Wertlosigkeit ist das Grundgefühl, wenn Ihre eigenen Bedürfnisse früher nicht zählten. Wenn Sie mit Eltern aufwuchsen, die Ihnen keinerlei Freiraum ließen, die sie bestraften oder bedrohten, wenn Sie nicht die elterlichen Erwartungen genau erfüllten. Als Kind erkannten Sie schnell, dass Sie nur dann in Frieden gelassen wurden, wenn Sie sich möglichst unsichtbar machten und mit großer Einfühlung erspürten, was die Eltern brauchten und wollten. Darin erlangten Sie eine solche Perfektion, dass Sie irgendwann nicht mehr wussten, was Sie selbst wollten und brauchten. Heute passen Sie sich bereitwillig anderen an, wollen ihnen gefallen und es möglichst allen Recht machen. Ihnen fehlt es an Selbstsicherheit und Selbstachtung. Sie haben keine gute Meinung von sich selbst. Ein schwaches, instabiles Selbstwertgefühl aber kann Lebenschancen verbauen und zu ernsthaften Problemen führen. Um ein zufriedenes, glückliches Leben führen zu können, brauchen wir ein starkes Selbst. Wenn Sie jedoch sehr früh in Ihrem Leben die Erfahrung machen mussten, dass die wichtigen Erwachsenen in Ihrem Leben Ihnen nicht viel Wertschätzung entgegenbringen, konnten Sie kaum ein starkes Selbst entwickeln. Und das hat Folgen:

● Sie zweifeln an Ihren Fähigkeiten. Das führt häufig dazu, dass Sie schwierige Aufgaben nur zögerlich oder gar nicht angehen. Misserfolge entmutigen Sie, da Sie diese immer und grundsätzlich auf eigenes Fehlverhalten zurückführen (»Ich kann eben nichts!«). Das führt dazu, dass Sie vorschnell resignieren, sich wenig zutrauen.

- Weil Sie lieber beliebt sein wollen als respektiert, stellen Sie Ihr Licht unter den Scheffel und zeigen nicht, was Sie können. »Bloß nicht unangenehm auffallen«, heißt Ihre Devise. Von Ihren Mitmenschen werden Sie deshalb häufig unterschätzt und für wenig kompetent gehalten. Anerkennung durch andere ist Ihnen zwar sehr wichtig, aber noch wichtiger ist es für Sie, sich keine Kritik oder Ablehnung einzuhandeln. Dadurch aber bleiben Sie mit Ihren Fähigkeiten für andere unsichtbar. Weil Sie sich nicht zeigen, können sich andere nur schwer ein Urteil über Sie bilden.

- Durch Ihre starken Selbstzweifel sind Sie auf permanente Bestätigung angewiesen, was Lebenspartner und Freunde oft als sehr belastend empfinden. Ihre Selbstzweifel sind schuld daran, dass Sie an die Freundschaft und Liebe anderer nur sehr schwer glauben können.

Wer grundsätzlich an sich zweifelt, sich bescheiden im Hintergrund hält, der wird weniger beachtet und hat seltener Erfolgserlebnisse. Da bestätigende Zuwendung und ermutigende Leistungen fehlen, bleibt das Selbstwertgefühl auf niedrigem Niveau. Ein Teufelskreis, der langfristig zu ernsthaften psychischen Problemen führen kann: Ängste und Depressionen, schlechte schulische Leistungen, berufliche Misserfolge, Beziehungsprobleme, Alkohol- oder Drogenmissbrauch, sexuelle Störungen, Passivität, Gewalttätigkeit und Suizidversuche gehen auf das Konto eines schwachen Selbstwertes.

*Das Gefühl der Wertlosigkeit begleitet ihn seit seiner Kindheit; er spürt es immer mal wieder. Und weiß intuitiv: Wertvoll fühlen kann er sich nur, wenn er Leistung bringt. Er machte das Abitur nach, arbeitete und studierte gleichzeitig. Und als er dann berufstätig war, suchte er sich zusätzlich noch eine ehrenamtliche Tätigkeit. Nur nicht untätig herumsitzen. Bislang schafft er sein enormes Pensum ganz gut. Wie er das bewerkstelligt, das fragen ihn seine Freunde oft. Doch was sie nicht wissen – und was er ihnen auch nicht verrät: Ohne das Gefühl der Überlastung, ohne »zu viel« Arbeit, fühlt er sich nicht wohl. Freude am Erfolg, an einer vollendeten Arbeit, stellt sich jedoch, wenn überhaupt, nur kurzfristig ein. Meist hat er schon die nächste Aufgabe, die nächste Hürde im Blick. Er braucht das Gefühl, überlastet zu sein, mehr leisten zu können als andere. Würde er nachlassen, hätte er Angst vor der dann auftauchenden Leere. Ohne Leistung fühlt er sich wie ein Nichts.*

Das Gefühl der Wertlosigkeit wird von Experten als eine wesentliche Ursache (neben anderen) von Depressionen gesehen. Wer depressiv ist, stellt überhöhte Ansprüche an sich selbst, zugleich aber glaubt er, nichts wert zu sein. Häufig finden sich in der Kindheit depressiver Menschen typische Vorkommnisse: Sie haben ein Elternteil durch Trennung der Eltern oder Tod verloren, sind von ihren Eltern abgelehnt oder abgewertet worden. Das Bild, das die Eltern von ihnen hatten, haben sie übernommen. Sie glauben, dass es einen Grund geben muss, dass ihnen das Leben nicht gelingt – und diesen Grund suchen sie bei sich selbst. Selbstzweifel, Minderwertigkeitsgefühle und Hilflosigkeitsgefühle bestimmen dann das Leben. »Was als Depression bezeichnet und als Leere, Sinnlosigkeit des Daseins, Verarmungsangst und Einsamkeit empfunden wird, erweist sich mir immer wieder als Tragik des Selbstverlustes bzw. der Selbstentfremdung, die immer in der Kindheit ihren Anfang nimmt«, schreibt die Psychoanalytikerin Alice Miller.

### »Ich muss perfekt sein!«

Überzogene Erwartungen an sich selbst können eine weitere Folge negativer früher Erfahrungen sein. Wenn dieses Muster auf Sie zutrifft, dann sind Sie extrem leistungsorientiert, das Tun bestimmt Ihr Leben. Sie glauben, wenn Sie sich nur genug anstrengen, könnten Sie perfekt sein – und würden dann endlich die Anerkennung bekommen, nach der Sie sich so sehr sehnen. Sie stehen unter einem permanent starken Druck, können nicht lockerlassen und sich entspannen, gönnen sich kaum Auszeiten. So streng, wie Sie sich selbst gegenüber sind, so streng sind Sie auch anderen gegenüber. Die Messlatte liegt für Sie und auch für andere hoch. Die Ursprünge dieses Lebensmusters finden sich in einem überzogenen Leistungsanspruch der Eltern, die entweder sich selbst gegenüber kein Pardon kannten oder ihrem Kind immer das Beste abverlangten, wobei das Beste nie gut genug war.

*In ihrer Umgebung muss nur irgendjemand sagen »Man müsste mal« oder »Ich weiß nicht, wie ich dieses oder jenes tun soll«, dann steht sie prompt auf der Matte. Sie übernimmt sofort die Verantwortung und denkt, sie müsste eine Lösung parat haben. Als ihre erwachsene Tochter vor kurzem mit einer Erkältung im Bett lag und sie anrief, wollte diese eigentlich nur ein bisschen jammern und sich mit ihr unterhalten. Sie aber ist sofort zur Apotheke gerast, hat ihrer Tochter Tabletten und ein Erkältungsbad gekauft, ist quer durch die Stadt zu ihr gefahren – und war dann ganz enttäuscht, dass diese sich nicht gefreut hat.*

### »Ich muss vorsichtig sein!«

Sie machen sich große Sorgen um Ihre Gesundheit oder die anderer? Sie glauben immer mal wieder, unheilbar krank zu sein? Sie haben Verarmungsängste und arbeiten deshalb extrem viel? Sie geraten in Flugzeugen, Supermärkten, in Aufzügen leicht in Panik? Sie versuchen, Ihre Angehörigen möglichst vor Gefahren zu schützen? Wenn Sie eine dieser Fragen mit »Ja« beantworten, durchzieht Ihr Leben möglicherweise das bedrohliche Gefühl, sehr verletzbar zu sein. Vielleicht mussten Sie als Kind erleben, dass ein Elternteil oder Geschwisterkind schwer erkrankte, oder Sie mussten eine andere Erschütterung der Sicherheit verkraften. Vielleicht war aber auch ein Elternteil besonders ängstlich, hat Sie ständig kontrolliert und Sie vor realen oder möglichen Gefahren gewarnt. Aber möglicherweise wurden Sie auch nicht beschützt als Sie es dringend benötigten. Wie auch immer: Als Kind lernten Sie, dass die Welt ein gefährlicher Ort ist und Sie sich auf dünnem Eis bewegen. Das prägt auch heute noch Ihren Umgang mit sich selbst, Ihrer Gesundheit, Ihren Finanzen und anderen Menschen.

*Die ersten zehn Jahre ihres Lebens wuchs das Mädchen in einer dörflichen Idylle auf. Das große Haus der Großtante, in dem seine Familie lebte, war ein Hort der Geborgenheit, der dazugehörige Garten die schönste Spielwiese, die es sich vorstellen konnte. Niemand ahnte, dass dieses Glück nicht ewig dauern könnte. »Wir erben das Haus«, sagte der Vater immer wieder und verbrachte deshalb viel Zeit mit Reparaturen und Pflege des Gebäudes. Doch dann starb die Tante, und es stellte sich heraus, dass sie gar nicht berechtigt war, das Haus ihrem Neffen, dem Vater des Mädchens, zu vererben. Besitzer war ihr Mann – und der hatte andere Pläne. Er verkaufte das Haus. Die Käufer wollten natürlich darin wohnen und kündigten der Familie des Mädchens.*

*Eine kleine Dreizimmerwohnung mitten in der lärmenden, Angst machenden Stadt war fortan das Zuhause für das kleine Mädchen. Es musste sich an eine andere Schule gewöhnen und an Kinder, die ganz anders waren als die Spielgefährten auf dem Land. Die schulischen Leistungen sanken rapide. Die Ehe der Eltern wurde immer schlechter. Schließlich erkrankte der Vater an Krebs und starb schnell – drei Jahre nach dem Verlust des geliebten Hauses.*

*Das Mädchen hat es weit gebracht. Es hat viel gelernt, Abitur gemacht, studiert, einen tollen Beruf ergriffen, viel Geld verdient. Doch die Angst, alles verlieren zu können, eines Tages arm zu sein, treibt die erwachsene Frau immer wieder zu neuen Taten an. Sie kann nicht lockerlassen, sie darf sich nicht ausruhen, sie darf sich nicht allzu sicher fühlen. Wie ein Damoklesschwert schwebt über ihr die Angst, dass sie sich nur auf dünnem Eis bewegt.*

### »Ich gehöre nicht dazu«

Sich auf einer Party mutterseelenalleine fühlen. Am liebsten nur noch zu Hause bleiben und anderen Menschen aus dem Wege gehen. Vor öffentlichen Auftritten nasse Hände und Herzklopfen. Das Gefühl, unattraktiv und uninteressant zu sein. Sich selbst als Einzelgänger bezeichnen. Sich der Welt nicht zugehörig fühlen. Wenn solche Gefühle Ihnen nicht fremd sind, dann kann es sein, dass Sie diese bereits von früher Kindheit an begleiten. Möglicherweise waren Sie als Kind anders als andere Kinder: kleiner oder größer, dicker oder dünner, besonders klug, vielleicht haben Sie gestottert oder wurden wegen Ihres Namens aufgezogen. Oder Sie waren eine Außenseiterin, die auf dem Schulhof immer alleine stand. Vielleicht war aber auch Ihre gesamte Familie »anders«. Wenn zum Beispiel der Vater Alkoholiker war oder ein Familienmitglied an einer psychischen Krankheit litt, wenn die Familie aufgrund ihrer Religionszugehörigkeit oder ihrer Armut ausgegrenzt wurde, wenn sie häufig den Wohnort gewechselt hat und nie irgendwo richtig heimisch wurde, dann kann auch das zu dem Gefühl geführt haben, allein gegen den Rest der Welt zu stehen. Möglicherweise scheuen Sie heute noch davor zurück, Freunden oder Partnern Ihre Familie vorzustellen. Sie fürchten: Sobald jemand weiß, wo Sie herkommen, wendet er sich von Ihnen ab.

*Die Mutter leidet an Depressionen. Als die Tochter zehn Jahre alt war, musste die Mutter zum ersten Mal für mehrere Monate in die Klinik. Anderen Kindern erzählte das Mädchen, seine Mutter wäre verreist, sie müsse sich um eine kranke Tante kümmern. Dieses Täuschungsmanöver behielt sie auch die nächsten Jahre bei, denn die Mutter »verschwand« in regelmäßigen Abständen. Als sie ihren Mann kennen lernte, erzählte er ihr sehr viel von seiner Familie und machte sie relativ rasch mit seinen Eltern und Geschwistern bekannt. Sie dagegen hielt sich bedeckt. Es dauerte sehr, sehr lange, ehe sie ihm die Wahrheit erzählen konnte. Und es dauerte noch viel länger, bis sie ihn der Mutter vorstellte.*

*Vor kurzem versuchte die Mutter, sich mit Schlaftabletten das Leben zu nehmen. Sie erhielt am frühen Morgen einen Anruf ihres Bruders. Er wohnt in der Nähe der Mutter und hat, als diese nicht öffnete, die Wohnung vom Hausmeister öffnen lassen und die Mutter bewusstlos vorgefunden. Nach dem Telefongespräch zog die Tochter sich leise an und tat nicht, was andere Menschen in Notsituationen tun: Sie weckte nicht ihren Mann, sondern fuhr alleine in die Klinik, in die man die Mutter gebracht hatte. Sie war nicht in der Lage, ihm davon zu erzählen. Zwar fühlte sie sich unendlich einsam, doch da war etwas, das sie daran hinderte, sich ihrem Mann anzuvertrauen: das Gefühl der Scham und des Ausgeschlossenseins, das sie schon ihr Leben lang begleitete.*

### »Ich bin ein Hochstapler«

Egal, wie erfolgreich Sie sind, egal, was und wie viel Sie leisten: Das Gefühl, ein Versager, eine Versagerin zu sein oder in dem, was Sie tun hochzustapeln, werden Sie nicht los. Wenn Ihnen etwas gelingt, schreiben Sie das den Umständen oder dem Glück zu; geht etwas schief, dann ist das allein Folge Ihrer Ungeschicklichkeit und Unfähigkeit. Das Gefühl der *Unzulänglichkeit* kann ebenfalls ein Ergebnis früher Erfahrungen sein. Möglicherweise ignorierten Ihre Eltern Ihre guten Leistungen, nahmen diese für selbstverständlich. Eine Reaktion kam von ihnen nur, wenn Sie mal weniger gute Noten nach Hause brachten. Vielleicht haben die Eltern Sie auch mit einem großen Bruder oder einer großen Schwester verglichen, der oder die Ihnen natürlich immer eine Nase voraus war. Es gibt aber auch Eltern, die sich durch die Erfolge ihres Kindes in ihrem eigenen Selbstwert bedroht fühlen und deshalb die Leistungen systematisch ignorieren oder gar verächtlich kommentieren.

Heute haben Sie kein Gefühl für die eigene Leistung, verlangen keine angemessene Bezahlung für Ihre Arbeit, denken, dass Ihnen keine Beförderung zusteht. Oder Sie setzen sich viel zu hohe Ziele, die Sie gar nicht erreichen können. Wenn Sie scheitern, fühlen Sie sich in Ihrem Selbstbild »Ich kann nichts« bestätigt. Oder Sie meiden es, Ihr wahres Können zu überprüfen und begnügen sich mit Jobs, die weit unter Ihrem Leistungsniveau liegen.

### Glaubenssätze sind tief verankert

Gleichgültig, welches der beschriebenen Grundgefühle Ihr Leben bestimmt (es können durchaus mehrere sein), eines steht fest: Diese Gefühle entstanden in der Frühzeit Ihres Daseins, sie sind eine Reaktion auf das damalige Geschehen, auf Ihre damaligen Erfahrungen und Ihre damaligen Gefühle. In Ihnen steckt noch immer der Säugling, das zwei-, drei- oder fünfjährige Kind, das Sie mal waren. Und dieses Kind hat alles von früher aufbewahrt. Sowohl die positiven Erlebnisse wie auch die negativen.

Wird dieses gespeicherte Material in der Gegenwart durch bestimmte Ereignisse und Erlebnisse aktiviert, dann kommen auch die Gefühle von damals wieder hoch, dann empfinden Sie wieder wie das Kind, das Sie einst waren. Doch dessen sind Sie sich nicht bewusst: Sie halten das, was Sie heute erleben, für ebenso real und angemessen wie Sie es damals taten, als Sie noch klein waren. Und noch schlimmer: Die alten Muster sind so tief in Ihnen verankert, dass Sie es gar nicht merken, wenn Sie sich in Ihrem Verhalten von ihnen leiten lassen und so dafür sorgen, dass Ihre alten Erfahrungen immer wieder neu bestätigt werden.

Möglicherweise wählen Sie immer wieder Partner, die ebenso kalt und abweisend agieren wie Ihre Eltern. Möglicherweise gehen Sie aus Angst vor Zurückweisung erst gar keine engen, verbindlichen Beziehungen ein oder halten andere Menschen grundsätzlich auf Abstand. Möglicherweise betäuben Sie Ihre Verlassenheitsängste mit Alkohol oder zu viel Arbeit. Möglicherweise sind Sie ein erfolgsorientierter Perfektionist geworden oder widersetzen sich allen noch so kleinen Anforderungen und bringen nie etwas richtig zu Ende.

*Akzeptiert wurde sie vom Vater nur als kleines Mädchen, und auch später konnte sie ihn nur erreichen, wenn sie diese Rolle spielte. So brauchte er sie nicht als eigenständiges, erwachsenes Wesen wahrzunehmen, und für das Kind war es der einfachste Weg, um mit dem Vater auszukommen. Das heißt, sie hat ihn um Rat gefragt (auch wenn sie keinen brauchte), hat Diskussionen vermieden, und so konnte er immer der Dominante sein. Ein Muster, das sie auch heute in ihren Beziehungen zu Männern wiederfindet. Von ihrem letzten langjährigen Freund hat sie vor kurzem einen Brief bekommen und da fiel ihr sofort die Anrede auf: »Hallo, meine süße Kleine«. Er war immer der Große, sie die Kleine, die er beschützen, aber auch dominieren konnte.*

## Alte Wunden, Stress und Wiederholungszwang

Wenn Sie von Ihren Kindheitserlebnissen bestimmt werden, dann sind Sie in einer Art Wiederholungsschleife gefangen und handeln immer wieder nach früh erworbenen Mustern. Sie erkennen allerdings nicht, dass es sich um Wiederholungen handelt. Dazu sind Sie erst in der Lage, wenn Sie sich an die alten Geschehnisse erinnern und die Wunden wirklich sehen, die Ihnen zugefügt wurden. Erst dann können Sie Altes und Neues voneinander unterscheiden und erkennen, dass so manche Gefühle, die Sie in der Gegenwart terrorisieren, an Schärfe verlieren, wenn Sie sie dem Ort zuordnen, an den sie gehören: der Vergangenheit. Wie Ihnen das gelingen kann, davon handelt ausführlich der hintere Teil dieses Buches, der Ihnen Strategien aufzeigt, wie Sie aus der Wiederholungsschleife herausfinden können. Dass Sie dabei mit sich sehr geduldig sein und sich Zeit nehmen sollten, liegt in der Natur der Sache. Denn Psychologen und Hirnforscher haben in den letzten Jahren festgestellt, dass sich negative Kindheitserfahrungen auf die Entwicklung des Gehirns auswirken können.

Wenn uns als Kind in kritischen Entwicklungsphasen positive Erfahrungen vorenthalten worden sind, wenn wir schwierige Erlebnisse (wie die Trennung der Eltern) verkraften mussten, wenn wir wenig Ermutigung bekamen, dafür aber viel Frustrationen verarbeiten mussten, dann kann es zu Unter- oder Fehlentwicklungen in wichtigen Hirnarealen kommen, dem sogenannten limbischen System. Das sind jene Hirnsysteme, die wichtig sind für die Regulation unserer Gefühle, aber auch für unsere Lernfähigkeit. Negative Kindheitserlebnisse hinterlassen in diesen wichtigen Hirnregionen »Wunden«, die zwar vernarben, die aber – je nach Lebenssituation und Umwelteinflüssen – im späteren Leben wieder Probleme bereiten und dann das gegenwärtige Geschehen bestimmen können.

Diese Wunden machen uns verletzbar und verringern unsere Fähigkeit, Stress angemessen zu bewältigen. Denn sie verheilen nur oberflächlich. Bei Kritik, Misserfolg, Fehlern oder Liebesentzug brechen sie wieder auf, und alte Gefühle wie »Ich bin nichts wert«, »Ich kann nichts«, »Ich darf mich auf niemanden verlassen« können wieder von uns Besitz ergreifen – jedenfalls dann, wenn wir nicht bewusst wahrnehmen, dass in einer aktuellen Situation alte Wunden wieder schmerzen. Unter Umständen kommen wir eine Zeit lang ganz gut durchs Leben, ohne etwas von diesen früh zugefügten Verletzungen zu spüren. Über Jahre oder Jahrzehnte hinweg können wir von Schwierigkeiten weitgehend verschont bleiben. Tritt jedoch eine Belastungssituation auf – vielleicht werden wir arbeitslos oder durch Tod oder Scheidung von einem geliebten Menschen getrennt –, dann schmerzen die alten vernarbten Kindheitswunden wieder. Die Erfahrungen der frühen Kindheit sind eine Art »Schläfer«, die durch Stresserlebnisse aktiviert werden und dann unser Leben terrorisieren können. »Das Vergangene, das nicht mehr mit der Gegenwart übereinstimmt, bleibt erhalten und schiebt sich unbemerkt vor jede neue (ähnliche) Situation«, beschreibt der Psychotherapeut Thomas Fuchs, wie frühe Traumata sich in der Gegenwart bemerkbar machen. »Der Traumatisierte wird in einer noch unvergangenen Vergangenheit festgehalten, sein Handeln dadurch bestimmt.«

Gefühle der Hilflosigkeit, des Ausgeliefertseins, der Panik können in schwierigen Lebenssituationen unter Umständen Botschaften aus der Vergangenheit sein. Sie haben dann mit der gegenwärtigen Situation weniger zu tun als wir denken. Ausgelöst durch Belastungen und Konflikte in der Gegenwart, werden Erinnerungen an die früheren schlimmen Zeiten wach und überlagern die aktuelle Situation.

*Eine junge Frau, Mutter eines einjährigen Sohnes, sucht psychotherapeutische Hilfe. Seit der Geburt ihres Kindes leidet sie unter Asthma, hat extreme Angst, dass sich ihr Kind irgendwo mit irgendeinem gefährlichen Virus oder Bakterium anstecken könnte und geht deshalb mit dem Kind kaum noch außer Haus. Hinzu kommen massive Probleme in der Partnerschaft: Sie fühlt sich von ihrem Mann alleingelassen, sie hat Angst, dass er auf seinen vielen Dienstreisen fremdgehen könnte. Ist er aber zu Hause, macht sie ihm ständig Vorwürfe, versucht, ihn zu kontrollieren und zu maßregeln, indem sie ihm Vorschriften macht. Sie ist am Ende ihrer Kraft und fürchtet, ihren Mann zu verlieren.*

*Nach vielen Gesprächen mit ihrer Therapeutin stellt sich heraus: Diese Frau war ein Frühchen, sie war kaum lebensfähig, als sie zur Welt kam, und musste viele Wochen um ihr Überleben kämpfen. Sie schaffte es, aber sie war in den ersten Jahren ein schwaches, kränkliches Kind, dem die ganze Sorge der Mutter galt. Doch als sie drei Jahre alt war, verließ die Mutter Ehemann und Tochter, die Eltern ließen sich scheiden. Die Kleine wuchs beim Vater auf, für den sie später, als sie größer wurde, die Verantwortung übernahm. Sie war die Frau im Hause.*

*Durch die Gespräche erkennt die junge Frau, dass die Geburt ihres Sohnes in ihr alte, frühe Ängste aktiviert hat. Ihren damaligen Kampf ums Überleben überträgt sie jetzt auf ihren Sohn: Sie glaubt, ihn vor allen schädlichen Einflüssen schützen zu müssen. Sie glaubt, dass sie alles unter Kontrolle haben muss, auch ihren Mann, damit ja nichts Schlimmes passiert.*

*Durch die Geburt des Kindes wurden schlummernde, scheinbar »vergessene« Erinnerungen aktiviert, die im Körper dieser Frau gespeichert waren. Der Stress der Mutterschaft ließ die »biologischen Narben« – ihre Erfahrun-*

*gen als Frühchen und die Trennung der Eltern – wieder aufbrechen. Als sie diesen Zusammenhang erkannt hatte, konnte sie daran arbeiten, ihre Ängste zu ordnen: Es gelang ihr mit der Zeit, die alten Ängste zu identifizieren und sie von der aktuellen Situation zu trennen.*

Die Wunden, die uns in der Kindheit zugefügt wurden, können also lange schmerzen und unsere Gefühle und unser Handeln bestimmen. Der Psychoanalytiker Alfred Adler hat diesen Zusammenhang zwischen dem Früher und dem Heute folgendermaßen beschrieben: Ein vernachlässigtes Kind, so meinte er, »hat niemals kennen gelernt, was Liebe und Kooperation sind; seine Deutung des Lebens schließt diese freundlichen Kräfte nicht ein. Wenn es den Problemen des Lebens gegenübersteht, überschätzt es gewöhnlich ihren Schwierigkeitsgrad, oder es unterschätzt seine eigene Fähigkeit, sie mithilfe und dem guten Willen der anderen zu bewältigen. Es hat bemerkt, dass die Gesellschaft sich ihm gegenüber kühl verhält, und es erwartet, dass dies immer der Fall sein wird.«

Sind auch Sie ein Mensch mit Kindheitsnarben, dann haben Sie in belastenden, stressigen Situationen zunächst schlechtere Voraussetzungen, diese zu bewältigen als jemand, dessen frühe Jahre glücklicher verlaufen sind. Der Stress des Anfangs verhindert einen angemessenen Umgang mit späteren Lebenskrisen, denn die Erinnerung an das einmal Erlebte und Erlittene prägt den Umgang mit neuen schwierigen Situationen in der Gegenwart.

Wenn wir das Glück haben, dass unser Leben nach einer belasteten Kindheit in ruhigen Bahnen verläuft und es das Schicksal gut mit uns meint, können die frühen Erfahrungen sozusagen »in Frieden ruhen«. Sind wir aber auch in unserem weiteren Lebenslauf mit schwierigen Prüfungen und Herausforderungen konfrontiert, dann sind wir aufgrund der ersten, nicht gut verlaufenen Jahre nicht ausreichend präpariert. Wir besitzen dann nicht die nötige psychische Widerstandskraft, wir haben nicht genügend Selbstvertrauen und Bewältigungsmethoden zur Verfügung, wir fühlen uns den schwierigen Situationen nicht gewachsen und kommen in Stresssituationen schneller ins Schleudern. Unsere Widerstandskräfte sind aufgrund der frühen schädigenden Erfahrungen eingeschränkt. Solange das Leben keine Prüfungen für uns bereithält, bemerken wir diese Schwäche nicht oder nicht so deutlich. Doch sobald es ernsthafte Probleme gibt, tauchen auch die frühen verzweifelten Gefühle, die Hilflosigkeit und Unsicherheit wieder auf.

## Wiederholung kindlicher Ängste

Dass es diesen fatalen Zusammenhang zwischen frühen Erfahrungen und späteren Erleben gibt, belegten der kanadische Wissenschaftler W. J. Jacobs und seine US-amerikanische Kollegin Lynn Nadel in ihren neurobiologischen Studien. Sie konnten zeigen, dass es sich auch bei Phobien und Angststörungen, die im Erwachsenenleben auftauchen, um eine Wiederkehr früher kindlicher Ängste handeln kann – die von den Betroffenen aber nicht mehr erinnert werden. Geraten wir im Erwachsenenleben unter Stress, können diese frühen Ängste aktiviert werden.

Jacobs und Nadel gehen davon aus, dass frühkindliche Angsterlebnisse abgespeichert werden, dass die Erinnerung an diese Ereignisse aber nicht bewusst möglich ist. Das heißt aber nicht, dass die frühen Schrecken verschwunden sind. Sie lauern sozusagen nur unter der Oberfläche und tauchen in Situationen auf, in denen starke Belastungen unsere Kontrolle schwächen. Dann leben diese »vergessenen« Angstgefühle wieder auf. Plötzlich sind sie wieder da – und wir können es uns nicht erklären, warum wir ausgerechnet im Supermarkt, auf der Fahrt zur Arbeit oder im Flugzeug in unerklärliche Panik geraten. Wir sehen keinen Zusammenhang zwischen unserem aktuellen Stress – wie beispielsweise Beziehungsproblemen, Jobschwierigkeiten, Sorgen um Kinder – und weit zurückliegenden Angsterfahrungen in der Kindheit. Diesen Zusammenhang können wir auch gar nicht sehen, denn die bewusste Erinnerung an früher erlebte Ängste ist in vielen Fällen gar nicht möglich. Doch was wir früh erfahren mussten, ist gespeichert. In unserem Unterbewussten und auch in unserem Körpergedächtnis. Auch wenn wir uns scheinbar nichts gemerkt haben, unser Körper merkt sich alles. Was wir je gelernt, erfahren, erspürt und erlitten haben, hat er gespeichert. Das Körpergedächtnis ist der Träger unserer Lebensgeschichte und weiß mehr, als unser Gedächtnis preisgibt.

Die Wissenschaftler Jacobs und Nadel stellen einen »überproportionalen Einfluss frühkindlicher Erfahrungen« fest, der alle nachfolgenden Lernprozesse steuert. Doch die vielfältigen und eindrucksvollen Erkenntnisse, die über den Einfluss der frühen Kindheit auf den aktuellen Umgang mit Stresssituationen inzwischen vorliegen, sollten uns nicht zu der Schlussfolgerung verleiten, dass wir uns in ein Schicksal fügen müssen, dessen Muster und Verlauf in unseren ersten Jahren festgelegt worden ist. Wir sind diesem »Schicksal« nur so lange ohnmächtig ausgeliefert, solange wir die frühen Einflüsse nicht kennen und ihr Wirken nicht entschlüsseln können. Wie enorm wichtig diese Entschlüsselungsarbeit ist, zeigen auch Studien, welche die Auswirkungen frühkindlicher Erfahrungen auf körperliche Vorgänge nachweisen und aufzeigen, warum Stresssituationen für Menschen mit einer schwierigen Kindheit äußerst belastend, ja geradezu »giftig« sind.

### Auswirkungen auf das Immunsystem

Neuere Erkenntnisse der psychologischen und neurowissenschaftlichen Forschung zeigen: Psychische, soziale und körperliche Belastungen, die uns in frühen Jahren aufgebürdet werden, hinterlassen ihre Spur nicht nur in wichtigen Hirnsystemen, sondern auch im Immunsystem. Stress in der Kindheit fügt uns also tatsächlich »biologische Narben« zu, die offensichtlich niemals mehr vollständig ausheilen, weshalb sie in erneuten Belastungssituationen wieder aufbrechen können – und unter Umständen Ängste oder auch eine Depression auslösen. So belegen Untersuchungen mit depressiven Patienten, dass diese in den meisten Fällen in ihrer frühen Kindheit erheblichen Belastungen ausgesetzt waren – wobei diese Belastungen sehr unterschiedlich sein können: fehlende Akzeptanz und Liebe durch eine nahe Bezugsperson, schwere Krankheit, mangelnde Betreuung, finanzielle Probleme der Eltern und so weiter.

Stressereignisse in der Kindheit stehen zunehmend auch in Verdacht, die Anfälligkeit für bestimmte Krankheiten zu erhöhen wie zum Beispiel Asthma, Hautkrankheiten oder Allergien. Dramatische Kindheitserlebnisse wie der Tod eines Angehörigen, schwere Krankheit eines Elternteils oder Geschwisters oder die Trennung der Eltern, aber auch scheinbar harmlose Ereignisse wie ein Umzug können das Erkrankungsrisiko der betroffenen Kinder erhöhen. Das geht aus einer Langzeitstudie Leipziger Forscher hervor. Sie hatten Blutproben von 234 sechsjährigen Kindern untersucht und festgestellt: Bei Kindern, deren Eltern sich innerhalb des letzten Jahres getrennt hatten oder die umgezogen waren, fanden sich erhöhte Konzentrationen eines bestimmten Botenstoffes im Blut, der eine Vermittlerrolle zwischen Stressereignissen im Leben und der Immunabwehr einnimmt, sowie erhöhte Konzentrationen von Immunmarkern, die mit der Auslösung allergischer Reaktionen verbunden sind. Kinder mit einer schwierigen Kindheit haben also ein höheres Risiko, eine Allergie zu entwickeln als Kinder mit einer glücklichen Kindheit.

Auch eine weitere Studie bestätigt den Zusammenhang zwischen Kindheitsstress und schwachem Immunsystem. Wie US-amerikanische Forscher herausfanden, zeigten Kinder, die in jungen Jahren äußerst belastende Situationen erleben mussten, höhere Werte von Antikörpern gegen ein bestimmtes Herpesvirus im Blut, das Herpes-Simplex-Virus 1, als Kinder aus stabilen Verhältnissen. Mit diesem Virus sind sehr viele Menschen infiziert, ohne Symptome zu entwickeln. Normalerweise wird das Immunsystem damit fertig. Erst wenn das Immunsystem durch eine weitere Erkrankung oder durch extremen Stress geschwächt wird, können Symptome auftreten: Bläschen an der Lippe oder offene Stellen am Mund. Ist die Zahl der

Antikörper gegen dieses Virus hoch, dann deutet das auf eine starke Belastung des Immunsystems hin. Diese erhöhten Werte konnten die Wissenschaftler nicht nur in der akuten Stressphase bei den belasteten Kindern messen, sondern auch noch Jahre später. Sie schlussfolgern daraus, dass es durch den starken Stress in der frühen Kindheit zu einer Veränderung des Immunsystems gekommen ist, die selbst dann noch vorhanden ist, wenn sich die Bedingungen normalisiert haben.

### Langzeitfolgen zeigen sich unter Stress

Für Wissenschaftler ist der Zusammenhang klar: Frühe negative Kindheitserfahrungen können Langzeitfolgen haben. Dies gilt vor allem dann, wenn die Betroffenen Stresssituationen ausgesetzt sind. Für den amerikanischen Forscher Stephan Suomi steht fest, dass sich »die Langzeitfolgen unterschiedlicher Früherfahrungen am deutlichsten unter Bedingungen zeigen, die ein gewisses Maß an Neuheit oder Herausforderung aufweisen – Situationen also, die stressig sind und emotionale Reaktionen hervorrufen. Bei Abwesenheit von Stress bleiben Verhaltensmuster und physiologische Eigentümlichkeiten, die man auf die frühe Erfahrung zurückführen kann, maskiert.« Und er fügt zur Bestärkung noch mal hinzu: »Die dramatischsten Langzeitwirkungen sehen wir am wahrscheinlichsten unter Stressbedingungen.«

Das bestätigt auch Erdmute von Mosch, die im Magazin *Stern* über ihre Kindheit mit einer depressiven Mutter berichtete. Sie hat eine Psychotherapie gemacht, um die Folgen dieser Kindheitssituation aufzuarbeiten, und sie fühlt sich heute gesund. Aber: »In stressigen Situationen bin ich noch immer wehrlos. Vor Prüfungen und Bewerbungsgesprächen wird mir schlecht, und ich bekomme Durchfall. Ich habe bisher nicht viel gewagt, bin nicht viel gereist. Ich saß noch nie in einem Flugzeug.« Diese junge Frau meidet Stresssituationen, weil sie weiß, dass unter Druck ihre alten Wunden wieder schmerzen. Vermeidung ist jedoch keine ratsame Strategie. Besser und erfolgversprechender ist es, den Zusammenhang zwischen frühen Erfahrungen und späteren Problemen zu erkennen und daraus eine wichtige Lehre zu ziehen: »Ich kann heute anders handeln und denken als früher. Ich kann nicht verhindern, dass die Kindheitswunde schmerzt, aber ich kann lernen, anders, für mich gesünder, damit umzugehen.«

### Sind die Folgen einer schweren Kindheit unausweichlich?

Ob eine schlimme Kindheit langfristig Folgen hat, hängt also ganz wesentlich davon ab, welche weiteren Prüfungen das Leben für uns noch bereithält. Meint es das Leben gut mit uns, dann bleiben die frühen Erfahrungen als verheilte Narben zwar erhalten, sie bereiten uns aber keine allzu großen Schmerzen mehr. Doch in welchem Leben ist das schon der Fall? Welcher Mensch bleibt von Stresssituationen weitgehend verschont? Es scheint also, als könnten wir dem »Fluch« der frühen Jahre gar nicht entkommen, als müssten wir, wenn wir eine schlimme Kindheit hatten, ein Leben lang einen Preis dafür bezahlen. Einen Preis, wie ihn Marilyn Monroe, Romy Schneider, Michael Jackson bezahlen mussten und wie ihn Carol Thatcher möglicherweise immer noch bezahlt. Ihre Schicksale legen den Schluss nahe: Kindheit ist Schicksal. Hat der Psychoanalytiker Kurt Eissler also Recht, wenn er meint, »dass Erlebnisse innerhalb der ersten fünf Jahre darüber entscheiden, ob das Kind später ein Verbrecher oder ein Heiliger, eine in ihren Leistungen durchschnittliche oder überragende Persönlichkeit, ob es ein gesunder, ausgeglichener Mensch oder ein von Neurose und Depression zermürbter Mensch sein wird«?

Müssen wir akzeptieren, dass über unserem Leben dauerhaft ein Schatten liegt, weil wir in den ersten Jahren unseres Daseins nicht bekommen haben, was grundlegend für eine gesunde seelische Entwicklung ist? Sind wir dazu verurteilt, unseren Lebensteppich in dem einmal begonnenen Muster immer weiter weben zu müssen? Bleibt uns nichts anderes übrig, als uns in unser Schicksal zu fügen?

Fest steht: Es gibt einen klaren Zusammenhang zwischen frühen Erfahrungen und Lebensglück. Das aber bedeutet noch lange nicht, dass eine schlechte Kindheit auf jeden Fall ein schlimmes, unabwendbares Schicksal sein muss. Zu einer solch pessimistischen Einschätzung gibt es keinen Anlass. Das zeigen die nun folgenden Kapitel.

# 4.

## Kindheitsgeschichten 2 – Wird der Einfluss der Kindheit überschätzt?

»Die Vergangenheit können wir nicht ändern,
aber den Freiraum, den jeder Mensch hat,
können wir erweitern.«

*Helm Stierlin*

Bisher haben wir nur jene Forschungsergebnisse und Meinungen zur Kenntnis genommen, die einen eindeutigen Zusammenhang sehen zwischen frühen Kindheitserfahrungen und späteren Lebensproblemen. Noch gar nicht zu Wort gekommen sind jedoch jene Experten, die dem Geschehen in der Frühzeit eines Menschen weniger Macht zusprechen oder den Zusammenhang zwischen frühem und späterem Unglück nicht so eindeutig sehen. Wenn wir ihre Meinung hören, dann scheint es, als müssten die bisherigen Aussagen über die Folgen einer schwierigen Kindheit relativiert werden.

»Die weitverbreitete Überzeugung, dass Erfahrungen in den ersten Lebensjahren die Entwicklung eines Menschen für den Rest des Lebens bestimmen ... ist im Großen und Ganzen ein Mythos.« Diese – nach all dem bisher Gesagten erstaunliche Aussage – stammt von dem renommierten Entwicklungspsychologen Lawrence Kohlberg. Und er steht mit dieser Meinung nicht allein. Auch der Psychologe David McClelland vertritt diesen Standpunkt. Er meint: »Ein Großteil dessen, was Menschen als Erwachsene tun, denken und glauben, ist von den spezifischen Erziehungstechniken der ersten fünf Lebensjahre nicht wesentlich beeinflusst.«

Der Psychotherapeut Hilarion Petzold kommt zu einem ähnlichen Schluss, wenn er meint: »Die Frühkindheit stellt die Weichen nicht«. Er warnt vor allzu einfachen Erklärungsmustern à la: Weil mir damals das oder jenes geschah, geht es mir heute schlecht. Schließlich würden sich nicht alle Kinder, die traumatische Erfahrungen machen müssen, zu psychisch kranken und belasteten Erwachsenen entwickeln. Und umgekehrt sei auch eine glückliche Kindheit keine Garantie für ein glückliches Leben.

Diese Position nimmt auch die Schweizer Psychologin und Ärztin Cécile Ernst ein. Auf der Basis von langjährigen Forschungsarbeiten kommt sie zu dem Ergebnis: »Kinder werden nicht in ihren frühesten Jahren durch Traumen geprägt, sondern – bei entsprechender Vulnerabilität – nach der frühesten Kindheit durch anhaltenden Druck verbogen.«

Noch eindeutiger bezieht der amerikanische Entwicklungspsychologe Jerome Kagan Stellung. »Kein Wissenschaftler hat auch nur mit, sagen wir, zwanzigprozentiger Wahrscheinlichkeit beweisen können, dass bestimmte Erfahrungen in den ersten beiden Lebensjahren ein bestimmtes Ergebnis im Erwachsenenalter bewirken.« Eine pessimistische Einschätzung der Zukunftsaussichten eines Kindes, das sein erstes Lebensjahr in einer alles andere als optimalen Umwelt zugebracht hat, hält Kagan für »unbegründet«.

Eine Einschätzung, die auch der Kinderpsychiater Michael Rutter teilt, wenn er sagt: »Die negativen Auswirkungen früher Traumata sind keineswegs unvermeidlich oder unwiderruflich. ... Offenkundige Belege widersprechen deutlich Ansichten, dass frühe Erfahrungen die persönliche Entwicklung unwiderruflich verändern.«

Auch der amerikanische Sozialpsychologe Martin Seligman, ehemaliger Präsident der Amerikanischen Psychologenvereinigung, lässt an Deutlichkeit nichts zu wünschen übrig, wenn er schreibt: »Ich denke, dass die Ereignisse der Kindheit überschätzt sind. Es hat sich als schwierig herausgestellt, selbst kleinste Effekte von Kindheitsereignissen auf die erwachsene Persönlichkeit zu finden, und es gibt keine Beweise von großen – und schon gar nicht von determinierenden – Effekten. Die großen Traumata der Kindheit haben etwas Einfluss auf die Persönlichkeit des Erwachsenen, aber nur in einer sehr vorhersagbaren Weise. Schlechte Kindheitserlebnisse sind nicht verantwortlich für die Probleme des Erwachsenen.«

Spätestens jetzt macht sich Verwirrung breit. Haben wir nicht in den vorherigen Kapiteln eindeutige, äußerst überzeugende Belege dafür bekommen, dass eine unglückliche Kindheit das Leben eines Menschen durchaus belasten, wenn nicht gar zerstören kann? Nun hören wir aus dem Munde renommierter Experten, die ganz und gar nicht als Außenseiter oder Leichtgewichte der Wissenschaft abgetan werden können: Der Einfluss der Kindheit wird überschätzt! Beide Fraktionen verweisen auf wissenschaftliche Studien, beide glauben, ausreichend Belege für ihre Meinung zu haben. Was sollen wir denn nun glauben? Welche Haltung ist richtig?

## Die frühe Kindheit stellt nicht endgültig die Weichen

Die im ersten Kapitel vorgestellten Lebensläufe prominenter Personen und die in den vorherigen Kapiteln beschriebenen Erkenntnisse zum Einfluss der frühen Kindheit sind durchaus dazu angetan, dass Sie, wenn Sie eine unglückliche Kindheit hatten, nun mutlos den Kopf sinken lassen und resignieren. Wie sollen Sie sich von diesem frühen negativen Erbe jemals befreien können? Die Vergangenheit können Sie schließlich nicht verändern! Da bleibt Ihnen doch gar nichts anderes übrig, als sich ganz nach dem Motto »Augen zu und durch« mit einem Leben abzufinden, über dem der Schatten der Kindheit liegt. Aber diese Schlussfolgerung ist nicht nur falsch, sondern auch fatal. Wenn Sie sich als Opfer fühlen und an diesem Opferstatus nichts ändern, weil Sie glauben, keinerlei Einflussmöglichkeiten zu haben, werden Sie sich selbst gegenüber zum Täter. Denn Sie versuchen dann gar nicht, den Schatten der Kindheit zu vertreiben oder wenigstens so hell zu färben, dass er erträglich wird. Es stimmt: Die Vergangenheit können Sie nicht ändern. Doch das ist kein Grund zur Resignation, denn handlungsunfähig sind Sie deshalb noch lange nicht, wie der Heidelberger Familientherapeut Helm Stierlin meint. Wir können nämlich »den Freiraum, den jeder Mensch hat, erweitern«.

Was ist mit »Freiraum« gemeint? Und wie können wir ihn vergrößern?

Eine mögliche Antwort auf all diese Frage geben – wiederum – Kindheitsgeschichten prominenter Personen. Auch sie sollen zunächst in der Anonymität bleiben. Die Lebensläufe dieser Menschen ähneln in ihrem Anfang und frühen Verlauf den Biografien von Romy Schneider, Marilyn Monroe, Michael Jackson und Carol Thatcher. Doch sie unterscheiden sich in einem wesentlichen Punkt: Sie haben ein anderes Ende. Sie haben, wenn man so will, ein Happy End.

*Der Sohn, der nicht heiraten durfte*

*Der Vater fällt im Krieg. Die Mutter muss ihre zwei Jungs alleine aufziehen und für den Lebensunterhalt der Familie sorgen. Vor allem der Jüngste ist ihr dabei eine große Stütze. Er fühlt sich für das Wohlergehen der Mutter verantwortlich. Ein Ereignis zeigt, wie verbunden er sich seiner Mutter fühlt, wie sehr er es sich wünscht, sie glücklich zu sehen: Mit 14 verdient er sein erstes Geld. Er ist sehr stolz darauf. Was soll er sich dafür gönnen? Ein neues Fahrrad? Bücher? Ach was, da gibt es gar kein langes Überlegen: Nicht für sich allein will er das Geld ausgeben, die Mutter soll auch was davon haben. Das Meer will er ihr schenken. Sie war noch nie dort, er übrigens auch nicht. Also lädt er sie nach Rimini ein. Er ist stolz, mächtig stolz, dass er, der Bub, seiner Mutter das bieten kann.*

*Doch dann, mit etwa 17 Jahren, interessiert er sich für Mädchen. Und plötzlich kommt es zu Störungen im guten Verhältnis zwischen Mutter und Sohn. Ihr gefällt nicht, dass er Mädchen nach Hause bringt und ihr gefällt auch keine der jungen Damen. Während der ältere Bruder mit Mädchen ausgehen darf, wagt er es irgendwann nicht mehr, seiner Mutter von seinen Eroberungen zu berichten oder ihr gar ein Mädchen vorzustellen. An Heirat denkt er schon überhaupt nicht. Rückblickend versteht er die Mutter, wie er heute sagt. Hätte er geheiratet, wäre sie ja ganz allein gewesen.*

*Ihm selbst geht es in all der Zeit nicht immer gut. Ihm fehlt das »Hoppla-hier-komm-ich-Gefühl«, meinte er in einem Interview. Er ist eher zögerlich, Selbstzweifel sind ihm nicht fremd, auch Ängste kennt er. Doch wenn es ihm schlecht geht, macht er das mit sich selbst aus. Er teilt sich nicht mit. Nicht den Freunden, und der Mutter schon gar nicht. Er grübelt dann, und hin und wieder fragt er sich auch, ob er wirklich den richtigen Beruf ergriffen hat. Harmonie ist wichtig für ihn. Er kann nicht gut streiten, wie er meint. Und manchen Situationen geht er lieber aus dem Weg.*

*Der Sohn, der nicht heiraten durfte, hat ganz offensichtlich einen hohen Preis zu zahlen für die Loyalität, die er der Mutter entgegenbringt. Doch irgendwann scheint er zu der Einschätzung gekommen zu sein: Ich habe genug bezahlt! Spät, mit Ende 50, heiratet er doch noch. Obwohl es für die Mutter immer noch nicht einfach ist, diesen Entschluss zu akzeptieren – sie hat geschaut »wie eine Eule«, sagt er, als er ihr seine Heiratsabsicht mitteilte. Aber dieses Mal lässt er sich nicht mehr beirren. Vielleicht liegt es an seinem Alter? Oder daran, dass er inzwischen selbst weiß, dass er ein anerkannter Schauspieler ist?*

### Ein Junge, drei Frauen und ein starker Wille

*Der New Yorker Stadtteil Bronx ist Mitte des vergangenen Jahrhunderts alles andere als ein Nobelviertel: Hier ist die Kriminalität ebenso zu Hause wie der Alkoholismus und der Drogenhandel. Wer hier aufwächst, hat meist nichts zu verlieren. Die Familien sind zerrüttet, die Häuser verwahrlost und zerfallen, die Schulen machtlos. Es geht ums bloße Überleben.*

*Anfang der 1970er Jahre kommt hier ein schwarzer Junge zur Welt. Zufällig gezeugt am Rande einer Party, der Vater kümmert sich nicht um die Frau und das Kind. Die Mutter aber hätte jede Hilfe nötig , denn sie ist seelisch krank und missbraucht den Jungen sexuell. Mehrmals versucht sie sogar, ihn umzubringen. Auf der Schule entmutigt ihn ein Lehrer, als er meint, er bräuchte gar nicht vom College zu träumen, er sei ohnehin bald im Gefängnis oder tot. Aber der Junge hat in all dem Elend Glück: Seine Großmutter Anna Pearl und seine Tanten Inez und Joann kümmern sich um ihn. Die drei Frauen schützen ihn vor Angriffen der eigenen Mutter, aber auch vor wenig wohlmeinenden Kumpels. Sie sorgen dafür, dass er einen Schulabschluss be-*

*kommt, sie glauben an ihn. Sie sind es, die ihn vor seinem scheinbar so vorgezeichneten Schicksal bewahren.*

*Der schwarze, misshandelte Junge ist heute einer der wenigen Afroamerikaner, die eine beispiellose Karriere gemacht haben. Er wurde Journalist und interviewte so prominente Persönlichkeiten wie Nelson Mandela und Bill Clinton. Er moderierte politische Debatten mit Hillary Clinton, er ist selbst ein Star in der amerikanischen TV-Szene. Rückblickend auf den weiten Weg, den er von seiner Kindheit bis zu diesem Erfolg gehen musste, sagt er heute: »Leben ist nicht, woher man kommt, sondern was man daraus macht.«*

### Das Mädchen, dem Schläge als Liebe verkauft wurden

*Ihre Eltern trennen sich, als sie noch klein ist. Sie kommt zur Großmutter, einer streng religiösen Frau, die ihren Argumenten mit Schlägen Nachdruck verleiht. Wann immer sie dem Mädchen Prügel verabreicht, erklärt die Großmutter: »Ich schlage dich, weil ich dich liebe!« Wenn das Liebe ist, dann kann ich auf Liebe verzichten, denkt sich das Mädchen. Später zieht sie zur Mutter, doch ihr Leben wird nicht schöner, ganz im Gegenteil. Es sind schreckliche Jahre. Ein zehn Jahre älterer Cousin vergewaltigt sie, da ist sie gerade mal neun Jahre alt. Während ihrer gesamten Jugend muss sie sexuelle Gewalt über sich ergehen lassen. Mit 14 wird sie schwanger, das Kind stirbt kurz nach der Geburt. Alkohol und Drogen werden zu ihren ständigen Begleitern.*

*Heute, als erwachsene Frau, kann sie nichts Gutes über ihre Kindheit sagen. Es gibt keine schönen Erinnerungen. Sie hätte also allen Grund, verbittert und wütend zu sein. Aber sie ist es nicht. Denn sie hat beschlossen, den negativen frühen Erfahrungen nicht auch noch negative Gefühle in der Gegenwart hinzuzufügen. Sie weiß, dass sie die Vergangenheit nicht mehr ändern kann und akzeptiert dies. Aber sie weiß gleichzeitig, dass sie und nur sie die Verantwortung für ihr weiteres Leben hat. Die Vergangenheit soll nicht über ihre Gegenwart und schon gar nicht über ihre Zukunft bestimmen.*

### Der Junge, der mit Magie die Angst vertrieb

*Das Licht der Welt erblickt er in Zabrze, im heutigen Polen. (Damals gehört der Ort noch zu Deutschland und heißt Hindenburg.) Dort leben seine Eltern in einem sogenannten »Familienhaus«, einem »familiarka«: 12 Familien, die aus 6 bis 12 Personen bestehen, bewohnen dort auf zwei Stockwerken jeweils 25 Quadratmeter − ohne Wasser und ohne Strom. Sein Vater kann diese elenden Zustände offensichtlich nur im Suff ertragen und reagiert seine Aggressionen an seinem Sohn ab. Mit einer ledernen Hundepeitsche. Immer wieder hört der Junge »Du musst die Eltern lieben«, aber niemals hört er, dass Eltern ihre Kinder lieben müssen. Auch nicht in der Kirche, die er fürchtet. Er hat Angst vor dem strafenden Gott und vor den Beichten, deren Sinn er als kleiner Junge nicht versteht. Gut geht es ihm offensichtlich nur mit seinem Großvater. Der ist zwar auch ein Säufer, aber er akzeptiert den Jungen, er bevormundet und bestraft ihn nicht. Beim Großvater verspürt er eine »Magie«.*

*Als erwachsener Mann gibt er in einem Interview zu, dass er sein Leben lang versucht hat, diese Magie wiederzufinden und die Last dieser Kindheit loszuwerden: die prügelnden Eltern und die Furcht einflößende Kirche. Und er hat die Magie wiedergefunden. Zeichnend hat er die Dämonen der Kindheit vertrieben.*

### Der eingeschüchterte Sohn, der zum Popstar wurde

*»Reginald« soll der Junge heißen. Seine Mutter besteht darauf. Sie will unbedingt, dass er den Namen ihres geliebten Bruders trägt. (»Wie kann man ein Kind nur Reginald nennen?«, wird er sich später als erwachsener Mann empören). Von Anfang an haben seine Eltern Großes mit ihm vor: Der Junge soll Musiker werden, ihm soll gelingen, was ihnen versagt geblieben ist. Von früh an bekommt er Klavierstunden, denn sein Vater sieht ihn bereits als berühmten klassischen Pianisten auf den Bühnen der Welt. Seine Mutter hat ein anderes Traumbild vor Augen: Popstar soll er werden.*

*Doch Reginald hat alles andere als Starqualitäten. Er ist ein schüchternes, ein eingeschüchtertes Kind. Er fürchtet sich vor dem Vater, der − wenn er denn mal zu Hause ist − ständig etwas an ihm auszusetzen hat: Er solle die Suppe nicht so laut schlürfen, den Staudensellerie nicht so geräuschvoll abbeißen, er soll nicht so dicht am Haus Fußball spielen, die Rosen könnten Schaden nehmen, er soll sich nicht so ungeschickt anstellen und alles fallen lassen. Ist der Vater unterwegs, kann er dennoch nicht durch- und aufatmen. Jetzt ist er gleich drei Frauen ausgeliefert: der Mutter, der Großmutter mütterlicherseits und der Schwester der Mutter. Sie alle achten darauf, dass er stets adrett und sauber gekleidet ist und sich vorbildlich benimmt. Und natürlich sorgen sie dafür, dass er möglichst oft am Klavier sitzt. So oft es nur geht. Andere Kinder spielen keine Rolle in seinem Leben. Er darf nicht mit ihnen herumtoben, das Klavier ist schließlich wichtiger. Reginald wird zum Außenseiter – und tröstet sich mit Essen.*

*Irgendwann lassen sich die Eltern scheiden, der Vater heiratet wieder und bekommt mit seiner zweiten Frau vier Söhne. Für Reginald ist das ein Schlag ins Gesicht. Hat er doch bis dahin immer gedacht, sein Vater sei deshalb so streng und ungerecht zu ihm, weil er ganz einfach keine Kinder mag. Nun aber muss er erkennen, dass diese Annahme falsch ist, und er zieht daraus den Schluss: Sein Vater mag Kinder, er mag nur ihn, seinen ersten Sohn, nicht. Es muss an ihm liegen, dass der Vater ihn so ablehnt. Reginald ist eifersüchtig auf seine Halbbrüder.*

*Obwohl es ihm nicht gutgeht in seiner Kindheit und Jugend, erfüllt er den Wunsch seiner Eltern, er wird berühmt. Allerdings nicht als klassischer Pianist. Sondern als Rockstar. So wie es sich seine Mutter gewünscht hatte. Sein Erfolg, der mit den Jahren immer größer wird, macht sie glücklich – ihn aber nicht. Er leidet an Bulimie, an Depressionen, an Alkoholismus und Drogensucht. Auf der Bühne ist er der King, im privaten Leben aber kommt er nicht zurecht. Kann er nicht vor einem bewundernden Publikum stehen, weiß er offensichtlich nicht, wer er ist. Ohne öffentlichen Beifall hat sein Leben keinen Sinn.*

*Er flüchtet sich in eine Ehe. Bis dahin hatten ihn alle für schwul gehalten, zumindest für bisexuell. Die Hochzeit mit einer Deutschen soll ihn von diesem »Makel« befreien. Und er hofft, durch eine Frau an seiner Seite seine Einsamkeit und seine Verlassenheitsgefühle vertreiben zu können. »Ich dachte, sie würde mich retten«, bekennt er später in einem Interview. Doch das konnte sie natürlich nicht. Erst als er sich, sehr spät, zu seiner Homosexualität bekennt, bekommt sein Leben langsam Stabilität.*

*Der Sohn, der seinen Humor nicht verlor*

*Sein Vater stirbt 1997 mit 83 Jahren. Nach der Beerdigung kommen seine Freunde zu seinem Sohn, sprechen ihm ihr Beileid aus und erzählen ihm, wie sehr sie seinen Vater geliebt haben. Er sei ein so unterhaltsamer, witziger, offener und fürsorglicher Mensch gewesen, sie würden ihn sehr vermissen. Der Sohn staunt: Von wem reden sie? Doch nicht von seinem Vater! Er staunt über diese Beschreibungen, denn er erinnert sich an keine lustigen oder fürsorglichen Worte, die der Vater an ihn gerichtet hätte. Möglicherweise, so spekuliert er, hat sich der Vater seine positiven Seiten für andere aufgespart. Denn ihm gegenüber war der Vater meistens verletzend, er schien eine nie endende Wut auf seinen Sohn zu haben. Und er schlug zu. Mit dem Rohrstock oder einem Bootspaddel oder mit seinem Gürtel. Einmal, als der Junge neun Jahre alt war, prügelte er ihn so fürchterlich, dass er am nächsten Tag lange Hosen und ein langärmeliges Hemd anziehen musste, damit in der Schule seine Striemen nicht auffielen. Nach diesem Ereignis sprachen sie so gut wie gar nicht mehr miteinander. Wenn der Vater etwas äußerte, dann war es Kritik. Heute schreibt der Sohn in seiner Autobiografie: »Man sagt, dass eine komplizierte Kindheit zu einem künstlerischen Leben führen kann. Ich erzähle Ihnen diese Geschichte von meinem Vater und mir, um Sie wissen zu lassen, dass ich qualifiziert dafür war, ein Komiker zu werden.«*

Diese sechs Kindheiten sind allesamt keine glücklichen, sondern zum Teil sogar extrem unglückliche. Die Kinder, deren frühe Jahre von Armut, Gewalt, Missbrauch und Überforderung gekennzeichnet waren, hätten durchaus in ihrem weiteren Leben an den frühen Erfahrungen scheitern können. Doch sie scheiterten nicht. Im Gegenteil: Sie machten nicht nur eindrucksvolle Karrieren (das haben Michael Jackson, Marilyn Monroe und Romy Schneider auch getan), sie scheinen sich von dieser schlimmen Kindheit sogar in gewisser Weise befreit zu haben. Wie ist ihnen das gelungen? Was oder wer hat sie gestärkt?

## Quellen des Selbstvertrauens

Der Sohn, der nicht heiraten durfte: Der Junge, der sich für seine Mutter so verantwortlich fühlte, dass er es nicht wagte, sie wegen einer anderen Frau zu verlassen, heißt Elmar Wepper. Er ist, wie auch sein Bruder Fritz, ein bekannter Fernseh- und Filmschauspieler. Man kennt ihn vor allem aus erfolgreichen Fernsehserien und einer beliebten Kochshow. Doch auch in einer ernsten Rolle (im Kinofilm *Kirschblüten-Hanami*) feierte er große Erfolge. Vielleicht überzeugt er in der Rolle des Rentners Rudi deshalb, weil er sich aufgrund seiner Geschichte in dessen Schicksal hineinversetzen kann. Denn dieser Rudi, so sagt Wepper in einem Interview, ist »nicht frei. Und er merkt ganz langsam, dass doch nicht alles so wunderbar ist, wie er glauben möchte.« Dass seine Selbstzweifel Elmar Wepper nicht vom Schauspielern abgehalten haben, daran hat möglicherweise ein anderer Schauspieler einen großen Anteil. Wepper hat zehn Jahre lang mit Walter Sedlmayr die Serie *Polizeiinspektion 1* gedreht. »Ich verehre ihn bis heute«, sagt er. Sedlmayr nennt er seinen »Mentor«, von ihm lernte er, »mich selbst und meinen Beruf nicht immer für voll zu nehmen.«

Das Mädchen, dem Schläge als Liebe verkauft wurden und das dann als Erwachsene beschloss, sein Leben in die eigenen Hände zu nehmen, wurde zu Amerikas bekanntester Talkmasterin: Oprah Winfrey. Dass sie die schlimmen Jahre ihrer Kindheit und die erlittene Gewalt überlebt hat, verdankt sie zum einen ihrem Vater. Als sie eines Tages als Jugendliche von zu Hause weglief, weil sie die Situation nicht mehr ertragen konnte, holte er sie zu sich. Er war sehr streng und forderte viel von ihr: Disziplin, Durchhaltevermögen und Mut hielt er für die wichtigsten Eigenschaften. Er sorgte aber auch dafür, dass ihre Talente in der Schule endlich erkannt wurden, er gab ihr Selbstvertrauen, und ihm verdankt sie auch ihre Selbstdisziplin, die ihr in ihrem Beruf heute zugute kommt. Aber nicht nur der Vater hat sie gerettet. Auch das Lesen. Denn Lesen, so sagte sie einmal, hat ihr den »Zugang zur Welt« ermöglicht, und ihr

»Tore zu Möglichkeiten aller Art« geöffnet. Sie sagt heute: »Ich erkannte, dass viele Menschen traumatisiert sind, manche haben noch Schlimmeres erfahren als ich. Aber wir haben die Verantwortung für unsere eigenen Siege. Wenn wir in der Vergangenheit leben und der Vergangenheit erlauben, zu definieren, wer wir sind, werden wir niemals erwachsen.«

Dass Oprah Winfrey so erfolgreich ist, daran hat auch ihre schlimme Vergangenheit einen nicht unerheblichen Anteil. Ihre Talkshow ist nicht zuletzt so beliebt, weil sie als Gastgeberin und Interviewerin ihren Gästen mit viel Einfühlungsvermögen begegnet. Ein Einfühlungsvermögen, das nicht aufgesetzt ist – sie weiß, was Menschen empfinden, die vom Schicksal gebeutelt werden. Und sie hat eine Buchclub-Sendung ins Leben gerufen, um Freude am Lesen zu wecken.

Ein Junge, drei Frauen und ein starker Wille: Der Junge, der mit einer psychisch kranken Mutter in der Bronx aufwuchs, gehört heute »zu den wenigen Afroamerikanern, die als politische Fernsehjournalisten Karriere gemacht haben«, schrieb die Süddeutsche Zeitung 2008 über Dominic Carter und bezeichnet seine Karriere angesichts seiner Herkunft als »fast unglaublich«. Seine Kindheitsgeschichte wurde in den USA einem breiten Publikum bekannt durch sein Buch *No Momma's Boy* (Kein Muttersöhnchen), in dem er die psychische Krankheit seiner Mutter verarbeitet und gleichzeitig über diese Krankheit aufklären will. Seit das Buch erschienen ist, hält Carter nun Vorträge vor jungen Menschen und Hilfsorganisationen. Er will aufmerksam machen auf den unheilvollen Einfluss, den Armut und die psychische Erkrankung eines Elternteils auf Kinder haben kann.

Der Junge, der mit Magie die Angst vertrieb und der sein Leben lang gegen seine schlimmen Kindheitserfahrungen ankämpfen musste, hat unzähligen Kindern Freude geschenkt. Seine Illustrationen, seine Kinderbücher strahlen so viel Lebensfreude und Lebensmut aus, dass man kaum glauben kann, welche dunklen Erfahrungen er in seiner eigenen Kindheit machen musste. Und doch hat

Janosch (der eigentlich Horst Eckert heißt), wie er selbst sagt, »eigentlich das ganze Leben aufgewendet, um die Kindheit zu vergessen.« Neben dem gewalttätigen Vater hat ihn vor allem die strenge religiöse Erziehung in Angst und Schrecken versetzt: »Katholisch geboren zu sein, ist der größte Unfall meines Lebens.« Vielleicht haben ihn die ersten vier Lebensjahre gerettet, die er bei den Großeltern verbringen durfte. Dort gab es den Großvater, der ihm nicht den Kopf mit »Blödsinn« vollstopfte und es ihm ermöglichte, sich der »Magie« zu widmen. »Ich konnte an der roten Ziegelwand stundenlang hinter dem Haus den Kosmos ablesen, das Sein und das Nichtsein begreifen – ich verstand es damals noch, ich schwöre es.« Und dann gab es noch den schweigenden Urgroßvater. »Mit ihnen zu leben, war eines der großen Glücksvorkommnisse meines langen Lebens. Ich saß in der Sonne und konnte fliegen … Das ist mein Mittelpunkt der Welt, immer noch, und der direkte Zugang zur Ewigkeit. Ich war auch nie weg von dort. Was danach kam, war nur Schein, tinef.« »Danach« holte ihn der Vater ab – und hat ihm »für ein paar Jahrzehnte«, die Magie mit der Hundepeitsche ausgetrieben. Für ein paar Jahrzehnte, aber nicht für immer. Denn in seinen Zeichnungen, in den Figuren, lebt die Magie wieder auf. Das Malen hat ihm geholfen zu überleben. Denn: »Wenn man jeden Tag malt, übt man sich darin, Probleme zu lösen. Sie tauchen beim Malen auf, indem du etwa eine Kuh malen willst und hast vergessen, wie sie aussieht. Manche geraten darüber in Zorn und quälen sich stundenlang herum und zerbrechen den Pinsel – Problem eines Malers. Die Lösung ist: Dann male ein Pferd. Oder dir geht das Rot aus und du musst einen roten Fleck malen, weil du es so für richtig hältst. Lösung: Du änderst deine Meinung, und der Fleck muss jetzt grün sein. Solches kann man gut im Leben brauchen«, meint Janosch. Und gibt gleich ein praktisches Beispiel dafür: »Mein Lieblingswein ist der rote. Habe ich aber keinen, kommt es zu keiner Trauer, dann trinke ich weißen. Habe ich keinen weißen, trinke ich Wasser. Habe ich auch kein Wasser, vergesse ich den Durst. Das sind so die Kunststücke meiner Seligkeit.«

Reginald Kenneth Dwight, der schüchterne Junge, der zum Popstar wurde, erfüllte unter dem Künstlernamen Elton John den größten Wunsch seiner Mutter: Er wurde ein weltberühmter Popstar. Doch lange Jahre machte ihn der Erfolg nicht glücklich. Er war ein Getriebener. Von Konzert zu Konzert, von Aufnahme zu Aufnahme, von Erfolg zu Erfolg. Obwohl er sich sexuell zum weiblichen Geschlecht nicht hingezogen fühlt, heiratete er 1984 die Deutsche Renate Blauel. Die Boulevardpresse konnte sich süffisante Berichte nicht verkneifen. So lautete die Überschrift eines Artikels »Elton John und die Jungs, die er hinter sich lässt«. Welche Hoffnungen Elton John mit dieser Ehe verband, gestand er später einem Fernsehjournalisten: »Ich dachte, wenn ich heiratete, würde mich das verändern. Ich würde glücklich werden. Aber es änderte sich nichts, weil ich nicht aufhörte, Drogen zu nehmen, weshalb die Ehe von Anfang an zum Scheitern verurteilt war.«

In Interviews sieht er einen Zusammenhang zwischen dem Schrecken verbreitenden, lieblosen Vater und seinen Depressionen und Einsamkeitsgefühlen. Aber er sieht auch die Rolle, die seine Mutter dabei spielte. Sie hat ihn gegen den Vater beeinflusst, um sich selbst in einem besseren Licht darzustellen. Sie erinnerte ihn ständig daran, dass der Vater ihn wohl nie richtig gemocht und er als Junge Angst vor ihm gehabt hatte. Dennoch meint Elton John, dass er immer ein Muttersöhnchen gewesen sei.

Doch dann hat er 1993 die Liebe seines Lebens gefunden: den Filmproduzenten David Furnish. Es war Liebe auf den ersten Blick. In David fand Elton John einen Menschen, der ihm Ruhe gab, und auf den er sich bedingungslos verlassen konnte. Endlich fand er die Kraft, sich offen zu seiner Homosexualität zu bekennen. Sein Leben stabilisierte sich. Er gründete eine Stiftung, um jungen talentierten Musikern eine Ausbildung an der Royal Academy of Music zu ermöglichen, und er gibt Benefizkonzerte, um Gelder für diese Stiftung zu sammeln. 2005 heiratete er David. »Mein Leben war eine rechte Achterbahn«, sagt er heute, »es gab fantastische Zeiten, echt deprimierende, unglaublich verantwortungslose.« Dass er diese Zeiten überstanden hat, das empfindet er als »Glück«. Dieses will er nun genießen, den »weniger Glücklichen« helfen und weiter Musik komponieren, die anderen Menschen Freude macht. Denn das ist es, was er nach wie vor immer noch am liebsten tut.

Dem Sohn, der seinen Humor nicht verlor, verdanken wir unter anderem so bekannte Filme wie *Der rosarote Panter*, *LA Story*, *Vater der Braut* und *Bowfinger*. Wir verdanken ihm unterhaltsame Stunden des Lachens und Entspannens. Obwohl seine Kindheit und Jugend alles andere als entspannt war, wurde Steve Martin zu einem berühmten Hollywoodstar. Als Schauspieler, als Autor und vor allem als Komödiant hat er sich Ruhm und Ehre erworben. Sein Vater hatte selbst künstlerische Ambitionen und durchaus das Zeug zum Star. Er war ein talentierter Sänger und wollte eigentlich auch Schauspieler werden. Doch dann gab er seinen Traum auf – Steve Martin vermutet auf Drängen der Mutter – und wurde Immobilienmakler. Ob dieser Verzicht die Ursache für seine Jähzornsanfälle und Gewaltattacken gegen den Sohn war? Möglich. Auf jeden Fall war Steve Martins Kindheit alles andere als glücklich. Also schuf er sich eine andere Welt: Er interessierte sich für die Magie, wurde ein Bücherwurm, lernte Zaubertricks – und führte diese seiner Familie vor. Schließlich entdeckte er eine reale andere Welt: 1955 zog seine Familie nach Garden Grove, in der Nähe von Anaheim um. Das war das Jahr, in dem auch Disneyland eröffnet wurde – ein Katzensprung vom Haus der Martins entfernt. Von seinem 10. bis zu seinem 18. Lebensjahr arbeitete Steve dort nach der Schule, an Wochenenden und während des Sommers. Dort begegnete er dem Unterhaltungskünstler Wally Boag, der dem Publikum Witze erzählte, die sich Steve Martin alle genau einprägte. Er lernte vieles in Disneyland – vieles, was er später für seine Karriere brauchen konnte. Aber ganz offensichtlich lernte er auch, der stummen Gewalt seines Vaters und der Hilflosigkeit seiner Mutter zu entkommen.

## Gebogen, aber nicht gebrochen

Wenn man sich diese Kindheitsschicksale vor Augen führt, dann wird eines sehr deutlich: Eine schwierige Kindheit muss nicht zwangsläufig das weitere Leben zerstörerisch beeinflussen. Unter bestimmten Bedingungen erwächst offenbar auch so etwas wie Stärke aus frühen, negativen Erfahrungen. Beispielhaft zeigen die Geschichten von Elmar Wepper, Oprah Winfrey, Dominic Carter, Janosch, Elton John und Steve Martin, dass es möglich ist, selbst extremste frühe Erlebnisse zu überleben und als Erwachsener sein Lebensglück zu finden – auch wenn immer wieder hohe Hürden bewältigt werden müssen. Die in der Kindheit von anderen Menschen aufgestellten Hindernisse müssen später nicht hilflos akzeptiert werden. Sie können, wenn nicht aus dem Weg, so doch auf eine Weise zur Seite geräumt werden, dass der Weg frei wird für Neues. Allerdings, auch das wird deutlich, bedarf es dafür bestimmter Voraussetzungen:

Elmar Wepper, so kann man vermuten, hat Selbstbewusstsein und Sicherheit durch die Schauspielerei erworben und möglicherweise auch durch seinen väterlichen Mentor Walter Sedlmayr.

Oprah Winfrey bekam Halt durch ihren strengen, aber sie fördernden Vater und durch Bücher, die ihr neue Welten erschlossen.

Elton John fand spät, aber nicht zu spät die Liebe seines Lebens. Das gab ihm Mut, sich zu seiner sexuellen Orientierung zu bekennen, dadurch durfte er endlich der Mensch sein, der er war und musste sich nicht mehr länger verstecken und verkleiden.

Dominic Carter hatte in seiner schlimmen Kindheit drei Menschen, die an ihn glaubten und ihn unterstützten: seine Großmutter und seine zwei Tanten. Und er hatte sein Talent.

Janosch schließlich hatte seine Magie und natürlich auch sein künstlerisches Talent. Außerdem hatte er Großväter, die ihn mit der Magie bekannt machten.

Und Steve Martin? Der hatte das Glück, als Kind eine Welt der Magier, der Zaubertricks, der Witze und Entertainer kennen zu lernen. Eine Welt, die um so vieles freundlicher und besser war als sein Elternhaus, in dem sein unzufriedener Vater wie ein Tyrann herrschte.

- Es kommt also sehr darauf an, welche Erfahrungen ein Mensch außerhalb der engen Familie machen darf. Es kommt darauf an, ob er liebevolle Menschen trifft, ob er Begabungen hat, die entdeckt und gefördert werden und ob er vielleicht durch seine Energie und seine Intelligenz in der Lage ist, sich aus dem Sumpf der frühen Erlebnisse selbst herauszuarbeiten. Wenn alternative Erfahrungen möglich sind, dann brechen diese den Bann der frühen negativen Erlebnisse.
- Dass nur einige, wenige positive Erfahrungen ausreichen, um die Wucht einer schlimmen Kindheit abzufedern, bestätigt ein Zweig der Psychologie, der in den letzten Jahren viel von sich reden machte: die sogenannte Resilienzforschung von der im nächsten Kapitel die Rede sein wird.

# Alternative Erfahrungen – Was Sie geschützt hat

»Ich bin das Kind der Familie Meier und heiße Burli. Ich wäre
viel lieber bei Meiers der Hund! Dann hieße ich Senta und dürfte
so laut bellen, dass sich der Nachbar beim Hausverwalter beschwert.
Und niemand würde zu mir sagen: »Mund halten, Burli!«
    Ich wäre auch gerne bei Meiers die Katze. Dann hieße ich Muschi
und würde nur fressen, was ich wirklich mag, und den ganzen Tag
auf dem Fenster in der Sonne liegen. Und niemand würde zu mir
sagen: »Teller leer essen, Burli!«
    Am liebsten wäre ich bei Meiers der Goldfisch. Dann hätte ich gar
keinen Namen. Ich würde still und glänzend im Wasser schwimmen
und meiner Familie beim Leben zuschauen. Manchmal würden die
Meiers zu meinem Fischglas kommen und mit ihren dicken Fingern
ans Glas tupfen und auf mich einreden. Doch das Glas wäre dick
und durch das Wasser käme kein Laut bis zu mir. Dann würde ich
mein Fischmaul zu einem höflichen Grinsen verziehen, aber meine
Fischaugen würden traurig auf den Meier schauen, der der Kleinste
von allen Meiers ist, und ich würde mir denken: Armer Burli!«

*Christine Nöstlinger*

Hoch oben auf dem Turm steht eine junge Frau. Ihr Herz klopft
heftig, die Knie zittern, sie wagt nicht, in die Tiefe zu blicken. Zaghaft macht sie ein paar Schritte in Richtung Abgrund, zögert noch
einmal – und setzt dann beherzt den letzten Schritt ins Leere. Die
Bungeespringerin vertraut darauf, dass sie nicht auf dem Boden auf-
prallen wird. Sie weiß, das Band, an das sie gebunden ist, wird sich
kurz vor dem Boden straffen und sie dann, dank seiner Elastizität, in
die Luft zurückschleudern.

    Wenn wir in eine schwierige Lebenssituation geraten, dann fühlen
wir uns nicht selten genau so wie diese Bungeespringerin. Wir haben
Angst vor dem Abgrund, fürchten, im freien Fall uns selbst zu ver-

lieren. Diese Angst hat jeder. Ganz besonders heftig aber erfasst uns diese Angst vor dem freien Fall, wenn wir grundsätzlich keinen stabilen – psychischen – Halt im Leben haben. Dieser kann uns durch Lebenskrisen und Schicksalsschläge abhanden gekommen sein, er kann aber möglicherweise schon von Anfang unseres Lebens an schwach oder unter Umständen gar nicht vorhanden gewesen sein. Ein stabiler psychischer Halt fehlt uns mit hoher Wahrscheinlichkeit, wenn wir in der Kindheit nicht ausreichend Zuversicht und Selbstvertrauen aufbauen konnten. Dann geraten wir in Stresssituationen schneller aus der Ruhe als Menschen, die eine glücklichere Kindheit hatten und die Erfahrung machen durften, dass sie willkommen sind in dieser Welt.

Doch auch mit einer wenig erfreulichen Kindheit, auch wenn belastende frühe Erlebnisse uns mehr Unsicherheit als Sicherheit mitgegeben haben, brauchen wir nicht ohne das rettende Bungeeband auszukommen. Nicht nur die Erfahrungen mit den Eltern schaffen jene hilfreiche seelische Elastizität, auch Erfahrungen mit anderen Menschen können eine bedeutsame Rolle spielen. Positive Eindrücke außerhalb des Elternhauses können uns zu einem seelischen Bungeeband verhelfen, das uns widerstandsfähig macht und schützt. Anerkennung, Zuwendung, Liebe – all das brauchen wir als Kind. Wenn uns die eigenen Eltern das nicht mitgeben konnten, dann gab es aber vielleicht andere Menschen, von denen wir uns verstanden und akzeptiert fühlten. Die Begegnungen mit diesen Menschen verhalfen uns möglicherweise zu einer Eigenschaft, welche die Psychologie »Resilienz« nennt.

## Resilienz: Die Psyche leistet Widerstand

Der Begriff »Resilienz« stammt aus der Baukunde. Er beschreibt dort die Biegsamkeit von Material. Auf den Menschen angewandt bedeutet es: Trotz widriger Umstände, trotz negativer Einflüsse von außen müssen wir nicht zwangsläufig zerbrechen, wir werden vielleicht ein wenig gebogen, aber nicht gebrochen. »Resilienz ist das Endprodukt eines Prozesses, der Risiken und Stress nicht eliminiert, der es den Menschen aber ermöglicht, damit effektiv umzugehen«, sagt die Psychologin Emmy Werner, die als eine der Ersten in ihren Studien auf das Phänomen Resilienz gestoßen ist. Ihre berühmte »Kauai-Studie« ist untrennbar mit dem Begriff »Resilienz« verbunden. Keine Arbeit über das Thema, die nicht auf die Erkenntnisse ihrer Untersuchung verweisen würde. Emmy Werner und ihr Team begleiteten über vier Jahrzehnte hinweg knapp 700 Kinder, die 1955 auf der Hawaii-Insel Kauai zur Welt gekommen waren. Psychologen, Kinderärzte, Krankenschwestern und Sozialarbeiter prüften die Entwicklung dieser Kinder im Verlauf von ihrem ersten bis zu ihrem 40. Lebensjahr. 210 der Teilnehmer wuchsen unter äußerst schwierigen Bedingungen auf. Armut, Krankheit der Eltern, Vernachlässigung, Scheidung, Misshandlungen prägten ihre Kindheit. Diesen Risikokindern galt Werners Interesse: Wie werden sie sich über die Jahre hinweg entwickeln? Haben sie eine Chance auf ein problemloses Leben?

Für zwei Drittel der belasteten Teilnehmer mussten diese Fragen (zunächst) negativ beantwortet werden. Sie fielen im Alter von 10 und 18 Jahren durch Lern- und Verhaltensprobleme auf, waren mit dem Gesetz in Konflikt geraten oder litten unter psychischen Problemen. Aber ein Drittel der 210 Risikokinder entwickelte sich erstaunlich positiv. Emmy Werners Team konnte zu keinem Zeitpunkt der Untersuchung bei diesem Drittel irgendwelche Verhaltensauffälligkeiten entdecken: Diese Studienteilnehmer »waren erfolgreich in der Schule, gründeten eine Familie, waren in das soziale Leben eingebunden und setzten sich realistische Ziele. Im Alter von 40 Jahren war keiner aus dieser Gruppe arbeitslos, niemand war mit dem Gesetz in Konflikt geraten, und niemand war auf die Unterstützung von sozialen Einrichtungen angewiesen«, fasst Emmy Werner ihre Ergebnisse zusammen. Ihr Fazit: »Die Annahme, dass sich ein Kind aus einer Hochrisikofamilie zwangsläufig zum Versager entwickelt, wird durch die Resilienzforschung widerlegt.«

### Welche Faktoren schützen ein Kind?

Was bedeuten diese Ergebnisse? Welche Schlüsse lassen sie auf unser eigenes Leben zu? Sind schlimme Kindheitserfahrungen gar nicht so tragisch, weil Kinder robuster und widerstandsfähiger sind als wir allgemein denken? In der Tat: Kinder sind unter Umständen ziemlich robust, und auch Sie konnten als Kind sicherlich einige schwierige Situationen gut verkraften. Aber das heißt noch lange nicht, dass ein Kind »unverletzbar« ist. Die Verletzungen sind nur weniger tief, wenn die belastenden Erfahrungen im Elternhaus durch bestimmte positive Gegebenheiten abgepuffert werden konnten:

*Wichtig ist vor allem eine stabile emotionale Beziehung zu wenigstens einem Erwachsenen in der Kindheit, Jugend oder frühem Erwachsenenalter.* Sie müssen als Kind einen oder mehrere »Schutzengel« gehabt haben, die Ihnen zeigten, dass Sie wertvoll und liebenswert sind, die Ihnen die Welt erklärt haben und Ihnen gezeigt haben, dass es Menschen gibt, auf die Sie sich verlassen können.

»Hatten Sie außerhalb Ihres Elternhaus Menschen, die Sie unterstützten?«, fragt die *Stern*-Journalistin Helen Bömelburg ihre Interviewpartnerin Erdmute von Mosch, die als 12-Jährige erleben musste, wie ihre Mutter in eine schwere Depression hineingeriet. »Zum Glück ja«, antwortet die heute 29-Jährige. »Die meiste Zeit verbrachte ich mit der Familie einer Freundin. Dort war ich nach der Schule und durfte auch übernachten. Besonders ihre Mutter habe ich angehimmelt. Sie war selbstbewusst, ausgelassen und herzlich. Abends sagte sie uns Gute Nacht und küsste uns. Was habe ich gestaunt!«

»Schutzengel« wie diese Mutter dienen als soziale Modelle, die einem Kind, das von den Eltern vernachlässigt wird, zeigen: Es gibt auch eine andere, eine bessere Welt. Als Schutzengel können dabei ältere Geschwister, eine Lehrerin, ein Pfarrer oder andere Personen aus der nahen Umwelt dienen. Wichtig ist, dass diese Menschen einem Kind zeigen, wie es Probleme konstruktiv lösen kann und es darin unterstützen.

Gab es auch in Ihrem Leben solche Schutzengel? Bekamen Sie durch liebevolle Personen außerhalb der Familie einen »alternativen Spiegel« in die Hand, der Ihnen ein positiveres Selbstbild zeigte als die Spiegel, die Ihnen in Ihrer Familie entgegengehalten wurden? Während Sie sich in diesen familiären Spiegeln nur negativ wahrnehmen konnten – »Ich tauge nichts«, »Ich bin faul«, »Ich bin es nicht wert, geliebt zu werden« – zeigten Ihnen die alternativen Spiegel ein anderes Bild. Durch die Anerkennung und Förderung eines Lehrers oder Mentors (wie im Falle Elmar Wepper), durch die Liebe eines anderen Menschen (wie im Falle Elton John), durch einen kreativen Großvater (wie bei Janosch), durch bewunderte Vorbilder (wie bei Steve Martin) konnte es gelingen, den Einfluss der negativen Erfahrungen abzumildern und ein anderes Bild von sich selbst zu gewinnen.

Vielleicht erinnern Sie sich an Menschen, die für Sie da waren und Ihnen das Gefühl gaben: »Ich kann ja was!« oder »Da mag mich jemand« oder »Ich kann etwas bewirken«. Vielleicht kommt Ihnen ein Mann oder eine Frau in den Sinn, von dem oder der Sie sagen können: »Der hat mich immer verteidigt« oder »Die strahlte so viel Güte aus« oder »Die war mir ein echtes Vorbild« oder »So würde ich auch gerne werden« oder »Das war ein wirklicher Mensch« oder »Mit der konnte man reden« oder »Die hat mich wirklich verstanden«. Wenn Sie auf solche positiven Menschen in Ihrer Vergangenheit stoßen, dann können Sie davon ausgehen, dass die Wucht der elterlichen Vernachlässigung – worin sie letztlich auch immer bestand – durch diese positiven Erfahrungen abgemildert wurde.

Auch wenn man es letztlich nicht mit Gewissheit behaupten kann, so liegt die Vermutung doch nahe, dass Marilyn Monroe, Romy Schneider, Carol Thatcher und Michael Jackson keine schützenden, stabilisierenden Erfahrungen mit positiven Bezugspersonen machen konnten. Offensichtlich gab es da niemanden von Einfluss, der diesen Prominenten, als sie ein Kind waren, zur Seite stand, sie durch Lob und Akzeptanz ermutigte und ihnen die Wärme und Geborgenheit gab, die sie so dringend nötig gehabt hätten.

*Ein weiterer schützender Faktor sind frühe Leistungsanforderungen.* Wenn Sie als Kind die Chance hatten, früh schon zeigen zu können, was in Ihnen steckt, wenn Sie Verantwortung übernehmen konnten und dafür Lob – beispielsweise von Lehrkräften – bekamen, formte sich dadurch ein wichtiger Schutzschild gegen die Belastungen, die Sie erleiden mussten. Vielleicht durften Sie in der Schule ein Amt übernehmen, wurden zum Klassensprecher gewählt oder machten für einen netten, alten Nachbarn regelmäßig Besorgungen. Solche kleinen Verantwortungsposten können schon ausreichend sein, um Ihnen ein positiveres Bild von sich selbst zu vermitteln.

*Auch Fantasie ist ein wichtiger Schutzschild.* Möglicherweise haben Sie Ihre Fantasie genutzt, um sich als Kind aus der schrecklichen Realität zu *beamen*, sich bessere Zeiten und eine bessere Familie vorzustellen. Vielleicht erging es Ihnen ähnlich wie Burli, der sich in der Episode der Kinderbuchautorin Christine Nöstlinger als Goldfisch fantasiert und dabei Mitgefühl für sich entwickelt.

Vielleicht haben Sie aber auch Ihr kreatives Talent genutzt (beispielsweise zeichnen, schreiben, Musik machen, lesen), um sich immer wieder eine Auszeit zu nehmen und sich eine neue, bessere Welt auf der Ödnis der realen aufzubauen. Eine Welt, in der Sie sich nicht ausgeliefert fühlten, sondern Ihr eigenes Schicksal in die Hand nehmen konnten.

## Positive Begegnungen – Puffer gegen die harte Realität

Unser Entwicklungsverlauf hängt also stark davon ab, welchen zusätzlichen Einflüssen wir – neben den familiären Bedingungen – ausgesetzt waren, ob wir das Glück hatten, gute, ermutigende Erfahrungen außerhalb des Elternhauses machen zu dürfen. Der Sozialpsychologie Martin Seligman verdeutlicht dies mithilfe eines

Bildes: »Wenn zwei kleine Felsbrocken einen Schneehang hinunterrollen, werden die anfänglichen geringen Unterschiede zwischen ihnen immer größer, je größer der Schneeball wird. Eine kleine Senke im Hügel kann den Weg des Schneeballs erheblich verändern. Kleine, frühe Veränderungen in der Richtung und kleine Abweichungen entlang des Weges können die Schneebälle, ehe sie unten im Tal angekommen sind, in Form und Substanz unterschiedlich gestalten.«

Ähnlich wie ein Schneeball kann auch unsere Entwicklung durch Veränderungen in der Richtung, der Felsblöcke oder Senken entsprechend, beeinflusst werden. Bekommt unser Entwicklungsschneeball auf der einmal eingeschlagenen Bahn immer wieder die gleichen Anstöße, kann er seine Spur nicht verlassen. So kann eine negative Kindheit zum Ausgangspunkt für eine insgesamt negative Entwicklung werden. Haben wir als Kind von unseren wichtigen Bezugspersonen nur Ablehnung oder gar Missbrauch erfahren, bekamen wir in der Schule keine Unterstützung, entwickelten wir uns zu einem schlechten Schüler, fanden wir in der Folge keinen Ausbildungsplatz, gerieten dann in falsche Kreise ... wenn es so gewesen wäre, dann wäre unser Lebensschneeball auf der einmal eingeschlagenen negativen Bahn immer weiter gerollt.

Eine Schweizer Untersuchung bestätigt diese Schneeballtheorie. Darin wurden 137 Kinder wissenschaftlich begleitet, die ihr erstes Lebensjahr in einem schlecht geführten Kinderheim verbracht hatten: In diesem Heim beschäftigte man sich wenig mit den Kindern, die Betreuer wechselten oft. Also alles andere als ideale Bedingungen für ein Kleinkind. Als diese ehemaligen Heimkinder 14 Jahre alt waren, besuchten die Schweizer Forscher sie erneut. Und stellten fest, dass einige von ihnen erhebliche seelische Probleme hatten. Es waren jene, die nach dem Heim weiterhin schlechte Erfahrungen machen mussten. Jene Kinder, die nach dem Heimaufenthalt von liebvollen Pflegeeltern aufgenommen wurden, entwickelten sich normal. Der Entwicklungspsychologe Jerome Kagan schlussfolgert daraus, dass Angst und Depressionen »bei manchen der Jugendlichen mit Erfahrungen zusammenhängen, die *nach* dem Heimaufenthalt gemacht wurden, das heißt nachdem die frühe Kindheit vorüber war«.

In welchem Ausmaß das früh Erfahrene uns fürs ganze Leben prägt, hängt also davon ab, was das Leben nach den ersten Kindheitsjahren für uns bereithält. Hatten wir in der späteren Kindheit, in der Jugend und im frühen Erwachsenenleben gute Erlebnisse mit anderen Menschen, erfuhren wir Anerkennung und Liebe, gelangen uns Erfolge in der Schule, in der Ausbildung und im Beruf, fanden wir einen liebevollen Partner, dann hält sich der Einfluss der frühen Jahre offensichtlich eher in Grenzen. Diese positiven Einflüsse stärkten unsere Psyche, wirkten stabilisierend auf unsere seelische Widerstandskraft. Blieben dagegen gute Erfahrungen nach den ersten Kindheitsjahren aus, ging unser Leben ebenso negativ weiter, wie es angefangen hat, dann verteilte das Schicksal eher schlechte Karten an uns; in diesem Fall ist die Wahrscheinlichkeit groß, dass uns das Leben besonders schwerfällt.

### Der Einfluss der frühen Kindheit ist nicht immer gleich

Wie bedeutsam der weitere Verlauf der Dinge ist, zeigt eindrucksvoll eine Studie, die von der amerikanischen Psychologin Eva Slater durchgeführt wurde. Sie untersuchte 216 Erwachsene, die sie mithilfe ausführlicher Tests in drei Gruppen teilte: die *Sicheren*, die *Überlebenden* und die *Unsicheren*. Als sicher wurden jene Menschen bezeichnet, die nach eigenen Angaben eine unbelastete Kindheit erleben durften und sich in den psychologischen Untersuchungen als symptomfrei, beziehungsfähig und voller Selbstvertrauen präsentierten. *Überlebende* waren jene Menschen, die ihre Kindheit als unglücklich und belastend in Erinnerung hatten. Erfahrungen wie Tod eines Elternteils, Scheidung der Eltern, unzuverlässige oder vernachlässigende Eltern, Misshandlungen oder ständiger Streit prägten ihre frühen Jahre. Sie waren unglückliche, misstrauische und ängstliche Kinder. Als Erwachsene jedoch zeigten sie in den psychologischen Tests, die Eva Slater mit ihnen durchführte, keine Auffälligkeiten. Im Gegenteil: Sie erzielten ähnlich positive Werte wie die *Sicheren*, deren Kindheit unbelastet von traumatischen Erfahrungen verlaufen war.

Bei den als unsicher bezeichneten Teilnehmern der Studie konnte die Psychologin dagegen einen Zusammenhang zwischen schlimmen Kindheitserfahrungen und einem belasteten Erwachsenenleben feststellen. Die Unsicherheit, die diese Menschen in ihrer Kindheit entwickelten, zog sich durch ihr ganzes Leben. Sie erzielten in den psychologischen Tests deutlich schlechtere Werte als die beiden anderen Gruppen. Die negativen Erlebnisse zu Beginn ihres Lebens hatten eine Langzeitwirkung: *Unsichere* erlebten als Erwachsene häufiger Schwierigkeiten mit ihren Beziehungen, waren mit ihrem Leben unzufriedener und litten öfter unter psychischen Problemen.

Natürlich fragte sich die Psychologin, wie das positive Abschneiden der Überlebenden zu erklären ist. Und sie fand eine Antwort: Sie spricht von einer »durchgearbeiteten Kindheit«, die es den Überlebenden ermöglichte, trotz schlimmer Erfahrungen in den ersten Lebensjahren ein psychisch stabiler Mensch zu werden. Bei dem Begriff »durchgearbeitet« denkt man spontan an lange Jahre Psychotherapie, in der die Geschehnisse der Kindheit entdeckt und bearbeitet werden. Doch bedarf es nicht unbedingt therapeutischer Hilfe, um eine negative Kindheit zum Positiven zu wenden. Die Überlebenden haben möglicherweise zu irgendeinem Zeitpunkt ihres Lebens einen Menschen getroffen, dem sie – anders als ihren Eltern – vertrauen konnten, von dem sie sich geliebt und akzeptiert fühlten. Dabei kann es sich natürlich um eine Therapeutin oder einen Therapeuten gehandelt haben, aber ebenso kann ein Freund, eine Freundin, ein Liebespartner, die Schwiegermutter, ein Lehrer eine wichtige Rolle gespielt haben. Auch die Erfahrung von Kompetenz und Leistungsfähigkeit – beispielsweise im Beruf oder im Sport – kann den Überlebenden geholfen haben, die frühen Erfahrungen durch positive neue zu ersetzen. Sie haben zu irgendeinem Zeitpunkt ihres Lebens gespürt: Ich bin ein wertvoller Mensch! Ich kann etwas! Ich bin nicht hilflos und ausgeliefert! Diese Erkenntnis ist eine wichtige Voraussetzung dafür, dass Kindheitswunden gut vernarben.

Es lohnt sich also, in der Vergangenheit nach Ausnahmeerfahrungen zu suchen und den Blick von der Herkunftsfamilie auf andere Menschen zu lenken, denen wir in Kindheit und Jugend begegneten. Es ist gut möglich, dass Ihnen zunächst niemand einfällt, der für Sie in positiver Weise von Bedeutung war. Aber Sie sollten die Suche nicht zu früh einstellen. Denn, so meint der Psychiater Ulrich Sachsse, es ist »sehr unwahrscheinlich, dass Ihre ganze Kindheit und Jugend mit allen Menschen immer nur schlecht gewesen ist. Ich glaube nicht, dass ein Mensch so etwas überlebt. Ein Kind schon gleich gar nicht.« Bei genauerem Nachdenken, so meint Sachsse, bekommen Sie »vielleicht Zugang zu Erinnerungen, die offenbaren, dass Sie bestimmte Lehrerinnen oder Lehrer besonders gerne mochten, weil in deren Schulstunden Ruhe, Frieden und Sicherheit herrschten. Oder Sie werden sich daran erinnern, dass Sie auf dem Weg von der Schule nach Hause immer einen Umweg machten über den kleinen Lebensmittelladen, den es damals noch gab. Dort haben Sie einfach eine halbe Stunde oder eine Stunde herumgetrödelt, weil es dort gut roch, weil die Leute freundlich zu Ihnen waren oder Sie zumindest in Ruhe gelassen haben. Sehr wahrscheinlich waren solche Erfahrungen zumindest zeitlich sogar die überwiegenden. Die anderen waren aber so belastend und so einprägsam, dass sie alles andere beiseite gedrängt oder überlagert haben.«

*Die Siebenjährige ging immer denselben Weg von der Schule nach Hause. Eilig hatte sie es dabei nie. Es war nicht unbedingt erfreulich, was sie zu Hause erwartete. Die Mutter war meist schlecht gelaunt, die acht Jahre ältere Schwester wollte von ihr in der Regel auch nicht viel wissen, ganz im Gegenteil: In deren Gegenwart hatte sie immer das Gefühl, zu stören. Vom Essen ganz zu schweigen, die Mutter hasste das Kochen. So gab es meist immer dasselbe: irgendein zerkochtes Gemüse, bevorzugt Blumenkohl, mit weißer Soße.*

*Sie trödelte also herum. Dabei kam sie regelmäßig an einem kleinen Haus vorbei, das von einem Schäferhund bewacht wurde. Dieser schien sich immer auf das Mädchen zu freuen. Sobald er ihre Schritte hörte, lief er aufgeregt hin und her und bellte erwartungsvoll. Die Begrüßung war regelmäßig stürmisch. Kind und Hund feierten jeden Tag ein kleines Wiedersehensfest. Und ebenso regelmäßig öffnete dann die alte Frau, der der Hund gehörte, ihre Tür, schenkte dem Mädchen etwas Süßes oder einen Apfel und fragte immer »Wie war's in der Schule? Gab es Ärger? Hast du dich über etwas gefreut?« Fragen, die ihr die Mutter nie stellte. Der Hund und die alte Frau – das war ihr Highlight des Tages. Gestärkt setzte sie dann ihren Heimweg fort.*

## Resilienz ist individuell

Die Studien im Rahmen der Resilienzforschung machen Mut. Es scheint also Auswege aus düsteren Kindheitsszenarien zu geben. Doch sie zeigen auch, dass nicht alle Kinder und alle betroffenen Erwachsenen in der Lage sind, resilient auf extreme Stresssituationen zu reagieren. Manche der in den Studien über längere Zeit beobachteten Kinder entwickelten sich nicht positiv. Andere kamen zwar zunächst gut zurecht im Leben, litten aber später unter psychosomatischen oder körperlichen Krankheiten als Folge ihrer frühen Erfahrungen. Helen Keller, die taub und blind ein nahezu normales Leben führte, studierte, Bücher schrieb und sich selbstbewusst für die Rechte von Schicksalsgenossen einsetzte, glaubte aufgrund ihrer eigenen Geschichte lange Zeit, dass jeder Mensch »Meister seines Schicksals« sein kann. Mit der Zeit aber musste sie erkennen, wie sie schrieb, dass nicht jeder über die Möglichkeiten verfügte, an Schwierigkeiten zu wachsen.

Auch Psychologen müssen das inzwischen zugeben. So gibt beispielsweise der Psychoanalytiker Martin Dornes zwei Erkenntnisse der Forschung zu bedenken: »1. Die Mehrzahl der Kinder, die unter solchen negativen Bedingungen aufwächst, entwickelt sich schlechter als diejenigen aus günstigen Bedingungen. 2. Auch die als widerstandsfähig (resilient) eingeschätzten Kinder behalten Narben zurück und werden nicht einfach glückliche und beschwerdefreie Erwachsene.« Aber er fügt auch hinzu: »Dennoch bleibt wahr, dass manche Kinder auch ungünstige Lebensumstände besser verkraften als ein von der Psychoanalyse inspiriertes Denken vorausgesagt hätte.«

Auf die Frage »Ist Kindheit Schicksal?« gibt es also keine einfachen Antworten. »Gute Kindheit gleich gutes Leben« – diese Aussage kann ebenso unzutreffend sein wie die Aussage »Schlechte Kindheit gleich schlechtes Leben«. Es kommt sehr darauf an, dass wir das gesamte Bild betrachten, dass wir den Blick weiten und nicht nur auf die Eltern-Kind-Beziehung schauen, sondern auch darauf, was sich sonst noch in unserem Leben ereignet hat.

Aus den Erkenntnissen der Resilienzforschung können wir viel für unser eigenes Leben lernen. Um festzustellen, ob es auch in unserer Kindheit alternative, positive Erfahrungsmöglichkeiten gegeben hat, sollten wir Nachforschungen anstellen: Gab es in unserer Kindheit Erwachsene, die uns Wohlwollen und Liebe entgegenbrachten? Konnten wir mit anderen Verwandten, mit Lehrkräften, mit älteren Geschwistern, mit Nachbarn positive Erfahrungen machen? Gab es Menschen, die uns vermittelten: »Du bist was wert!«, »Ich mag dich, so wie du bist!«, »Ich glaube an dich!«? Kannten wir Personen, die wir bewundern konnten, die uns ein Vorbild waren, in dem was sie sagten und taten? War da eine Tante oder ein Onkel, der unser Talent erkannte und es förderte?

*Ihre ersten zehn Lebensjahre verbrachte sie mit ihren Eltern im Haus ihrer Großtante. Diese war die Schwester ihrer Großmutter väterlicherseits. Sie kümmerte sich nicht sehr um das Mädchen, aber sie war da, wenn es sie brauchte. Und das Mädchen brauchte diese Tante in so mancher verzweifelten Situation. Wenn die Eltern ausgingen und die Drei- oder Vierjährige alleine ließen, hörte die Tante sie weinen und holte das Mädchen zu sich ins*

*Bett. Wenn der Mutter mal wieder alles zu viel wurde, tröstete die alte Frau das Kind mit Kuchen oder mit einer seiner Lieblingsspeisen. Und vor allem: Sie behandelte es wie eine Erwachsene. Sie diskutierte mit ihm, als es älter wurde, über ernsthafte Dinge: Gibt es Gott? Was passiert, wenn man stirbt? Können Katzen denken? Mit dieser Tante, das spürte das Mädchen, konnte es über alles reden. Solche Gespräche waren mit den Eltern undenkbar. Diese Tante erkannte auch das sportliche Talent der Kleinen. Sie meldete sie in der Ballettschule an. Dass die Mutter die Anmeldung wieder rückgängig machte, war natürlich eine herbe Enttäuschung. Aber allein die Tatsache, dass die Großtante in ihr etwas sah und an sie glaubte, war für das Mädchen Anerkennung genug.*

## Die Wirksamkeit später positiver Erfahrungen

Es geht also um eine Öffnung des Blickes: Wenn schon die Eltern, aus welchen Gründen auch immer, uns keine guten Eltern sein konnten, gab es dann stabile Beziehungen zu anderen Erwachsenen? Konnten die uns ein Vorbild sein? Fühlten wir uns in deren Gegenwart aufgehoben und verstanden? Diese alternativen Erfahrungen sind natürlich kein wirklicher Ersatz für fehlende elterliche Liebe und Unterstützung. Aber sie können als Puffer dienen, sie können die frühen Enttäuschungen und Verletzungen mildern und ihnen dadurch die Wucht nehmen. Wenn wir solche Erfahrungen mit anderen Menschen machen durften, dann konnten wir uns innerlich, und vielleicht immer wieder auch räumlich, von unserem Elternhaus distanzieren und fühlten uns weniger als Opfer.

### Effekte der Psychotherapie

Es spielt also eine wichtige Rolle, was wir außerhalb unseres Elternhauses erlebten, ob wir Menschen begegneten, die uns ein gutes

Vorbild waren, die an uns glaubten und die uns förderten. Dennoch hängt unser seelisches Gleichgewicht als Erwachsener nicht nur von diesen, von uns nicht zu beeinflussenden, Faktoren ab. Auch wenn wir in der Kindheit keine alternativen Erfahrungen machen konnten, haben wir als Erwachsener dennoch die Möglichkeit, das weitere Geschehen zu unseren Gunsten zu beeinflussen. Auch in unserem späteren Leben können positive Beziehungserfahrungen die früh zugefügten »biologischen Narben« offensichtlich verheilen lassen.

Neueste Erkenntnisse der Hirnforschung bestätigen das. Danach sind Struktur und Funktion unseres Gehirns bis ins Alter durch Erfahrungen, Verhalten und Lernen veränderbar. Das ist eine enorm wichtige Erkenntnis. Denn unser Gehirn reagiert auf frühe, belastende Erfahrungen und merkt sich Schmerz, Erniedrigung oder Lieblosigkeit. Wäre das Gehirn nicht mehr beeinflussbar, dann wären Menschen mit einer schlechten Kindheit verurteilt, ihr Leben lang von den frühen Erfahrungen gesteuert zu werden. Doch das ist erfreulicherweise nicht der Fall. Eine Eigenschaft des menschlichen Gehirns, *neuronale Plastizität* genannt, macht es möglich, dass durch andere, positivere Erfahrungen sich auch die Struktur des Gehirns wieder verändern kann. So kann man inzwischen belegen, dass sich durch Psychotherapie die durch frühe negative Erfahrungen veränderten Gehirnstrukturen wieder normalisieren. »Psychotherapie kann einen entscheidenden Beitrag zur Heilung leisten. Mit modernen neurobiologischen Verfahren lässt sich zeigen, dass Psychotherapie tatsächlich Störungen des Gehirnstoffwechsels normalisieren kann, die vor der Therapie zu beobachten waren. Psychotherapie kann also nicht ›nur‹ seelische Beschwerden des Menschen heilen, sie erreicht auch die dahinter liegenden körperlichen Strukturen«, erklärt der Freiburger Mediziner und Psychotherapeut Joachim Bauer.

Die positive, wohlwollende Zuwendung eines Menschen, die neuen, stärkenden Erfahrungen, die in einer guten psychotherapeutischen Beziehung gemacht werden, können die biologischen Narben, die durch Vernachlässigung, Liebesentzug, Misshandlung oder Gewalt entstanden sind, verheilen lassen.

Das geht natürlich nicht von heute auf morgen, Zeit, Geduld und Ausdauer sind wichtige Voraussetzungen – was für längerfristige psychotherapeutische Behandlungen spricht. So belegt beispielsweise eine aktuelle Studie: Patienten, die eine Therapie erfolgreich abschlossen, hatten etwa dreimal so viele Therapiestunden bekommen wie die anderen. Es scheint also von der Menge der Stunden abzuhängen, ob ein Mensch von einer psychotherapeutischen Begleitung profitiert. In der als neu und verlässlich erlebten Beziehung zu einer Therapeutin oder einem Therapeuten können andere, bessere Erfahrungen gemacht werden. Die professionellen Begleiter urteilen und verurteilen nicht, sie lassen einen nicht im Stich und sie helfen, Einsichten in Kindheitszusammenhänge zu finden. Wichtiges Ziel eines therapeutischen Prozesses ist es, destruktive Wiederholungen zu vermeiden. Und den Hilfesuchenden auch darin zu unterstützen, dass er feststellen kann, wann er »agiert« – wann er also in gegenwärtigen Situationen mit »alten«, kindlichen Verhaltensweisen reagiert.

### Die Auswirkung positiver Beziehungen im Erwachsenenalter

Aber nicht nur die Psychotherapie, auch andere Begegnungen können uns noch im Erwachsenenleben zu positiven neuen Erfahrungen verhelfen. Lernen wir als erwachsene Frau oder erwachsener Mann wohlwollende, interessierte Menschen kennen, gelingt es uns, unterstützende Freundschaften zu knüpfen, fühlen wir uns geborgen in einer Partnerschaft und in der Familie des Ehemannes oder der Ehefrau – dann erleben wir ein positiveres Beziehungsmodell als in der eigenen Herkunftsfamilie. Wir machen dann neue Erfahrungen, die unser Selbstwertgefühl stärken. Auch diese neuen Erfahrungen können uns – und unsere Gehirnstrukturen – zum Positiven verändern.

Daneben aber gibt es noch eine ganze Reihe weiterer Möglichkeiten, wie wir den »Fluch« der frühen Jahre bannen können: Wir selbst können unser Schicksal in die Hand nehmen, wir selbst können dafür sorgen, dass unser Lebensteppich ein Muster bekommt, das uns gefällt. Was wir dazu wissen sollten, welches »Handwerkszeug« wir dafür brauchen, damit beschäftigen sich die nächsten Kapitel.

# 6

# Die Vergangenheit akzeptieren – Mit der Kindheit leben lernen

»Mutter, weißt du, ich habe mein Leben lang versucht, von Norman anerkannt zu werden. Das macht mich so wütend, selbst wenn ich 3000 Meilen weit weg bin und ich ihn nicht mal sehe, versuche ich mich ständig zu rechtfertigen. Norman ist ein verdammter Mistkerl.«

»Grundgütiger, geht das jetzt schon wieder los!? Ja, du hattest eine miserable Kindheit, dein Vater war ein schlimmer Tyrann und deine Mutter hat dich nicht beachtet. Was ist daran so neu? – Chelsea, du hast einen seelischen Knacks aus deiner Kindheit behalten, der sich auf andere sehr unangenehm auswirkt. Und ich muss sagen, das gefällt mir gar nicht. Du bleibst jahrelang weg und lässt dich nie zu Hause blicken. Du kommst nur, wenn ich dich darum bitte. Und wenn du mal kommst, dann fällt dir nichts anderes ein, als dich über deine Kindheit zu beklagen. Was hat das für einen Sinn? Glaubst du denn, dass nicht jeder Mensch auf seine Kindheit mit einem gewissen Gefühl an Bedauern und Bitterkeit wegen irgendetwas zurückblickt? Aber das alles muss dein Leben doch nicht ruinieren, Liebling. Chelsea, du bist doch jetzt erwachsen! Bist du denn der alten Geschichten nicht müde? Das ist dumm, dumm, dumm. Dabei geht das Leben doch weiter, Chelsea. Lass es nicht an dir vorbeiziehen.«

*(Dialog zwischen Mutter und Tochter aus dem Film* Am goldenen See*)*

»Was geschehen ist, ist geschehen.
Das Wasser, das du in den Wein gossest,
kannst du nicht mehr herausschütten,
aber alles wandelt sich.
Neu beginnen
kannst du mit dem letzten Atemzug.«

Diese Zeilen stammen von Bertolt Brecht. Er bringt darin auf eindrucksvolle Weise die Situation zum Ausdruck, in der wir uns befinden, wenn wir versuchen, mit der Last einer schwierigen Kindheit fertig zu werden: Wir müssen erkennen, dass das Wasser, das man uns in unseren Lebenswein gegossen hat, nicht mehr herausgefiltert werden kann. Wir müssen anerkennen und akzeptieren, dass wir keinerlei Kontrolle über die Vergangenheit haben. Wir müssen einsehen, dass sich die Uhr nicht zurückdrehen lässt. Wir bekommen keine anderen Eltern mehr, deren Fehler, deren Lieblosigkeit und deren Missachtung lassen sich nicht mehr wiedergutmachen. Niemals werden wir die Mutter haben, die wir uns so sehnlichst gewünscht haben. Niemals werden wir unseren gleichgültigen Vater austauschen können gegen einen Vater, der uns beschützt, fördert und akzeptiert. Das bedeutet: Wir müssen die Hoffnung auf Wiedergutmachung aufgeben und auch die Suche nach einer Ersatzmutter oder einem Ersatzvater in unseren Beziehungen, im Freundeskreis oder auch am Arbeitsplatz einstellen. Wir haben nun einmal diese Kindheitsgeschichte. Wir bekommen keine andere.

Es ist nicht leicht, mit diesem Gedanken zu leben. Wenn Ihre Kindheit alles andere als eine Schatztruhe ist, ist es mehr als verständlich, dass Sie wütend, verletzt und anklagend zurückblicken. Ebenso verständlich ist, dass Sie von dem Gefühl beherrscht werden, ein Opfer derjenigen Menschen geworden zu sein, die für Sie damals die Verantwortung hatten, die für Sie sorgten und deren Liebe Sie so dringend gebraucht hätten. Als Kind waren Sie in der Tat ein Opfer. Sie konnten sich nicht wehren, Sie waren abhängig von den Erwachsenen und ihrem Wohlwollen. Doch wenn Sie weiter mit der Haltung »Was hat man mir nur angetan!« durchs Leben gehen, obwohl Sie längst den Kinderschuhen entwachsen sind, handeln Sie sich selbst gegenüber fahrlässig. Sie hindern sich selbst daran, sich von den Geschehnissen der frühen Kindheit zu befreien und einen neuen, besseren Weg einzuschlagen. Sie sehen dann nur, was man Ihnen damals vorenthalten und zugemutet hat, welche Chancen Ihnen durch das Fehlverhalten von Eltern und anderen wichtigen Personen verbaut worden sind. Sie halten fest an der Vergangenheit und verbauen sich dadurch eine bessere Gegenwart und Zukunft.

## Den Umgang mit der Vergangenheit verändern

Der Psychotherapeut Steven Hayes verdeutlicht an einem sehr passenden Bild, wie wir unseren Umgang mit der Vergangenheit verändern können. Was, so fragt er, tut ein Mensch, der in Treibsand geraten ist? Er will da verständlicherweise so schnell wie möglich wieder raus. Er wird mit den Füßen strampeln und mit den Armen rudern – und nur noch tiefer im Treibsand versinken. Durch heftiges Gegenankämpfen kann man sich aus dieser misslichen Situation nicht befreien. Man kann nicht einfach einen Fuß vor den anderen setzen. Denn durch die Gewichtsverlagerung verstärkt sich der Druck nach unten nur noch und die Lage verschlechtert sich. Um sich zu befreien, hat der Eingeschlossene nur eine einzige Möglichkeit: Er müsste mit seinen Befreiungsversuchen aufhören, er müsste den Kampf aufgeben. Statt weiter mit den Armen herumzurudern und mit den Beinen zu strampeln sollte er sich ganz ruhig flach hinlegen, Arme und Beine ausstrecken und sein gesamtes Körpergewicht möglichst gleichmäßig auf der Treibsandfläche verteilen. Er würde dann nicht mehr weiter einsinken und könnte sich langsam auf tragfähigeren Boden robben. Auf diese Weise arbeitet er nicht gegen, sondern mit dem Treibsand – und schafft es auf diese Weise, sich daraus zu befreien.

## Der Kampf gegen die eigene Kindheit ist sinnlos

Die Kindheit ist der Treibsand, in den Sie ohne eigenes Verschulden hineingeraten sind. Wie bei »echtem« Treibsand, hilft es auch hier nichts, sich gegen das Erlittene zu stemmen und gegen die Kindheit zu kämpfen oder mit ihr zu hadern. Das, was in unserer Kindheit nicht gut gelaufen ist, können wir nicht reparieren, nicht ungeschehen machen und auch nicht ignorieren. Es ist nichts, was wir loswerden können. Auch wenn wir noch so sehr dagegen ankämpfen: Unsere Kindheit bleibt unsere Kindheit. Sehr viel sinnvoller als Kampf und Protest ist es daher, sich wirksame Strategien zu überlegen, die uns aus dem Kindheitstreibsand heraushelfen. Ob wir wieder festeren Boden unter den Füßen finden, das hängt von uns und unserem Verhalten ab. Wir sollten unsere Energien nicht mehr damit verschwenden, dass wir versuchen, aus dem Treibsand Kindheit herauszustrampeln. Vielmehr sollten wir uns fragen, wie wir trotz dieser Kindheit ein erfülltes Leben führen können.

Die bloße Erkenntnis »Meine schlimme Kindheit ist schuld daran, dass es mir schlecht geht« hilft nicht weiter. Das Wissen um das, was geschehen ist, ist zwar ein wichtiger, erster Schritt zur Veränderung. Aber eben nur der erste. Wir dürfen nicht bei der Analyse dessen, was uns in unseren ersten Jahren widerfahren ist, stehenbleiben. Der Prozess muss weitergehen. »Es ist noch niemandem besser gegangen, weil man ihm erklärt hat, warum es ihm schlecht geht«, kritisierte einmal der Psychotherapeut Paul Watzlawick. Unser Bedürfnis nach Erklärungen kann dazu führen, dass wir uns unter Umständen ein Leben lang als Opfer fühlen, uns nur noch auf das Geschehen in der Vergangenheit konzentrieren und es für die Probleme der Gegenwart verantwortlich machen. Das aber kann uns blind machen für Lösungen, die das Heute und Morgen verbessern könnten. »Erklärungen sind nur Trostpflaster für die Seele«, meint der Psychotherapeut Bill O'Hanlon. Sie verändern nicht wirklich etwas. Veränderung geschieht erst dann, wenn wir nach der Aufdeckung der Wahrheit diese Wahrheit ohne Wenn und Aber akzeptieren, mit dem Ziel, eine neue, eine bessere – eben unsere – Wahrheit zu finden.

Wenn wir bereit sind anzuerkennen »Die Vergangenheit ist nicht zu verändern. Für das, was mir vorenthalten wurde, gibt es keine zweite Chance«, passiert etwas sehr Wesentliches: Das Eingeständnis des unwiederbringlichen Verlustes eröffnet ungeahnte Freiheiten, denn dieses Eingeständnis erst macht es möglich, loszulassen. Wir hören dann auf, den Eltern emotional hinterherzurennen. Wir verschwenden keine Energie mehr damit, von ihnen die Liebe zu erwarten und einzuklagen, die wir früh entbehren mussten. Und wir erkennen und akzeptieren gleichzeitig, dass wir eben diese elterliche Liebe auch nicht von anderen Menschen bekommen können.

Die Einsicht in das Unveränderliche, der bewusste Verzicht auf das, was wir ohnehin niemals mehr bekommen, ermöglicht es uns, wieder tief durchzuatmen. Endlich können wir uns mit dem beschäftigen, was in unserem Leben wirklich zum Besseren veränderbar ist. Statt der Vergangenheit auch noch die Gegenwart und die Zukunft zu opfern, können wir uns der noch zu lebenden Zeitspanne zuwenden und uns um uns selbst kümmern. Unsere Lebendigkeit finden wir nicht in der Vergangenheit und auch nicht, indem wir die Vergangenheit unbewusst in unseren aktuellen Beziehungen wiederholen oder indem wir zu viel arbeiten, zu viel essen und trinken, uns nicht unter Leute wagen oder Freundschaften nicht pflegen, weil uns das Vergangene in der Gegenwart immer noch blockiert. Unsere Lebendigkeit finden wir ausschließlich in der Gegenwart und in uns selbst. Aber das wird nur dann möglich, wenn wir erkennen, wie aussichtslos der Kampf ist, den wir – ohne es zu merken – um die Liebe der Eltern nach wie vor führen.

## Die Kindheit annehmen

Akzeptieren was geschehen ist, bedeutet, nicht zu resignieren und seufzend zu sagen: »Na gut, dann muss ich das eben akzeptieren«. Akzeptanz heißt nicht, sich selbst und die Hoffnung aufgeben. Akzeptieren kommt vom lateinischen capere, was mit »nehmen« übersetzt werden kann. Das heißt, man nimmt, was man angeboten bekommt. In diesem Sinne geht es darum, die Kindheit, die uns angeboten wurde, anzunehmen. Wir können nicht mehr ablehnen, was längst geschehen ist. Vielmehr geht es darum, zu akzeptieren, dass wir in Treibsand geraten sind und dass wir uns nur daraus befreien können, wenn wir zunächst einmal anerkennen, dass wir in dieser misslichen Lage sind. Wir müssen akzeptieren, dass wir ein

Mensch mit dieser ganz speziellen Kindheitserfahrung sind, auch wenn uns das überhaupt nicht gefällt. Aber wie kann man *akzeptieren*? Wie schaffen wir es, mit dem Strampeln und Kämpfen aufzuhören und möglichst gelassen und ruhig unsere Lage zu analysieren? Zunächst müssen wir dem, was ist, schlichtweg einen Raum geben, indem wir anerkennen: »So war es!« Und indem wir die Folgen dessen, was war, ebenso annehmen und nicht versuchen, sie zu ignorieren oder zu bekämpfen.

*Eine erfolgreiche Werbegrafikerin musste beruflich oft verreisen. Jedes Mal vor einer Reise bekam sie unerklärliche Ängste. Sie fühlte sich ganz elend und allein, wollte sich gar nicht von ihrer Wohnung und von ihrem Mann lösen, wollte jedes Mal die Reise am liebsten absagen oder sich krankmelden. Natürlich meisterte sie jede dieser Fahrten – doch der emotionale Preis, den sie dafür bezahlen musste, war sehr hoch. Nachdem sie mithilfe therapeutischer Gespräche herausgefunden hatte, dass die Angst vor dem Weggehen ihre Wurzel in frühen Kindheitserfahrungen hatte, ging sie anders mit ihrer Reiseunruhe um. Sie registrierte ihre Gefühle, akzeptierte, dass sie da waren und ging ansonsten nicht weiter darauf ein. Wie früher hörte sie natürlich auch ihre inneren Stimmen, die ihr zuflüsterten: »Oh Gott, schon wieder musst du weg. Deine Wohnung ist gerade so schön. Du bist doch viel zu müde, zu wenig vorbereitet. Du fühlst dich einsam und verlassen, wenn du alleine im Hotelzimmer sitzt heute Abend«. Doch anders als früher, registrierte sie diese Stimmen ganz bewusst und sagte sich: »Da ist sie ja wieder, meine Angst« und fuhr mit ihren Reisevorbereitungen fort. Als sie ihre Kleidung zusammenlegte, spürte sie wieder dieses mulmige Gefühl und erneut »begrüßte« sie es, ohne sich von ihren Tätigkeiten ablenken zu lassen. Sie machte einen Schritt nach dem anderen, ohne sich von den inneren warnenden Stimmen ins Bockshorn jagen zu lassen. Sie akzeptierte die Tatsache, dass es für sie aufgrund ihrer Kindheitserlebnisse schwer war, alleine zu verreisen. Sie nahm die Tatsache, dass ein sicherer Ort für sie ungeheuer wichtig ist, einfach hin. Sie wusste, dass sie an dieser Tatsache nichts ändern konnte. Aber sie konnte ihre Einstellung den Gefühlen gegenüber verändern. Indem sie diese anerkannte und akzeptierte, verloren diese ihre blockierende Kraft.*

Schon Hermann Hesse erkannte, welche Rolle unsere Einstellung zu negativen Gefühlen spielt: »Also liebe das Leid! Widersteh ihm nicht, entflieh ihm nicht! Nur dein Widerwille ist es, der wehtut, sonst nichts.« Ähnlich argumentierte der islamische Mystiker Jalaluddin Rumi: »Eine Freude, eine Depression, eine Gemeinheit, eine plötzliche Erkenntnis kommen wie ein unerwarteter Besucher. Heiße alle willkommen und unterhalte sie.«

Wenn Sie mit negativen Gefühlen kämpfen, die in Zusammenhang mit Ihrer Kindheit stehen, wenn Sie mit Groll und Ärger an früher denken oder sich nicht wohl in Ihrer Haut fühlen, sobald Sie mit Vater oder Mutter Kontakt haben, dann können Sie diese Gefühle natürlich bekämpfen oder unterdrücken. Doch haben Sie mit dieser Strategie in der Vergangenheit Erfolg gehabt? Wahrscheinlich nicht. Sie haben sich nicht besser gefühlt. Deshalb: Wann immer solche unangenehmen Gefühle auftauchen, sollten Sie diese weder ignorieren noch bekämpfen, sondern sie »einladen«, ihnen einen Platz anbieten und sich mit ihnen beschäftigen, ganz so als seien sie ein Gast. Diesem Gast können Sie dann höfliche Fragen stellen und prüfen, ob Sie ein Muster entdecken können. Das innere Gespräch könnte beispielsweise so ablaufen:

»Was bist du für ein Gefühl, kenne ich dich von früher? Bist du öfter bei mir zu Gast? Richtig, du bist ein treuer Besucher. Ich hatte schon als Jugendlicher und als Kind mit dir zu tun. Du tauchst immer dann auf, wenn ich mich alleingelassen fühle. Was aber ist so schlimm am Alleinsein? Ich habe dann Angst, völlig ausgeliefert zu sein. Bin ich denn heute wirklich völlig ausgeliefert, wenn ich allein bin? Nein. War ich früher ausgeliefert? Ja! Damals, als Kind, hatte ich schreckliche Angst im Dunkeln. Niemand hörte, wenn ich weinte. Niemand kam und tröstete mich. Das war damals. Damals warst du für mich ein wirklich erschreckender Gast. Ich konnte nichts gegen dich tun. Kein Wunder, dass du mich auch heute noch erschreckst, die Erfahrung sitzt tief. Aber wenn ich es genau überlege – heute brauche ich vor dir nicht mehr so viel Angst zu haben. Du kannst mir nichts mehr antun.«

### Die Kindheit würdigen

Steven Hayes spricht von der Bereitschaft, die vorhanden sein muss, will man etwas akzeptieren, das nicht zu ändern ist. Was er unter Bereitschaft versteht, beschreibt er folgendermaßen:

*»Bereitschaft ist*
- deinen Schmerz in der Hand halten wie eine zarte Blume;
- deinen Schmerz umarmen wie ein weinendes Kind;
- bei deinem Schmerz sitzen wie bei einem Menschen, der eine schwere Krankheit hat;
- auf deinen Schmerz schauen wie auf ein unglaubliches Bild.

*Bereitschaft ist nicht*
- deinem Schmerz Widerstand leisten;
- deinen Schmerz ignorieren;
- deinen Schmerz vergessen;
- tun, was der Schmerz sagt.«

Damit bringt Hayes zum Ausdruck, dass die Gefühle, die Sie möglicherweise im Zusammenhang mit Ihrer Kindheit haben, eine Würdigung verdienen. Sie sollten den Schmerz, den Groll, die Trauer über das, was Ihnen vorenthalten wurde, nicht ignorieren oder so tun als gäbe es diese Empfindungen nicht. Aber Sie sollten diese Gefühle als etwas betrachten, das zwar zu Ihnen gehört, das aber nur ein kleiner Teil von Ihnen ist. Wenn es Ihnen gelingt, all das, was Ihnen früher geschehen ist, so zu betrachten als hätte es eine andere Person erlebt, eine Person, die Ihnen nahesteht, die aber nicht Sie selbst sind, dann können Sie die Vergangenheit gelassener betrachten und sie akzeptieren. Damit schmälern Sie die Macht, die diese Vergangenheit über Sie hat. Denn Sie erkennen etwas existenziell Wichtiges. Sie sind nicht Ihre Kindheit (so wenig wie Sie Ihre Angst, Ihre Depression oder Ihre Schlaflosigkeit sind). Sie sind ein eigenständiger Mensch, in dessen Leben es zwar diese andere Person gibt, die ganz bestimmte Erfahrungen machen musste als sie klein war, doch Sie sind nicht gleichzusetzen mit dieser Person.

Konkret bedeutet das: Wenn Sie eine schlechte Kindheit hatten, dann wird diese Tatsache Sie begleiten wie eine andere Person, die sich nicht einfach wegschicken lässt. Doch wenn Sie die Gegenwart dieser Person dulden und nicht ständig dagegen ankämpfen, dann haben Sie den Kopf frei und können sich damit beschäftigen, wer Sie wirklich sind und sich um das Leben kümmern, das Sie eigentlich leben wollen. Wenn die Kindheit ein Feind ist, von dem Sie glauben sich befreien zu müssen, kämpfen Sie einen ermüdenden und aussichtslosen Kampf, der Sie davon abhält, Ihr Leben zu leben. Sie sorgen dann dafür, dass die Folgen der schlechten Kindheit nicht nur nicht an Kraft verlieren, sondern dass sie durch Ihr eigenes Dazutun noch immer schlimmer werden. Hören Sie aber auf zu kämpfen und akzeptieren Sie, dass diese Person »Kindheit« nun einmal da ist, werden Sie erkennen, dass die frühen Jahre Sie nicht definieren. Sie sind mehr als ein Mensch, der als Kind vernachlässigt, nicht geliebt, alleingelassen, verspottet oder misshandelt worden ist.

## Angenommen, es geschieht ein Wunder ...

Was Sie alles versäumen, wenn Sie den Schritt der Akzeptanz nicht gehen, verdeutlicht eine Frage, die sogenannte »Wunderfrage«, die auf den Psychotherapeuten Steve de Shazer zurückgeht:

Stellen Sie sich vor, Sie kommen an einem langen, anstrengenden Tag nach Hause, essen Ihr Abendbrot, sehen noch ein bisschen fern und gehen dann wie immer zu Bett. Wenn Sie am nächsten Morgen aufwachen, ist ein Wunder geschehen: Eine gute Fee hat dafür gesorgt, dass Sie kein Mensch mit einer belasteten Kindheit mehr sind, sondern ein Mensch, dessen erste Lebensjahre sehr glücklich waren.

Allerdings, und das ist der Clou bei dieser Geschichte: Sie wissen nicht, dass ein Wunder geschehen ist, Sie schliefen schließlich als es passierte. Aber Sie merken, dass etwas anders ist. Was wäre anders? Woran würden Sie erkennen, dass das Wunder geschehen ist und Sie nun kein Mensch mehr mit einer schlimmen Kindheit sind? Woran würden Sie merken, dass sich etwas geändert hat?

Wenn Sie Schwierigkeiten haben, sich eine solche »wundersame« Situation vorzustellen, helfen Ihnen vielleicht die Antworten weiter, die andere Menschen auf die Frage gaben »Was wäre anders, wenn Sie eine andere, bessere Kindheit gehabt hätten?«:

*Hätte ich eine andere Kindheit gehabt, dann ...*

- wäre ich nicht so abhängig von der Zuneigung und Zuwendung anderer;
- wäre ich nicht so eifersüchtig;
- könnte ich besser alleine sein;
- hätte ich weniger Ängste;
- wäre ich selbstbewusster;
- hätte ich ein besseres Selbstbild;
- wäre ich kein einsames Einzelkind gewesen und hätte ein besseres Sozialverhalten gelernt;
- wäre mein Leben völlig anders, selbstsicherer, weniger depressiv, weniger krankheitsanfällig und vor allem in einer besseren Ehe verlaufen;
- wäre manches für mich einfacher;
- hätte ich mehr Selbstvertrauen entwickelt und mein Leben einen anderen Verlauf genommen.
- Und so weiter.

Diese Satzergänzungen stammen von Teilnehmern eines Seminars, das sich mit dem Thema »Meine Kindheit« auseinandersetzte. Der Blick zurück fiel bei den meisten eher negativ aus, diese Männer und

Frauen sahen einen deutlichen Zusammenhang zwischen den frühen Geschehnissen und ihrem aktuellen Leben. Sie waren überzeugt davon: Meine schlechte Kindheit ist schuld daran, dass ich heute nicht das Leben führen kann, das ich mir wünsche. Mit anderen Worten: Die Geschehnisse ihrer frühen Jahre hielten diese Menschen davon ab, das Leben zu leben, das sie gerne hätten. Käme eine gute Fee und würde über Nacht eine andere Kindheit herbeizaubern, dann würden diese Menschen das Wunder wohl daran erkennen, dass sie nun all das leben und erleben könnten, wovon sie ihre schlechte Kindheit bisher abgehalten hat: Sie wären selbstsicherer, selbstbewusster, weniger einsam, weniger eifersüchtig, weniger depressiv, seltener krank, glücklicher in ihrer Ehe ... Kurz, sie wären ein ganz anderer Mensch.

Was würden Sie tun, welcher Mensch wären Sie, wenn Sie eine andere Kindheit gehabt hätten? Was immer Ihnen auf diese Frage einfällt – denken Sie an die Fee! Sie brauchen aber nicht auf sie zu warten, damit sich etwas zum Besseren verändert. Sobald Sie die Kindheit, die Sie hatten, annehmen und akzeptieren, wird viel Energie frei. Energie, die bislang gebunden war, weil Sie mit Ihrem Schicksal haderten und sich deshalb nicht mit voller Kraft um Ihre Gegenwart und Ihre Zukunft kümmern konnten. »Wenn wir gegen psychische Probleme kämpfen, setzen wir das eigentliche Leben oft auf Wartestellung, meinen, dass der eigene Schmerz erst gelindert werden muss, bevor wir wieder mit dem wirklichen Leben beginnen können«, schreibt Steven Hayes.

Doch wenn wir das tun, verpassen wir unser Leben. Akzeptieren wir dagegen, dass uns Schmerz zugefügt wurde, dass wir in unserem Leben Erfahrungen machen mussten, auf die wir lieber verzichtet hätten, dann müssen wir nicht länger auf das Leben warten. Dann können wir sofort damit beginnen. Die Kindheit steht dann nicht mehr bremsend zwischen uns und der Zukunft. Sie marschiert zwar mit uns mit – zunächst sicher noch neben uns, aber mit der Zeit wird sie immer weiter hinter uns zurückbleiben und uns nicht mehr im Wege stehen.

# 7

# Eine neue Geschichte erzählen –
# Übernehmen Sie die Regie!

»… wir haben die Verantwortung für unsere eigenen Siege.
Wenn wir in der Vergangenheit leben und der Vergangenheit
erlauben, zu definieren, wer wir sind, werden wir niemals erwachsen.«

*Oprah Winfrey*

»Es hat ganz einfach angefangen.
Irgendwo bin ich in einem dunklen Zimmer gelegen.
Ich habe geschrien
in der Hoffnung
dass jemand kommt.
Es ging ganz einfach weiter.
Irgendwann hörte ich auf zu schreien.
Ich habe so getan
als würde es mir nichts ausmachen,
dass niemand kommt.
Es geht ganz einfach weiter.
Irgendwie habe ich mir angewöhnt,
auf alle Beleidigungen und Verletzungen
so zu reagieren als ob.
Als ob mich das alles nicht betreffen würde.«

Weil ich als Kind keinen Trost und keine Zuwendung erfahren habe,
weil ich das Vertrauen in andere Menschen verloren habe, halte ich
auch heute andere auf Abstand. Nichts kann mich mehr berühren.
Dieses Gedicht des österreichischen Schriftstellers Peter Turrini beeindruckt nicht nur durch seine poetische Qualität; es berührt auch

deshalb, weil wohl die meisten von uns die darin gezogene Schlussfolgerung gut nachvollziehen können. Auch wir haben aus früh Erlebtem unsere Schlussfolgerungen gezogen, auch wir haben gelernt, uns zu schützen, wenn wir als Kind verletzt worden sind. So wie der Ich-Erzähler in diesem Gedicht, so sehen auch wir in frühen Erfahrungen die Wurzel für gegenwärtiges Erleben. Wie er bauen auch wir eine schützende Mauer um uns herum auf, damit uns nicht noch einmal passiert, was wir einst erleiden mussten. Die Erzählstruktur dieses Gedichtes gleicht der Erzählstruktur, in der auch wir häufig unser Leben erzählen: Wir sehen einen deutlichen Zusammenhang zwischen Früher und Heute und erklären unsere gegenwärtigen Probleme und Verhaltensweisen mit den Geschehnissen in der Vergangenheit. Weil uns damals etwas sehr Wichtiges vorenthalten oder Schlimmes angetan wurde, haben wir heute ganz bestimmte Schwierigkeiten. Wir erzählen die Geschichte unseres Lebens als »Wenndann-Geschichte«: Wenn ich eine bessere Kindheit gehabt hätte, dann…

## Das Weil-Deshalb-Schema aufbrechen

»Was ist daran falsch?«, werden Sie jetzt möglicherweise denken und darauf hinweisen, dass Sie nun mal keine andere Geschichte haben, und dass die Kindheit erwiesenermaßen ihre Spuren hinterlässt. Das ist richtig. Aber heißt das automatisch, dass daraus zwangsläufig ganz bestimmte Folgen entstehen, die Sie akzeptieren müssen? Müssen Sie akzeptieren, dass Sie nun mal ein schüchterner Mensch sind, weil Sie von Ihrer Mutter überbehütet und ständig kontrolliert wurden? Müssen Sie akzeptieren, einen Hang zum Perfektionismus zu haben, weil die Eltern früher nur perfekte Leistungen anerkannt haben? Müssen Sie akzeptieren, dass Sie ein Einzelgänger sind, weil Sie früh schon das Vertrauen in Menschen verloren haben? Müssen Sie akzeptieren, dass Sie ein Mensch sind, der sehr an sich zweifelt, weil er früher nicht die Anerkennung bekommen hat, die ihn selbstbewusst hätte machen können?

Nein, dies alles müssen Sie nicht akzeptieren. Denn diese Zusammenhänge zwischen dem Früher und dem Heute gibt es in dieser Eindeutigkeit nicht in jedem Fall. Das, was Sie als Kind erlebten, prägte natürlich Ihre Persönlichkeit und Ihre Sicht auf die Welt. Aber Sie sind deshalb noch lange nicht dazu verurteilt, Ihr weiteres Leben unbedingt und unausweichlich in einer »Weil-deshalb-Struktur« zu erzählen. Weil in meiner Kindheit das oder jenes geschah, deshalb geht es mir heute so, wie es mir geht – das ist nicht die einzig mögliche Art und Weise, wie Sie Ihr Leben beschreiben können. Wäre sie das, dann hieße das ja, dass Kindheit nicht nur Folgen hat, sondern tatsächlich Schicksal ist. Doch Kindheit ist nur dann Schicksal, wenn Sie selbst es glauben und völlig selbstverständlich und ohne zu zögern die Geschichte weitererzählen, die Ihnen zu Beginn Ihres Lebens von anderen aufgedrängt worden ist.

## Wer schreibt mit?

Die Etikettierung Ihrer Persönlichkeit erfolgte von klein auf. Die Etiketten konnten positiv sein (Du bist so klug, so ein hübsches Kind, bist Mamas Liebling) oder kritisch bis negativ (Du taugst nichts, auf dich ist kein Verlass, ich liebe dich nur, wenn du tust, was ich will). Diese Botschaften wurden verbal, aber auch nonverbal gegeben und bildeten in Ihren ersten Jahren das Gerüst Ihres Lebensdrehbuches. Aufgrund dieser Botschaften legten Sie sich eine unbewusste Strategie zurecht, wie Sie am besten durchs Leben kommen (Wenn ich keine eigenen Wünsche habe, dann lieben mich die Eltern. Nur wenn ich alles perfekt erledige, bin ich etwas wert. Solange ich nicht zeige, wie es in mir aussieht, kann mich niemand verletzen). Sie entwickelten die sogenannten Glaubenssätze, von denen bereits ausführlich die Rede war. Diese Glaubenssätze beeinflussten nicht nur Ihr Denken und Handeln, sie wurden auch zu Kapitelüberschriften der Geschichte Ihres Lebens und zum Inhalt Ihrer Selbstgespräche: Ich bin ... dumm, unzuverlässig, ungeliebt, nicht viel wert und so weiter. Dagegen konnten Sie, solange Sie jung waren, wenig unternehmen und so war es Ihnen bislang nicht bewusst, dass das, was Sie über sich selbst erzählen, auf der Geschichte basiert, die durch die frühen Zuschreibungen Ihrer engsten Bezugspersonen entstanden ist. Es ist im Grunde die Geschichte, die diese Menschen – Mutter, Vater, Geschwister, andere Verwandte – über Sie erzählten. Es ist nicht Ihre Geschichte. Und es ist schon gar keine Geschichte, welche die absolute Wahrheit über die Person erzählt, um die es geht: um Sie! Sie haben diese Geschichte nicht verfasst, Sie sind nicht der Autor oder die Autorin. Sie sind nur ein braver Schauspieler, der dieses von anderen geschriebene Stück »Mein Leben« immer wieder aufführt, ohne sich zu fragen, ob er nicht viel mehr Lust und auch Anlass hätte, längst ein anderes, ein selbst gewähltes Stück auf die Bühne zu bringen.

### Irreführende Geschichten

Wenn auch Sie den Plot »Weil ... deshalb« kritiklos übernehmen und dieses Programm auf Ihrem Spielplan lassen, dann leiden Sie unter »monomythischer Identitätsatrophie«. Diesen Begriff, über den Sie beim Lesen sicher erst mal stolpern, hat der Heidelberger Psychotherapeut Arnold Retzer geprägt. Er meint damit einen Vorgang, der uns bei Selbstbeschreibungen und beim Erzählen unserer Lebensgeschichte häufig unterläuft: Wir beschränken uns auf einige wenige (meist negative) Eigenschaften und sind überzeugt davon, dass damit schon alles gesagt ist. Wir identifizieren uns mit dieser Geschichte, ja, wir glauben, mit dieser Geschichte identisch zu sein: »Ich bin ein ängstlicher Mensch.« »Ich scheue das Risiko.« »Ich bin bindungsunfähig.« »Ich bin depressiv.« »Ich bin nachtragend.« »Ich bin selbstunsicher.« »Ich bin das Kind eines alkoholkranken Vaters.« Uns wird dabei nicht bewusst, dass diese Geschichte oft nur ein zentrales Thema hat, dass sie »monomythisch« ausfällt. Wir erzählen sie ohne Schlenker, ohne Nebengeschichten und ohne Zweifel. Damit nehmen wir uns jedoch selbst die Möglichkeit, eine andere, eine umfassendere Geschichte über uns zu erzählen, uns in anderem Lichte zu betrachten. »Man ist sozusagen mit Haut und Haar in diese Geschichte hineinverwoben«, so Retzer. Wir sehen dann nicht, dass es neben dieser Geschichte möglicherweise noch viele weitere Erzählungen gibt, die ebenso wahr sind wie die gewohnte Story.

Wie sehr uns die Geschichten, die wir über uns erzählen, in die Irre führen können, schildert ein Fall, über den der Psychotherapeut Bill O'Hanlon berichtet:

*Eine Freundin von mir wuchs in dem Wissen auf, dass sie adoptiert worden war, nachdem ihre biologische Mutter sie als Baby weggegeben hatte. Ihr war erzählt worden, dass sie die entscheidenden ersten Lebensmonate, in denen sich Zuneigung und Bindung entwickeln, in fünf verschiedenen Pflegeheimen verbracht hatte. Als sie als Erwachsene Beziehungsprobleme bekam, war ihr klar, dass es wohl die »Folgen der Vernachlässigung« sein mussten, die sie daran hinderten, erfüllte Beziehungen einzugehen. Viele Jahre später nahm sie Kontakt zu ihrer biologischen Mutter auf, die ihr eine ganz andere Version ihrer ersten Lebensmonate erzählte. Demnach hatte sie ihre Tochter häufig besucht, während sie in Pflegeheimen war, hatte sie gefüttert und mit ihr gesprochen. Sie hatte versucht, einen Weg zu finden, sie wieder zu sich zu nehmen. Am Ende gab die noch sehr junge Mutter dem Druck ihrer Eltern und der Adoptionsstelle nach und stimmte der Adoption nur widerwillig zu.*

*Als die Tochter diese neue Version gehört hatte, sagte sie, sie habe das Gefühl, als würde ihr der Kopf platzen, nachdem sich nun ihre Geschichte vom ungewollten, vernachlässigten Waisenkind ohne frühkindliche Bindungen in Luft aufgelöst hatte.*

Vielleicht geht es auch Ihnen so wie dieser jungen Frau. Vielleicht besitzen auch Sie nur eine einzige Version Ihrer Lebensgeschichte und kommen gar nicht auf die Idee, sich zu fragen, ob vielleicht noch andere Versionen existieren könnten. Warum auch? Die Version, die Sie kennen, halten Sie ja für die ganze Wahrheit. Doch das ist sie nur in den seltensten Fällen. Denn bei der Geschichte, die Sie erzählen, handelt es sich nicht um einen reinen Tatsachenbericht – auch wenn Sie das glauben. Diese Story spiegelt kein Gesamtbild von Ihnen wider, und sie ist schon gar nicht die einzig mögliche Version. Natürlich ist diese Erzählung nicht vollständig erfunden und erlogen; die Version, die Sie kennen, entspringt nicht Ihrer Fantasie. Mit Ihnen ist man als Kind tatsächlich auf eine Weise umgegangen, dass sich ganz bestimmte Überzeugungen herausbilden mussten. Aber bedeutet das, dass Sie deshalb auf dieses frühe Geschehen reduziert werden können? Beschreiben die Glaubenssätze, die Sie aufgrund Ihrer frühen Erfahrungen erworben haben, tatsächlich richtig und umfassend den Menschen, der Sie sind? Könnte es nicht sein, dass sie möglicherweise einen unvollständigen, wenn nicht sogar ganz falschen Eindruck von Ihnen vermitteln? Das sind Fragen, die Sie sich unbedingt stellen sollten, wenn Sie Ihr Leben im »Weil-deshalb-Stil« erzählen, oder wenn Sie bereitwillig die Etiketten an sich kleben lassen, die andere Ihnen vor langer Zeit angeheftet haben.

Wenn Sie jetzt einwenden: »Aber es stimmt doch, dass mein Vater Alkoholiker war, es ist doch nicht erfunden, dass ich als Kind viel zu viel alleingelassen worden bin, ich bilde es mir doch nicht ein, dass man mich vernachlässigt hat, das kann ich doch nicht einfach leugnen oder ignorieren«, dann haben Sie natürlich Recht. All das stimmt. Aber es ist nicht die ganze Wahrheit. Ihre Kindheit ist ein Teil von Ihnen, aber eben nur ein Teil. Es stimmt, dass Sie ein Kind eines Alkoholikers sind, es stimmt, dass Sie ein einsames Kind waren, es stimmt, dass Sie wenig Selbstvertrauen mitbekommen haben. Aber Sie sind weit mehr als das. Denn es stimmt auch, dass Sie heute Hervorragendes in Ihrem Beruf oder als Mutter oder Vater leisten; es stimmt auch, dass Sie eine begeisterte Sportlerin sind; es stimmt, dass Sie sich für das Gemeinwohl engagieren; und es stimmt, dass Sie ein begabter Zeichner sind; es stimmt, dass Sie bei Ihren Freunden und Freundinnen beliebt sind … Machen Sie doch mal die Probe aufs Exempel: Wie viele verschiedene Satzergänzungen fallen Ihnen ein auf den Satzanfang »Ich bin … «? Sicher kommt Ihnen nicht nur die Ergänzung »… Kind einer lieblosen Mutter« in den Sinn!

## Unseren Erinnerungen ist nicht zu trauen

Es ist ratsam, die eigene Geschichte, die Sie über sich selbst erzählen, kritisch zu betrachten und sich zu fragen: Könnte ich diese Geschichte eventuell auch anders erzählen? Welche anderen Facetten, neben der Kindheit, hat meine Lebensgeschichte noch? Ist das, was ich erinnere, wirklich typisch für meine frühen Jahre? Gab es daneben vielleicht auch noch andere Erlebnisse?

Etwas sollten Sie bei diesem Vergangenheitscheck auf jeden Fall bedenken: Wenn Sie von früher berichten, dann verlassen Sie sich auf Ihre Erinnerung. Das ist normal, das tut jeder. Normal ist aber auch, dass uns die Erinnerung mal mehr, mal weniger in die Irre führt. Wir dürfen unserer Erinnerung nicht bedingungslos trauen. Denn das menschliche Gedächtnis funktioniert nicht wie ein Videoband, auf dem alles, was geschieht, exakt und realitätsgetreu aufgezeichnet wird und dann jederzeit wieder abgespielt werden kann. In unserer Erinnerung sind nur bestimmte Szenen gespeichert, an die unter Umständen nur wir uns erinnern und sonst niemand; oder die wir in einer Art und Weise erinnern, die niemand sonst bestätigen würde. Hinzu kommt: Erinnerung ist beeinflussbar. Wir sollten also vorsichtig sein, wenn es um den Wahrheitsgehalt von unseren Erinnerungen geht. Und zwar aus folgenden Gründen, wie Psychologen herausgefunden haben, die sich in faszinierenden Studien mit der Verlässlichkeit unserer Erinnerungen auseinandergesetzt haben.

### Warum Erinnerungen beeinflussbar sind

So konnten sie beispielsweise belegen, dass wir in der Erinnerung oft mehrere Ereignisse miteinander zu einem einzigen Erlebnis verschmelzen. Wir erinnern uns dann möglicherweise an einen Urlaub auf dem Bauernhof von Verwandten und erzählen, dass wir dort vom Nachbarsjungen das Reiten lernen wollten und dabei vom Pferd gefallen sind. In Wirklichkeit aber handelt es sich um zwei oder drei voneinander unabhängige Ereignisse. Wir verbrachten zwar den Urlaub auf dem Bauernhof, aber der Sturz vom Pferd fand an einem ganz anderen Ort, zu einer anderen Zeit statt. Wir geben also nicht exakt ein Geschehen wider, sondern wir konstruieren unsere Erinnerung aus verschiedenen Episoden – und manchmal mischen wir sogar die Erzählungen anderer dazu. Wir erinnern uns dann an Ereignisse, die wir gar nicht selbst erlebt haben. Vielleicht hat sie uns jemand nur immer und immer wieder erzählt, so lange, bis wir glaubten, das Erzählte selbst erlebt zu haben.

Ein interessantes Beispiel dafür lieferte der Entwicklungspsychologe Jean Piaget. Er war zwei Jahre alt, als ihm Folgendes passierte, wie er erzählt: »Ich sehe die Szene noch genau vor mir. Ich saß in meinem Kinderwagen, mein Kindermädchen schob mich spazieren, als ein Mann versuchte, mich zu kidnappen. Ich wurde von den Gurten des Kinderwagens festgehalten, während das Kindermädchen sich mutig zwischen mich und den Kidnapper stellte. Sie zog sich einige Kratzer zu, ich kann sie verschwommen immer noch auf ihrem Gesicht sehen ...« Bis zu seinem 15. Lebensjahr glaubte Piaget, dass sich diese Situation tatsächlich ereignet hatte. Doch dann erhielten seine Eltern einen Brief von seinem damaligen Kindermädchen, in dem sie sich entschuldigte und gestand, die Szene erfunden zu haben. Dass er an dieses schlichtweg erfundene Ereignis eine so klare Erinnerung hatte, erklärt sich Piaget damit, dass es ihm immer und immer wieder im Laufe seines Heranwachsens erzählt worden war. Seine kindliche Fantasie hat dann die entsprechenden Bilder dazu geliefert.

Das ständige Wiederholen einer Erinnerung kann diese also stark beeinflussen. So schreibt der österreichische Schriftsteller Gerhard Roth in seinem Buch *Das Alphabet der Zeit* :»Die Fahrt nach Würzburg im Alter von zweieinhalb Jahren war seine erste Erinnerung und damit auch seine wahre Geburt. Er hatte die Geschichte so oft gehört, dass er nicht mehr wusste, was er sich selbst gemerkt und was er zu den Erzählungen dazufantasiert hatte.«

Wenn wir immer und immer wieder eine Szene von früher erzählen, dann heißt das nicht, dass die Erinnerung das Geschehene genau wiedergibt. Sie kennen sicherlich auch das Spiel »Stille Post«, bei dem ein Satz von einem Spielpartner zum anderen flüsternd weitergegeben wird. Der Spaß liegt dabei in der Veränderung, die dieser Satz im Verlauf des Spiels erfährt. Zunächst ändern sich nur Nuancen, am Ende kann dann eine völlig andere Aussage stehen. Beispielsweise setzt der erste Spieler den Satz in die Welt »Der Gärtner ist im Garten, jätet das Unkraut und pflanzt Tulpenzwiebeln«. Schon der übernächste Mitspieler flüstert dann seinem Spielnachbarn zu »Der Gärtner jätet Unkraut und pflanzt Tulpen« und der letzte Spieler verkündet dann vielleicht laut die Version »Im Garten pflanzt man Unkraut und der Gärtner jätet Tulpen«. In den Wiederholungen werden von den Mitspielern jeweils verschiedene Aspekte betont, andere werden vergessen oder verzerrt wiedergegeben, je nach beteiligter Person.

Der amerikanische Autor Karl Sabbagh stieß eines Tages auf eine solche Erinnerungsverzerrung. Als er ein Kind war, hörte er von seiner Mutter häufig folgendes Gedicht, das schnell zu seinem Lieblingsgedicht wurde:

»Drei Enten auf einem Teich
Und dahinter das grüne Gras.
Was für eine Szene,
an die man sich noch Jahre danach erinnert.
Erinnert mit Tränen.«

Viele Jahre später fiel ihm in einem Antiquariat ein Gedichtband in die Hände und darin fand er genau dieses Gedicht. Doch zu seinem Erstaunen lautete der Text etwas anders als er es in Erinnerung hatte:

»Vier Enten auf einem Teich,
eine grüne Grasfläche dahinter.
Ein blauer Frühlingshimmel,
von weißen Wolken gesäumt.
Was für eine Kleinigkeit
Um sich noch jahrelang
Unter Tränen zu erinnern.«

Die kleinen Abweichungen verblüfften ihn: Es waren keine drei Enten, sondern vier und der Frühlingshimmel mit den weißen Wolken kam in dem Gedicht, das seine Mutter ihm immer vortrug, gar nicht vor. Hatte sie das Gedicht falsch rezitiert? Hatte er es sich falsch gemerkt? Wer kann das mit Bestimmtheit sagen?

Was mit diesem Gedicht geschehen ist, kann auch passieren, wenn wir Erinnerungen immer wieder – mit uns selbst oder mit anderen – durchgehen. Neue Details, die der jeweilige Gesprächspartner beisteuert, können dann nachträglich der Erinnerung hinzugefügt werden, andere verlieren an Bedeutung.

### Erinnerung und Selbstbild

Und noch etwas hat Einfluss auf unsere Erinnerungen: Wir erinnern uns bevorzugt an das, was unserem Selbstbild entspricht. Unbewusst wählen wir jene Details aus unserer Kindheit aus, die zu unserem momentanen Befinden und unserer Situation passen. Die Vergangenheit ist ein Spiegel, in dem wir uns selbst zu erkennen glauben. Wenn wir kein besonders positives Selbstbild besitzen, wenn wir uns instabil und unglücklich fühlen, erinnern wir uns mit hoher Wahrscheinlichkeit an negative Ereignisse, die uns bestätigen, dass wir schon immer vom Pech verfolgt waren, ignoriert oder schlecht behandelt wurden. Fühlen wir uns dagegen stark und sicher, sind uns wahrscheinlich jene Erinnerungen zugänglicher, die ein positives Bild von uns selbst zeigen. Wir sehen uns als Superman oder Goldmarie und werden uns vor allem an jene Ereignisse erinnern, bei denen wir Großes geleistet haben oder bei denen uns das Glück hold war. Halten wir uns jedoch für einen Verlierer, für einen Vernachlässigten oder einen Pechvogel, dann gibt es in unserer Erinnerungstruhe mit Sicherheit mehrheitlich Episoden, die dieses Selbstbild bestätigen. Die Art und Weise, wie wir uns selbst bewerten, beeinflusst unsere Erinnerungen. Je nachdem, an welchem Punkt unserer Lebensgeschichte wir gerade stehen, wie es uns momentan geht, kommt uns Unterschiedliches in den Sinn. Es hängt also von unserer gegenwärtigen psychischen Verfassung ab, wie und an was wir uns erinnern. Die Gegenwart färbt das Bild der Vergangenheit.

An unseren Erinnerungen können wir auch ablesen, ob wir uns selbst verändern, ob sich unser Selbstkonzept verändert und wenn ja, wie. Wir alle kennen wahrscheinlich dieses Phänomen: Situationen und Erlebnisse, die uns früher sehr belastet und bedrückt haben, verlieren mit der Zeit an Bedeutung, wir betrachten sie mit anderen Augen und irgendwann vergessen wir sie vielleicht sogar. Wichtig ist, ob solche Veränderungen auch mit unseren früheren Erfahrungen passieren, ob sie uns immer weniger präsent sind und damit in ihrem Einfluss abnehmen. Wenn eine 90-jährige Frau, seit vier Jahrzehnten verwitwet und inzwischen am Ende ihres Lebens angekommen, immer noch und immer wieder erzählt, dass ihre Schwester der Liebling des Vaters war, sich alles herausnehmen durfte, während sie immer für alles und jedes bestraft wurde, dann ist zu vermuten, dass sich an ihrem Selbstkonzept über die vielen Jahre hinweg wenig verändert hat. Ihr Blick auf sich selbst »Ich bin weniger wert als andere« hat sich nicht verändert. Vielleicht war es ihr nicht vergönnt, positive Erfahrungen mit anderen Menschen zu machen. Vielleicht aber war sie in ihren Erinnerungen so gefangen, dass sie Erlebnisse, die diese Erinnerungen infrage stellten, gar nicht wahrnehmen konnte.

Erinnerungen sind also beeinflusst, konstruiert und verzerrt. Dies zu wissen, ist von großer Bedeutung, da die Art, wie wir uns erinnern, einen Einfluss auf unsere psychische Verfassung hat und auch unsere Erwartungen an die Zukunft beeinflusst. Wenn Sie den Beginn Ihres Lebens als Tragödie erzählen, sind Niedergeschlagenheit, depressive Stimmung, Hoffnungslosigkeit und Lähmung die wahrscheinliche Folge. Die weitere Entwicklung in Ihrem Leben scheint dann zwangsläufig ebenfalls negativ verlaufen zu müssen. Ziehen Sie jedoch in Erwägung, dass das, was damals geschah, nur ein Teil der Wahrheit ist, und dass Sie es bis zu einem gewissen Grad selbst bestimmen können, ob Sie bei der einmal angenommenen Sichtweise bleiben oder eine andere, freundlichere entwickeln, dann bedeutet das auch: Sie können Ihrem Leben eine Wende zum Positiveren geben, indem Sie die Erinnerung an damals anders werten, den Blick weiten und anderen Aspekten Ihres Selbst mehr Aufmerksamkeit widmen.

»Wenn ich über diese Zeit schreibe, tauchen viele Einzelheiten auf; mag sein, dass es falsche Erinnerungen sind, aber selbst dann drücken sie etwas aus, das möglicherweise wichtiger ist als die vorgebliche Wahrheit«, meint der Schriftsteller Gerhard Roth über die Erinnerungen an die Kindheit.

Unsere Erinnerungen an frühere Zeiten sind vielschichtiger als wir gemeinhin glauben. Sie sagen etwas darüber aus, wie wir uns selbst sehen, ob wir uns schonungslos und in grellem Licht betrachten oder uns hin und wieder den Weichzeichner gönnen. Sie erzählen uns eine Menge über unser Selbstbild. Deshalb: Wenn negative Erinnerungen überwiegen, sollten wir unbedingt in Erwägung ziehen, dass sie nur einen Teil der Wahrheit widerspiegeln. Denn jede Lebensgeschichte hat sehr viel mehr Facetten, Perspektiven und »Wahrheiten« als wir meinen. Unser Leben hat mehr als nur einen Erzählstrang. Um zu vermeiden, dass Kindheit Schicksal wird und um unser wertvolles Leben nicht im Schatten der Kindheit verbringen zu müssen, sollten wir deshalb ein großes Interesse daran haben, die bisherige Erzählperspektive zu überprüfen und sie gegebenenfalls durch andere, positivere Aspekte zu ergänzen.

## Ein neues Skript verfassen

Es lohnt sich, die Geschichte, die Sie über sich im Kopf haben, zu überprüfen: Was genau erzählen Sie? Wie erzählen Sie es? Erzählen Sie eine Komödie, eine Tragödie, eine Dokumentation oder ein Heldenepos? Wie gehen Sie mit einer Kindheit um, die alles andere als gut war? Sehen Sie das Geschehen nur in Schwarz-Weiß oder gibt es auch bunte Episoden?

Sie haben das Recht, das Drehbuch, das in Ihren frühen Jahren von anderen für Sie geschrieben worden ist, auf seine Richtigkeit und Zweckmäßigkeit für Ihr heutiges Leben zu überprüfen. Sie müssen den damals entstandenen Bildern und Botschaften nicht folgen, Sie sind dieser Erzählung nicht verpflichtet. Sie sind nicht dazu verdammt, Ihr Leben lang nach dem einmal entstandenen Drehbuch zu leben. Es liegt in Ihrer Macht, es »umzuschreiben«, ihm einen anderen Erzählton zu geben. Damit ist nicht gemeint, dass Sie Ihre Geschichte schönfärben oder gar fälschen sollen. Damit wäre nichts gewonnen. Gemeint ist vielmehr, dass Sie ein Bewusstsein dafür entwickeln sollten, dass es zum einen Lücken gibt in diesem Drehbuch und dass zum anderen die Erzählweise einseitig, eben »monomythisch« ist. Ihr Skript, das andere schon sehr früh für Sie verfasst haben, ergibt kein vollständiges Bild. Es enthält sozusagen nur ganz bestimmte Szenen des Lebens, nämlich jene, die von den Eltern oder anderen wichtigen Bezugspersonen in der Kindheit gestaltet wurden.

Wenn Sie nach einem negativen Skript leben, sollten Sie es nicht als repräsentativ für Ihr ganzes Leben akzeptieren, sondern es durch die vielen anderen Szenen Ihres Lebens ergänzen und vervollständigen. Tun Sie das nicht, stagniert Ihre Entwicklung, und Sie werden nicht zu dem Menschen, der Sie sein könnten. Sie bleiben dann hinter Ihren Möglichkeiten zurück und verschenken Ihre Zukunft an die Vergangenheit. Man könnte sagen, Sie leben im Banne der frühen Erfahrungen und Botschaften. Sie sind dann blockiert in Ihrer Entwicklung, dürfen nicht so leben, wie Sie es sich gerne wünschen, erleben Freude nur dann, wenn Sie es sich vorher verdient haben (und das ist fast nie der Fall).

### Frühe Bannbotschaften aushebeln

Ein erfülltes Leben ist ein autonomes Leben. Das nötige Maß an Unabhängigkeit erreichen Sie aber nur, wenn Sie sich von den früh erworbenen Bannbotschaften trennen, sich lösen von dem Skript Ihrer Kindheit oder es wenigstens so weit ergänzen, dass es auch die bislang unterdrückten und vernachlässigten Seiten Ihrer Persönlichkeit berücksichtigt.

Der Psychotherapeut Bill O'Hanlon beschloss eines Tages, angeregt durch eine entsprechende Lektüre, seine feste Meinung, er sei schüchtern, zu überprüfen:

*»Als ich jung war, war ich furchtbar schüchtern, was mich lange Zeit sehr frustriert hat. Es fiel mir schwer, Freundschaften zu schließen, mich mit Mädchen zu verabreden oder vor einer Gruppe frei zu sprechen. Die meiste Zeit war ich einsam. Schließlich kam ich eines Tages bei der Lektüre eines Buches auf die Idee, dass ich vielleicht gar nicht schüchtern war, sondern bloß gelernt hatte, mich schüchtern zu geben. Diese Vorstellung gefiel mir sehr, denn sie implizierte die Hoffnung, dass ich die Dinge zum Besseren verändern könnte. Wenn ich schüchterne Verhaltensweisen erlernt hatte, würde ich auch ›nicht schüchterne‹ Verhaltensweisen erlernen können. Ich begann, in einer Art und Weise zu handeln, die sich nicht mit meiner alten Geschichte deckte; nämlich dass ich ein schüchterner Mensch war. Ich hatte*

*mein Leben lang gehört, dass ich schüchtern sei. Meine Familie beschrieb mich immer so. Schließlich identifizierte ich mich damit. Aber nun dämmerte mir, dass das vielleicht einfach nur ein Märchen war, frei erfundenes Gerede. Nachdem ich diese Geschichte einige Jahre lang infrage gestellt hatte, begann ich mit der Zeit, Workshops zu geben, bei denen ich in einem Monat zu Hunderten, manchmal Tausenden von Leuten spreche. Was ist mit meiner Schüchternheit geschehen? Ich habe sie immer noch, aber ich habe jetzt auch die Fähigkeit, ›nicht schüchtern‹ zu sein.«*

Diese Geschichte ist ein gutes Beispiel dafür, wie eine eingeengte, von anderen vorgegebene Sichtweise auf sich selbst die eigene Entwicklung hemmen kann. Bill O'Hanlon ist aufgewachsen in der tiefsten Überzeugung »Ich bin ein schüchterner Mensch«. Eine Überzeugung, die er durch die Reaktionen der Umwelt in den ersten Lebensjahren erworben und die er ungeprüft übernommen und für wahr gehalten hat. Er hielt sich an die Fakten, die er über sein Leben wusste. Aber lange Zeit war ihm nicht bewusst, dass diese Fakten nicht alles über sein Leben aussagten, und er wusste vor allem lange Zeit nicht, dass mit denselben Fakten durchaus eine andere Geschichte erzählt werden kann. Als er jedoch begriff, dass er das Schüchternsein erlernt hatte, erkannte er erleichtert: »Ich kann auch Nicht-schüchtern-Sein erlernen.« Ihm wurde klar, dass er durch eigenes Handeln ein anderer Mensch sein kann.

### Das eigene Drehbuch verändern

Auch Sie können ein anderer Mensch sein. Auch Sie können Ihr »altes« Drehbuch verändern und sich eine freundlichere Geschichte schreiben. Wie aber geht das, ohne zu verfälschen?

Versuchen Sie es mal mit folgender Übung: Erinnern Sie sich an eine Geschichte aus Ihrer Kindheit und schreiben Sie diese in groben Zügen auf. Wenn Ihnen keine einfällt, nehmen Sie vielleicht eine Fotografie zu Hilfe: Welche Geschichte erzählt sie?

*Eine junge Frau erinnert sich an ein Kinderfoto von sich, das sie an ihrem ersten Schultag zeigt. Eine überdimensionierte Schultüte im Arm, schaut sie ängstlich in die Kamera. Sie fühlte sich alleingelassen und verloren, so beschreibt sie ihre damaligen Gefühle. Könnte dieses Bild auch eine andere Geschichte erzählen? Was sagt beispielsweise die große Schultüte aus? Die junge Frau weiß heute nicht mehr, was in der Tüte alles gewesen ist, aber es muss eine Menge gewesen sein. Sie kommt ins Grübeln und überlegt, dass sie wohl viele Süßigkeiten bekommen haben muss. Und sie erinnert sich plötzlich an ihre Großmutter, die ihr auch den schönen Schulranzen geschenkt hat, den sie auf dem Rücken trägt. Sicher, ihre Mutter war immer sehr streng und abweisend zu ihr – aber dieses Foto zeigt auch, dass es Menschen gab in ihrer frühen Kindheit, die sie verwöhnen wollten an ihrem Einschulungstag. Dass sie ängstlich und verloren in die Kamera blickt, ist das nicht verständlich an einem Tag, von dem ein sechsjähriges Mädchen nicht weiß, was er ihm bringt? Das Foto, so meint sie sich zu erinnern, ist schließlich vor dem Schulbesuch aufgenommen worden, da hatte sie ja alles noch vor sich. Klar, dass sie ängstlich war. Und plötzlich betrachtet sie das Foto mit anderen Augen: Jetzt sieht sie nicht nur ein ängstliches, verschüchtertes Kind darauf, sondern eines, das großzügig beschenkt worden ist und das verständlicherweise Angst empfunden, diese aber überwunden hat. Sie ging nämlich vom ersten Tag an gerne zur Schule, wie sie sich nun erinnert.*

Dieses Beispiel zeigt: Wir alle neigen dazu, aus unseren frühen Erfahrungen eine Geschichte zu konstruieren und uns diese als alleinige, absolute Wahrheit zu verkaufen. Sicherlich hat diese junge Frau als Kind Vernachlässigung erfahren, aber eben nicht nur. In der eigenen Geschichte liegen sehr viel mehr Botschaften und Wahrheiten verborgen als uns oft bewusst ist. Konzentrieren wir uns nur auf den Aspekt, der in unseren ersten Jahren tonangebend war, dann fühlen wir uns unser Leben lang verlassen, ungeliebt, vernachlässigt, unfähig. Weil wir an dieser Vergangenheit nichts mehr verändern können, glauben wir oft, dass Gegenwart und Zukunft sich ebenfalls unserem Einfluss entziehen. Wir sind dann verdammt dazu, die einmal von anderen begonnene Geschichte wieder und wieder in derselben Weise zu erzählen. Fangen wir jedoch an, die frühen Fakten unseres Lebens in einen neuen, einen größeren Rahmen zu stellen, bekommen wir eine gesunde Distanz zu dem, was früher geschah. Und können erkennen: »Ich bin nicht identisch mit dieser Geschichte.«

## Wer bin ich wirklich?

Tragen auch Sie irgendein Etikett mit sich herum, auf dem geschrieben steht, wer und wie Sie sind: schüchtern, ängstlich, bindungsunfähig, erfolglos oder was auch immer? Ist Ihnen die Existenz dieses Etiketts überhaupt bewusst? Wenn nicht, dann wird es Zeit, dass Sie es entdecken. Sie sollten es ausfindig machen und entfernen. Denn dieses Etikett verführt Sie dazu, sich mit dem, was auf ihm steht, zu identifizieren. Wann immer Sie Gedanken haben wie »Ich bin nichts wert«, »Ich kann niemandem vertrauen«, »Ich muss perfekt sein«, »Niemand liebt mich«, »Mir gelingt nichts«, »Ich bin depressiv«, »Ich bin ein ängstlicher Mensch«, »Ich bin eben zurückhaltend«, sollten Sie prüfen, ob Ihnen möglicherweise ein unsichtbares Etikett um den Hals baumelt. Machen Sie sich bewusst: »So bin ich nicht wirklich. Wenn überhaupt, dann beschreibt dieses Etikett nur einen ganz kleinen Ausschnitt meiner Persönlichkeit. Aber es vermittelt kein vollständiges Bild von mir.«

### Der andere Blickwinkel

Wenn es Ihnen gelingt, das Etikett, das Ihnen in Ihrer Kindheit umgehängt wurde, abzuschneiden, dann wird der Weg frei für einen Perspektivenwechsel. Selbst wenn es viel Negatives in der Vergangenheit gegeben hat, so gab es mit hoher Wahrscheinlichkeit doch immer auch Bewältigungsmöglichkeiten, Lösungsstrategien und Erfolgserlebnisse, die Ihnen gezeigt haben, dass Sie auch schlimme Erfahrungen überstehen können. Deshalb sollten Sie sich nicht nur ausschließlich die Frage stellen »Was hat mir als Kind gefehlt?«, sondern die Perspektive ändern und sich fragen: »Wie ist es mir gelungen, das alles zu überstehen? Warum bin ich nicht zerbrochen? Warum ist trotz meines schwierigen Starts ins Leben doch vieles gelungen?« Und: »Habe ich möglicherweise aufgrund meiner Kindheitsgeschichte ganz besondere Eigenschaften erworben, von denen ich auch heute noch profitiere?«

- Verdanken Sie vielleicht Ihre große Einfühlungsfähigkeit der bedürftigen Mutter, die Sie darin schulte, Wünsche zu erkennen, ohne dass sie ausgesprochen wurden? Und ist es heute nicht gerade diese Einfühlungsfähigkeit, die Ihre Freunde so an Ihnen schätzen und die Sie im Beruf erfolgreich sein lässt?
- Verdanken Sie es vielleicht der als Kind erfahrenen Gewalt, dass Sie heute äußerst sensibel auf Übergriffe reagieren und sich möglicherweise sogar beruflich für schwächere Menschen starkmachen?
- Kann Ihr Interesse für Literatur und Musik vielleicht daher kommen, dass Sie sich als Kind in die Welt von Geschichten und Tönen flüchten konnten, wenn die Realität zu belastend wurde?
- Liegt es vielleicht an Ihrem überaus strengen und fordernden Vater, dass Sie heute ein Organisationstalent sind und Sie auch schwierige Situationen nicht aus der Bahn werfen können?

In einem Interview, das der Journalist Willi Winkler mit dem schwedischen Schriftsteller Per Olov Enquist geführt hat, findet sich ein eindrucksvolles Beispiel dafür, wie ein Perspektivenwechsel es ermöglicht, die eigenen Stärken zu erkennen, die sich trotz oder gerade wegen der widrigen Umstände entwickeln konnten. Gefragt, wie er denn seine strenge Kindheit überstanden habe, meint der Schriftsteller: »Bei mir ist das sowohl Glück als auch Unglück gewesen, denn es war eine spezielle Kindheit. Wenn man das alles so hört, schüttelt man schnell den Kopf, aber es war andererseits eine normale Kindheit. Die Einsamkeit, die Isolierung in diesem Dorf in Västerbotten haben mir nicht geschadet. Es gab mir die Möglichkeit, nachzudenken, die Möglichkeit, für mich allein meine Fantasie zu nutzen, mir Himmel und Hölle auszumalen. Ich hatte zwar keine Spielkameraden, aber ich hatte meine Fantasie, darum ist es vielleicht sogar eine gute Kindheit gewesen, jedenfalls später – in der Erinnerung an sie.«

Wenn auch Sie versuchen, so wie Per Olov Enquist, den Blickwinkel zu verändern, von dem aus Sie die Kindheit betrachten, dann finden auch Sie möglicherweise das »Spezielle« Ihrer frühen Jahre. Und Sie merken, dass Sie möglicherweise noch eine andere Geschichte über Ihr Leben erzählen können – eine, die freundlicher klingt als die bisherige. Sie richten den Scheinwerfer nun auf das, was *trotz allem* gelang und auf die Stärken, die Sie entwickelt haben, *obwohl* Sie als Kind geschwächt worden sind. Wenn es Ihnen gelingt, sich nicht mehr nur ausschließlich als Opfer zu fühlen und stattdessen wieder ein Gefühl für die eigenen Stärken und Fähigkeiten zu bekommen, können Sie beginnen, die Geschichte Ihres Lebens anders zu erzählen. Sie ist dann keine überwiegende Opfergeschichte mehr, sondern enthält vielleicht sogar Züge einer Heldengeschichte. Denn Sie haben überlebt – und das haben Sie sich selbst zu verdanken.

Dass früh Erlebtes stark machen kann – davon erzählen auch die Kindheitsgeschichten im vierten Kapitel. Oprah Winfrey, Dominic Carter, Janosch, Elmar Wepper, Elton John oder Steve Martin wären ohne ihre Kindheitserfahrungen möglicherweise nicht so erfolgreich geworden, hätten vielleicht nicht so viel bewirken können, wie es ihnen heute möglich ist.

So wichtig der Perspektivenwechsel ist, er bedeutet nicht, all das Schlimme und Negative, das Sie als kleines Kind erfahren mussten, in den Hintergrund zu drängen und gar zu »vergessen«. Das, was geschehen ist, muss eine Wertschätzung erfahren und eine Rolle im Drehbuch des eigenen Lebens zugewiesen bekommen. Zwar muss die Kindheit ihren bislang angestammten Platz räumen – sie thront nun nicht mehr länger im Mittelpunkt des Geschehens und gibt nicht mehr den Ton an –, aber sie ist natürlich immer noch da.

Ob Sie den Perspektivenwechsel vom Opfer zum Regisseur Ihrer eigenen Geschichte aus eigener Kraft vollziehen können und wollen, oder ob Sie sich psychotherapeutische Begleitung dafür wünschen, das hängt nicht zuletzt von der Art der frühen Erfahrungen ab. Je belastender Ihre Kindheit war, umso sinnvoller ist es, sich bei der Um- und Neuschreibung der eigenen Geschichte begleiten und helfen zu lassen.

Gleichgültig, ob Sie diesen Weg alleine oder in Begleitung gehen, die folgenden Überlegungen können Ihnen auf jeden Fall hilfreiche Hinweise geben für den Veränderungsprozess, der vor Ihnen liegt.

## 8.

# Abstand halten –
# Den Botschaften der Vergangenheit
# ihre Macht nehmen

Wenn wir die Art und Weise verändern, wie wir die Dinge betrachten,
werden sich die Dinge, die wir betrachten, verändern.

*Wayne Dyer*

»Eine Herumtreiberin bin ich, wenn ich auf der Straße herumlaufe,
ohne dass ich etwas für dich zu erledigen hätte.

Eine Struwwelliese, wenn meine Haare zerzaust sind, wo du mich
doch gerade erst gekämmt hast.

Eine Heulsuse oder ein Jammerlappen, wenn ich zu weinen an-
fange, weil ich hingefallen bin, mich jemand an den Haaren zieht,
ich mich gestoßen habe oder bestraft werde.

Drückeberger soll Faulpelz heißen, fauler Hund oder einfach nur
faul. Das sagst du zu mir, wenn du mich beim Lesen erwischt, anstatt
dass ich dir im Haushalt zur Hand gehe.

Ein Fräulein Neunmalklug, das ist eine, die auf alles eine Antwort
weiß.

Ein Plappermaul jemand, der sich für das Tun und Lassen der
anderen interessiert und ständig schwatzen muss.

Rotznase nennst du mich, um mich daran zu erinnern, dass ich
noch klein bin, mir noch nicht einmal allein die Nase putzen kann
und sie trotzdem ungefragt in Dinge stecke, über die ihr Erwachsenen euch gerade am Unterhalten seid.

Und Scheusal? Oh je. Mit Scheusal, Ungeheuer oder Biest werden
alle meine Fehler auf einmal zusammengefasst.

Dann gibt es noch ein Wort, das du nur ein einziges Mal zu mir
gesagt hast, und das noch schlimmer ist als Scheusal oder Ungeheuer: Aas.«

Die katalanische Schriftstellerin Maria Barbal setzt sich in ihrem Buch *Inneres Land* mit einer schwierigen Mutter-Tochter-Beziehung auseinander. Sie nimmt die Perspektive des Kindes ein, um begreifbar zu machen, wie sich ein kleines Mädchen fühlt, dem von seiner Mutter nichts als Schmähungen und Verachtung entgegengebracht werden.

## Frühe Zuschreibungen werden zu Glaubenssätzen

Solche frühen Zuschreibungen, die wir als kleines Kind hören, haben fatale Wirkung: Sie werden, wie im dritten Kapitel ausgeführt, zu Glaubenssätzen, die unserem Leben eine Richtung geben. Sie führen Regie – oftmals völlig unbemerkt von uns:

- Sie halten uns davon ab, unsere Arbeiten pünktlich zu erledigen, weil sie uns sagen: »Du schaffst das sowieso nicht.«
- Sie halten uns davon ab, uns auf einen Menschen, den wir lieben, wirklich einzulassen, weil sie uns sagen: »Du wirst doch immer wieder verlassen.«
- Sie halten uns davon ab, glücklich zu sein, weil sie uns sagen: »Glück steht dir nicht zu, deine Mutter war auch nicht glücklich.«
- Sie machen uns schüchtern, weil sie uns sagen: »Du sollst dich nicht wichtiger nehmen als du bist.«

Diese Botschaften beeinflussen die Gefühle, die wir über uns und die Welt haben. Und sie steuern unser Verhalten. Das können sie umso ungestörter tun, je weniger wir eingreifen und dem Treiben ein Ende bereiten.

Wenn Sie nun denken »Das kann ich doch gar nicht!«, irren Sie sich. Denn anders als in der Kindheit müssen Sie heute nicht alles glauben, was Ihre Gedanken über Sie erzählen.

Das Mädchen Rita in Maria Barbals Roman setzt sich zur Wehr: Indem sie die Gründe für das Verhalten ihrer Mutter sucht – und feststellt, dass die Gründe nicht in ihrer Person liegen. Sie entdeckt, dass die Mutter in einem »inneren Land« lebt, das wenig mit ihr zu tun hat: »Mir wird klar, dass du mit der Welt haderst und gar nicht so sehr auf mich böse bist.« Und sie erkennt, was sie der Mutter voraus hat, womit sie die Worte der Mutter entkräften kann: Bildung. Dass die Tochter unwissend sei, das erkennt das Mädchen sehr früh, »ist die einzige Beleidigung, die du dich niemals trauen würdest, mir an den Kopf zu werfen«.

Rita gibt uns ein gutes Beispiel. Denn auch wir müssen die Glaubenssätze, die unser Denken und Handeln beeinflussen, identifizieren und sie infrage stellen. Tun wir das nicht, bleiben wir ihre Gefangenen.

### Die Wiederholung negativer Erfahrungen

Glaubenssätze können scheinbar ganz harmloser Natur sein, sie können aber auch unsere Existenzberechtigung infrage stellen. Gefährlich sind sie in jedem Fall, denn sie werden durch zwei Prozesse aufrechterhalten:

Zum einen suchen wir permanent nach *Bestätigungen* für sie, das heißt, wir nehmen selektiv nur das wahr, was zu ihnen passt. All das, was zum Beispiel unsere Überzeugung »Mir gelingt nichts« stützt, registrieren wir dann mit Adleraugen: Wenn wir etwas kaufen, kaufen wir garantiert das Falsche. Wenn wir uns für ein Handy entscheiden, hätte es sicher ein besseres gegeben – nur stellen wir das erst hinterher fest. Wenn wir einen Vortrag halten, konzentrieren wir uns anschließend nur darauf, dass eine Person den Raum verlassen hat, während wir sprachen, aber nicht auf den Applaus. Der Glaubenssatz »Mir gelingt nichts« bekommt ständig neue Bestätigung. All das, was uns gelingt, fällt durch das Raster, das dieser Glaubenssatz vorgibt. Was nicht zu ihm passt, entzieht sich unserer Aufmerksamkeit. Die positiven Ereignisse finden von uns unbemerkt statt.

Beim zweiten Prozess, der unsere Glaubenssätze aufrechterhält, handelt es sich um eine Art Wiederholungszwang. So hat ein inzwischen 50-jähriger Mann bereits vier gescheiterte Ehen hinter sich, weil er immer, wenn seine Partnerinnen in irgendeiner Form Eigenständigkeit und Selbstständigkeit eingefordert haben, dies auf sich bezog und fürchtete, dass die Frauen sich von ihm trennen wollten, weil sie irgendwas an ihm störte. Ehe sie gehen konnten, beendete er dann lieber selbst die Beziehung. Was er nicht erkannte, war, dass er seit früher Kindheit eine Überzeugung mit sich herumschleppt – die Überzeugung: »Ich bin schuld!« Seine Mutter verließ, als er fünf Jahre alt war, die Familie. In dem Jungen formte sich damals die Überzeugung, dass er seine Mutter hätte halten können, wenn er brav gewesen wäre.

Wann immer wir in der Gegenwart in eine schwierige Situation geraten, kramen wir sozusagen im Fundus unserer Erinnerungen nach ähnlichen Erfahrungen – und lassen uns dann von diesen Erfahrungen leiten. Mangels alternativer Erlebnisse und mangels positiver Bewältigungsstrategien wiederholen wir dann, was wir bereits kennen: Damals durfte ich meinen Mund nicht aufmachen, also halte ich mich heute ebenfalls lieber zurück. Damals bekam ich kein Lob, also erwarte ich auch heute keines. Damals wurde ich verlassen, also muss ich auch heute damit rechnen, verlassen zu werden ...

Früh erworbene Glaubenssätze haben eine enorme Macht über uns. Sie bestimmen unser Denken, unsere Gefühle und unser Handeln. Gibt es überhaupt eine Möglichkeit, diese Macht zu brechen? Ja, die gibt es: Wir brauchen alternative Erfahrungen, und wir brauchen alternative, positive Bewältigungsstrategien. Dazu müssen wir zunächst unsere Glaubenssätze identifizieren und sie in einem zweiten Schritt infrage stellen.

## Den Überzeugungen auf die Spur kommen

Der erste Schritt dient dem Erkennen: Nach welchen Glaubenssätzen lebe ich, wie genau sehen meine Fesseln aus, die man mir in der Kindheit anlegte und die ich heute immer noch trage?

Unseren Glaubenssätzen können wir auf die Spur kommen, wenn wir den Selbstgesprächen lauschen, die wir führen. Wir alle tun das ständig: Wir kommentieren unser Verhalten und das anderer, wir schreiben uns vor, was wir zu tun oder zu lassen haben, oder wir schimpfen mit uns, wenn uns etwas nicht gelingt. Eine kleine Auswahl:

- »*Wenn du nachher Simone triffst, lass dir bloß nichts anmerken, wie es dir geht.*«
- »*Wenn du dich besser vorbereitet hättest, dann wäre das Projekt genehmigt worden.*«
- »*Wenn du nicht so ein schwieriger Mensch wärst, hättest du mehr Freunde.*«
- »*Kein Wunder, dass dich diese Leute so selten einladen. Ihre anderen Freunde sind ja viel unterhaltsamer als du.*«
- »*Du brauchst dir keine Mühe zu geben, es wird ja doch nichts werden.*«
- »*Wenn ich nicht mehr da wäre, würde das auch keinen Unterschied machen.*«
- »*Was ich alles zu erledigen habe, das schaffe ich nie!*«
- »*Gehe nur kein Risiko ein.*«
- »*Bei mir geht immer alles schief.*«
- »*Oh je, wenn ich jetzt zu spät komme, wird sie mir die Freundschaft aufkündigen.*«

Vielleicht sagen Ihre inneren Stimmen auch:

- »*Du darfst keine Freude haben, solange du nicht deine Aufgaben erledigt hast.*«
- »*Du kannst dich noch so sehr anstrengen, es ist nie genug.*«

- »*Wenn du glaubst, du bist etwas Besonderes, dann irrst du dich.*«
- »*Wenn du tust, was ich will, dann liebe ich dich.*«
- »*Nur wenn dich eine Leistung sehr anstrengt, dann ist sie etwas wert.*«
- »*Eine Arbeit, die nicht perfekt ist, verdient kein Lob.*«
- »*Du wirst nur geliebt, wenn du tust, was andere wollen.*«
- »*Du bist verantwortlich dafür, dass es anderen gutgeht.*«
- »*Du sollst deine Gefühle nicht zeigen.*«
- »*Erfolge fallen nicht vom Himmel.*«
- »*Für deine Probleme interessiert sich niemand.*«

Oder vielleicht hören Sie auch eine Stimme, die immer flüstert: »Ich komme doch hinter alles«. Diese Worte hört beispielsweise Alfred Dorn, die Hauptfigur in Martin Walsers Roman *Die Verteidigung der Kindheit*:

»Sicher war es eine Genugtuung für Alfred, dass sein Vater, ihn zu verabschieden auf den Bahnhof gekommen war. Der Vater war schon vor drei Jahren aus der Wohnung Am Bauernbusch ausgezogen ... Seither betrieb er die Scheidung, in die die Mutter immer noch nicht einwilligte. Alfred durfte weder den Vater noch die Mutter merken lassen, dass ihn Vaters Abschiedsbesuch freute ... Würde sich der Sohn gerührt zeigen, dem Vater zum Abschied gar um den Hals fallen, dann konnte der Vater das als Erfolg buchen, und ein Erfolg des Vaters war ein Misserfolg der Mutter, und davor musste Alfred seine Mutter schützen. ... Alfred wollte seine Mutter kein bisschen betrügen. Er wollte eins mit ihr sein. Vor allem dem Vater gegenüber. Alfred hat vielleicht auch an den Mutter-Satz gedacht: Ich komme doch hinter alles.«

Innere Stimmen kennen viele Themen. Haben Sie nicht manchmal auch Sprüche parat wie »Mädchen, die pfeifen, und Hähnen, die krähen, denen wird man am Ende den Hals umdrehen« oder »Ein Indianer kennt keinen Schmerz« oder »Ohne Fleiß kein Preis« oder »Der frühe Vogel fängt den Wurm«? Sie sagen diese Sätze sich selbst und anderen und realisieren oft gar nicht mehr, woher Sie diese »Weisheiten« eigentlich haben. Sie realisieren ebenfalls nicht, dass Sie damit schon früh zu Wohlverhalten oder zum Zähnezusammenbeißen erzogen worden sind. Diese Sprüche, wer auch immer sie in Ihrer Kindheit gesagt hat, sind längst zu Leitsätzen geworden, nach denen Sie sich auch heute noch richten. So harmlos sie oft daherkommen – ihre Wirkung ist nicht zu unterschätzen. Deshalb ist es unendlich wichtig, herauszufinden, welche Stimmen Sie beeinflussen und worin ihre Botschaft besteht.

### Auf den inneren Monolog achten

Wenn Sie Ihren Überzeugungen auf die Spur kommen wollen, sollten Sie also bewusst auf Ihre Selbstgespräche achten, auf den inneren Monolog, der bislang mehr oder weniger unbemerkt in Ihnen abläuft. Weil mit hoher Wahrscheinlichkeit verschiedene Stimmen auf Sie einreden, sollten Sie versuchen, eine Stimme, die immer wieder auftaucht, herauszufiltern. Das braucht Geduld und etwas Übung in Selbstwahrnehmung. Wann immer Sie sich unwohl fühlen, können Sie sich fragen: Was geht mir durch den Kopf? Wie denke ich gerade über mich? Was erwarte ich in diesem Moment an Reaktionen von anderen?

Ein bekanntes und viel zitiertes Beispiel für destruktive Selbstgespräche ist die »Geschichte vom Hammer«, die der 2007 verstorbene Psychotherapeut Paul Watzlawick erzählte:

»Ein Mann will ein Bild aufhängen. Den Nagel hat er, nicht aber den Hammer. Der Nachbar hat einen. Also beschließt unser Mann, hinüberzugehen und ihn auszuborgen. Doch da kommt ihm ein Zweifel. Was, wenn der Nachbar mir den Hammer nicht leihen will? Gestern schon grüßte er mich nur so flüchtig. Vielleicht war er in Eile? Aber vielleicht war die Eile nur vorgeschützt, und er hat etwas gegen mich? Und was? Ich habe ihm nichts angetan; der bildet sich da etwas ein. Wenn jemand von mir ein Werkzeug borgen wollte, *ich* gäbe es ihm sofort. Und warum er nicht? Wie kann man einem Mitmenschen einen so einfachen Gefallen abschlagen? Leute wie dieser Kerl vergiften einem das Leben. Und dann bildet er sich noch ein, ich sei auf ihn angewiesen. Bloß weil er einen Hammer hat. Jetzt reicht's mir aber wirklich. – Und so stürmt er hinüber, läutet, der Nachbar öffnet, doch noch bevor er ›Guten Tag‹ sagen kann, schreit ihn unser Mann an: ›Behalten Sie doch Ihren blöden Hammer, Sie Rüpel.‹«

Angenommen, dieser Mann in Watzlawicks Hammer-Beispiel wäre bereit, sein Verhalten nach Glaubenssätzen zu »durchsuchen«, was könnte er finden? Da ist zum einen der Zweifel, ob ein anderer ihm wirklich etwas Gutes tun möchte. Da ist weiter der Verdacht, dass er beim Nachbarn bereits in Ungnade gefallen ist, obwohl er eigentlich keinen Grund dafür nennen kann. Und da ist schließlich die Überzeugung, dass er auf keinen Fall von jemandem abhängig sein möchte, der etwas hat, das er braucht. Da verzichtet er lieber. Der Glaubenssatz, der das Verhalten dieses Mannes steuert, könnte so lauten: »Mir wird nichts geschenkt. Aber ich werde mich nicht erniedrigen, nur um etwas zu bekommen.«

Wie oft waren Sie bereits in einer ähnlichen Situation? Wie oft haben Sie Ihre Bedürfnisse, Ihre Wünsche, Ihre Sehnsüchte für sich behalten, weil Sie der Meinung waren, dass all dies ohnehin niemanden interessiert? Wie oft haben Sie sich selbst etwas versagt, weil Sie glaubten, dass Sie auf keinen Fall bekommen, was Sie wollen? Und wie oft haben Sie andere Menschen aufgrund diffuser Gefühle als feindlich gesinnt, ablehnend oder desinteressiert eingestuft?

Unsere Glaubenssätze sind alt. Sie haben sich tief in uns eingefressen und können nur dadurch entmachtet werden, indem wir sie geduldig und hartnäckig entlarven. Dazu müssen wir sie infrage stellen, ihre Wahrheit anzweifeln und statt nach Belegen dafür nach Gegenbeweisen suchen.

## Überzeugungen infrage stellen

Sobald Sie die Stimmen identifiziert haben, die Sie in Ihrem Handeln und Denken beeinflussen, sollten Sie sie in einem zweiten Schritt infrage stellen: Erzählen diese Stimmen wirklich eine gute, eine passende Geschichte über Sie? Werden sie dem Menschen gerecht, der Sie sind? Gibt es da nicht andere Aspekte, Eigenschaften, Fähigkeiten, von denen die Stimmen gar nichts wissen, gar nichts wissen können, weil sie ja nur die Vergangenheit kennen? Fangen Sie an, mit den Stimmen (und mit sich selbst) über diese Fragen zu diskutieren. Sie werden schnell feststellen, dass sich negative Aussagen und Problemgeschichten nicht mehr so mühelos aufrechterhalten lassen, sobald Sie deren Richtigkeit anzweifeln. Denn Sie werden dadurch Erlebnisse, Verhaltensweisen und Gefühle entdecken, die nicht in das Raster Ihrer bisherigen Geschichte von sich selbst passen.

Das Mädchen Rita, das in Maria Barbals Roman von seiner Mutter Heulsuse, Scheusal, Jammerlappen, Rotznase und vieles mehr gescholten wird, darf eines Tages bei einer kinderlosen Nachbarin übernachten. Und dort macht sie Erfahrungen, die so gar nicht in das Bild passen, das ihre Mutter von ihr zeichnet: »Nachdem sie die Teller abgespült hat, gibt sie mir ein weißes Tuch, um das Besteck abzutrocknen. Eine Gabel fällt mir hin, und abwartend bleibe ich stehen. Sie hält sie noch einmal unters Wasser, und anstatt mir mit einem Ruck das Tuch aus der Hand zu reißen oder mich ›eine Katastrophe‹ zu nennen, legt sie sie mir ganz behutsam wieder zurück ins Tuch und lächelt mich an.« Als Rita von ihrer Mutter am nächsten Tag abgeholt wird, fragt diese, ob die Tochter auch artig gewesen sei, und das macht Rita »richtig wütend, ich bin schließlich kein kleines Kind mehr.«

Rita hat durch den Respekt, den ihr die Nachbarin entgegenbrachte, etwas existenziell Wichtiges gelernt: Es gibt Menschen, die sehen sie anders als ihre Mutter es tut. Es gibt Menschen, die gehen mit ihr respekt- und liebevoll um. Und das gibt ihr die Möglichkeit, gegen die herablassende Behandlung der Mutter zu rebellieren und zu erkennen: Ich bin kein kleines Kind mehr, das sich alles gefallen lassen muss.

### »Ich bin kein kleines Kind mehr«

Das könnte auch der Schlüsselsatz sein, der Ihnen hilft, Ihre Glaubenssätze zu entkräften. Ähnlich wie Rita sollten auch Sie nach Belegen, Erfahrungen und Erlebnissen suchen, die Ihre Glaubenssätze widerlegen. Das ist nicht einfach, denn ganz automatisch haben Sie ja in der Vergangenheit nur das wahrgenommen, was die inneren Stimmen bestätigt. Gegenbeweise zu finden, das ist sehr viel schwieriger. Es muss eingeübt werden.

»Ich tauge nichts«, »Ich werde immer verlassen«, »Nur wenn ich nett bin, bekomme ich Zuwendung«: Wenn Sie mit solchen oder ähnlichen Grundüberzeugungen durchs Leben gehen und sie als Richtschnur für Ihre Lebenserzählung nehmen, glauben Sie natürlich, dass all das der Wahrheit entspricht. Bislang sind Sie wahrscheinlich noch nicht auf die Idee gekommen, diese »Wahrheit« zu überprüfen. Probieren Sie es!

Fragen Sie sich zunächst, was alles für diese Selbstbeschreibungen spricht: Wer hat mich verlassen? Wann, unter welchen Umständen? Wann sind die Menschen in meiner Umgebung unzuverlässig? Danach stellen Sie eine Alternativliste auf: Was spricht gegen all diese Annahmen? Wie sieht die Realität wirklich aus? Wann ist mir zuletzt etwas wirklich gelungen? Von wem habe ich etwas bekommen, ohne dass ich dafür etwas geleistet habe? Welche Beweise gibt es dafür, dass mich nicht alle Menschen verlassen?

Wie dieses Vorgehen konkret aussehen kann, zeigen die folgenden beiden Listen, die eine 47-jährige Frau im Rahmen ihrer Psychotherapie erstellte. Sie notierte zunächst all diejenigen Fakten, die aus ihrer Sicht beweisen, dass sie eine Versagerin ist, dass ihr nichts gelingt:

1. Ich habe einen falschen Beruf gewählt. Ich arbeite zu viel und verdiene zu wenig.
2. Wenn ich mich für etwas entscheide, dann immer für das Falsche.
3. Ich bin zu dick. Ich schaffe es nicht, abzunehmen.
4. Ich war schon als Kind eine Versagerin. Im Turnunterricht wurde ich immer verspottet, weil ich als Pummelchen die Übungen nicht gut mitmachen konnte.
5. Ich kann nichts gut. Ich spiele kein Instrument, ich kann nicht malen, nicht schreiben, nicht singen.
6. Meine Mutter hat immer zu mir gesagt: »Was soll aus dir nur mal werden!?« Sie hat auch nie an mich geglaubt.
7. Meine Schwester ist viel erfolgreicher als ich. Sie ist hübsch, schlank und eine erfolgreiche Geschäftsfrau. Mein Vater schwärmt immer, wie tüchtig sie ist.

Aufgefordert, eine zweite, alternative Liste zu erstellen, in der sie nur positive Aussagen über sich selbst aufführt, reagierte diese Frau zunächst ratlos. Ihr fiel nichts ein. So leicht es für sie war, Beweise für den negativen Blick auf sich selbst zu sammeln, so schwer, ja schier unmöglich, schien es ihr, Gegenbeweise zu notieren. Erst durch unterstützende Fragen der Therapeutin (Was ist Ihnen in Ihrem Leben gelungen? Was tun Sie mit Freude? Was finden Ihre Freundinnen an Ihnen gut?) gelang es ihr, nach und nach das leere Blatt zu füllen:

1. Ich habe einen Mann gefunden, den ich liebe und der mich liebt.
2. Er mag sogar meinen rundlichen Körper, findet mich hübsch.
3. Ich verdiene zwar nicht viel Geld, aber mein kleiner Trödelladen macht mir viel Freude. Ich berate gerne Leute, die was Besonderes suchen.
4. Ich bin eine verlässliche Freundin. Ich kann gut zuhören.
5. Ich backe gerne Kuchen – und die schmecken allen.
6. Ich betreue ehrenamtlich alte Menschen. Ich lese ihnen aus der Zeitung vor.

7. Wenn in der Wohnung etwas kaputt ist, kann ich es meist selbst reparieren.

Nachdem es dieser Frau gelungen war, die Perspektive zu verändern, die Versagerbrille abzusetzen und ihr Leben unter anderen Vorzeichen zu betrachten, fielen ihr nach anfänglichen großen Schwierigkeiten immer neue Aspekte ein, die ihre Haltung »Ich kann nichts, ich bin eine Versagerin« zunehmend ins Wanken brachte.

### Den Überzeugungen widersprechen

Eine weitere Möglichkeit, bisher unhinterfragt akzeptierte Wahrheiten über sich selbst auf den Prüfstand zu stellen, besteht darin, dass Sie, wann immer bestimmte Überzeugungen auftauchen, diese mit sich selbst diskutieren.

Angenommen, Ihre innere Stimme sagt immer wieder: »Mir gelingt nichts.« Dann nehmen Sie diesen Satz als Übungssatz, schreiben Sie ihn nieder und versuchen Sie dann durch gezielte Fragen, die Botschaft dieses Satzes zu überprüfen:

»Mir gelingt nichts.»
*Angenommen, das stimmt. Woran erkenne ich das?*
»Ich schiebe meine Arbeit immer auf. Ich finde keine befriedigende Beziehung. Ich erziehe meine Kinder falsch....« (Sie werden ganz sicher eine Menge Antworten auf diese Frage finden.)
*Angenommen, es stimmt nicht, dass mir nichts gelingt. Dann müsste es doch auch Gegenbeweise dafür geben. Ist mir in der letzten Zeit nicht doch ausnahmsweise mal etwas gelungen?*
*Denk nach!*
Na ja, das Geburtstagsfest meines Mannes, das ich organisiert habe, war schon sehr schön.
*Und weiter? Fällt dir nicht noch was ein?*

Okay, ja, ich habe mich im Sportstudio angemeldet.

*Ja?*

Und ich gehe auch regelmäßig hin.

Dieser beispielhafte innere Dialog zeigt, wie Sie selbst mit sich ins Diskutieren kommen und durch ständiges Hinterfragen Ihre festsitzenden Überzeugungen langsam ins Wanken bringen können.

### Distanz herstellen

Eine weitere Methode, um die Macht der Gedanken zu entkräften, geht auf den Psychotherapeuten Steven C. Hayes zurück: Er schlägt vor, dass wir *auf* unsere Gedanken schauen, statt von diesen aus die Welt zu betrachten. Wir können lernen, die »Gedanken als Gedanken zu sehen, die hier und jetzt auftreten« und uns auf diese Weise von unseren eigenen Gedanken distanzieren. Ein kleines Beispiel verdeutlicht, was damit gemeint ist:

Wenn Sie denken »Ich bin nicht liebenswert«, dann fühlt sich das mit Sicherheit anders an als wenn Sie den Gedanken hätten »Ich habe gerade das Gefühl, dass ich nicht liebenswert bin«. Die zweite Version ist nicht so nah dran an Ihnen wie die erste. Und das bedeutet: Sie haben eine Distanz geschaffen zwischen Ihrem Gedanken und Ihnen selbst. »Entschmelzung« nennt Steven Hayes diesen Vorgang und erklärt: »Sobald wir lernen, uns von Sprache zu entschmelzen, wird es leichter, gegenwärtig zu sein, bewusst zu leben und so zu leben, wie wir es wertvoll finden, auch wenn weiterhin das übliche Geschwätz in unserem Kopf abläuft.«

Mithilfe von »kognitiven Entschmelzungstechniken« können Sie den quälenden Glaubenssätzen, die Sie aus völlig nachvollziehbaren Gründen in Ihrer Kindheit erworben haben, den ihnen gebührenden Platz zuzuweisen: weit weg von Ihnen. Sie könnten zum Beispiel sagen »Ach, da meldet sich wieder die Stimme aus der Vergangenheit. Und wieder hat sie mir nichts Neues zu erzählen.« Auf diese Weise »entschmelzen« Sie Ihre Gedanken von Ihren Gefühlen. »Entschmelzung ist, als wärst du aus dem Nebel getreten und würdest dir den Nebel unter dir nun selbst anschauen, nachdem du vorher alles durch den Nebel gesehen hattest«, erklärt Hayes.

Wie aber können wir lernen, aus einer sicheren Distanz auf unsere Gedanken zu schauen und sie nicht mehr unsere Welt strukturieren zu lassen? Steven Hayes schlägt einige originelle Entschmelzungstechniken vor. Wenn beispielsweise einer Ihrer Glaubenssätze lautet »Ich bin ein schlechter Mensch«, können Sie, wann immer er auftaucht, zum Beispiel die Technik »Radio« anwenden:

- Stellen Sie sich vor, Sie hätten das Radio eingeschaltet und ein Sprecher sagt: »Sie hören jetzt eine Sendung nur mit schlechten Nachrichten. X (hier sollten Sie Ihren Namen einfügen) ist ein schlechter Mensch. Sie glaubt, dass niemand sie lieben kann. Ausführlichere Nachrichten dazu jeweils zur vollen Stunde.« Hayes empfiehlt, alle auftauchenden Gedanken in Nachrichtenform zu gießen: »Heute ist Montag, der 1. Dezember 2009. X glaubt auch heute, sie könne nichts auf die Reihe bringen. Sie schiebt deshalb die vor ihr liegenden Aufgaben ständig auf und verstärkt dadurch ihr Gefühl, dass sie nichts auf die Reihe bringt.«
- Eine andere Entschmelzungstechnik besteht darin, sich die negativen Glaubenssätze wie ein lästiges Pop-up-Fenster vorzustellen, das ähnlich wie unerwünschte Werbung im Internet auftaucht und von Ihnen weggeklickt werden kann.
- Oder schreiben Sie den Gedanken, der sich hartnäckig immer wieder einstellt, auf ein Blatt Papier und tragen Sie es – unsichtbar für andere – mit sich herum.
- Wenn Sie nicht aufgepasst haben und ein Glaubenssatz wieder einmal von Ihnen Besitz ergriffen hat, halten Sie einen Moment inne und fragen Sie sich: »Wie alt ist dieser Gedanke eigentlich? Ist das typisch für mich?« Auch auf diese Weise können Sie in Distanz dazu gehen.
- Fragen Sie den Gedanken, wozu er eigentlich nützlich ist. »Wozu hilft

es mir, wenn ich denke, dass niemand mich liebt?« Wenn Sie feststellen, dass dieser Gedanke durch und durch unnütz ist, haben Sie schon
etwas Abstand von ihm gewonnen.

● Solange Sie denken: Aber ich bin doch unnütz, wertlos, ein Tollpatsch,
ein Unglücksrabe oder was auch immer, dann sorgen Sie dafür, dass Ihr
Glaubenssatz, die Stimme aus der Vergangenheit, Recht behält. Steven
Hayes rät in solchen Fällen, sich zu fragen »Was würde ich lieber sein:
im Recht sein oder lebendig und vital?«

Wenn wir lernen, die Existenz eines Gedankens einfach zu akzeptieren und ihn uns vom Leib (und von der Seele) fernzuhalten, bekommen wir Handlungsfreiheit. Wir erkennen dann, dass es nur ein Gedanke ist, der früher einmal von Bedeutung war, es aber heute nicht
mehr ist. Wir können ihn zur Kenntnis nehmen – und ihn dann ziehen lassen. Ganz nach einer alten chinesischen Weisheit: »Du kannst
nicht verhindern, dass die Vögel der Besorgnis über deinen Kopf fliegen. Aber du kannst verhindern, dass sie sich in deinem Kopf ein
Nest bauen.«

Wenn wir die Vögel ziehen lassen, dann erkennen wir, welche
Kosten dieser Gedanke bisher in unserem Leben verursacht hat. Auf
was haben wir alles verzichtet, welche Menschen haben wir gehen
lassen, weil wir glaubten, wir seien ihrer Liebe nicht wert? Was
könnten wir alles in Angriff nehmen, wenn diese Gedanken der Vergangenheit weniger Macht hätten? Wir wären dann in der Lage,
selbst zu bestimmen, in welche Richtung sich unser Leben entwickeln soll.

Das Schöne ist, Sie können gleich damit beginnen. Sie müssen
nicht abwarten, bis Sie Ihre Kindheit »aufgearbeitet« haben, Sie
brauchen nicht zu warten, bis sich Ihre Glaubenssätze in Luft aufgelöst haben oder durch freundlichere Sätze ersetzt worden sind –
es reicht völlig aus, die vorhandenen Gedanken zu akzeptieren und
sie gleichzeitig auf Abstand zu halten. Den Freiraum, den Sie dadurch gewinnen, können Sie nutzen, um Ihrem Leben eine andere
Richtung zu geben. Nach und nach werden die Stimmen aus dem

Radio leiser werden, die Pop-up-Fenster werden sich immer seltener öffnen.

Es gibt noch eine weitere, sehr wirkungsvolle Methode, um sich von den früh erworbenen Glaubenssätzen zu distanzieren. Von ihr ist im nächsten Kapitel die Rede.

# 9

# Das Kind beruhigen – Wie Sie selbst für sich sorgen können

Unsere Geschichten von heute
müssen sich nicht
jetzt zugetragen haben.

*Günter Grass*

Sie sind erwachsen. Sie verhalten sich wie ein Erwachsener. Jedenfalls meistens. Manchmal aber reagieren Sie auf Situationen, auf Bemerkungen und Ereignisse alles andere als erwachsen. Sie fürchten sich, Sie rasten aus, Sie schämen sich, Sie fühlen sich einsam und verlassen, und manchmal sind Sie so rat- und hilflos, dass Sie glauben, den nächsten Tag nicht zu überstehen. Was passiert da? Warum verlieren Sie immer mal wieder den Boden unter den Füßen, vor allem in Stresssituationen?

Unser Unbewusstes kennt keine Zeit. So manches, was vor vielen Jahren geschah, ist in diesem Unbewussten so präsent, als sei es gerade eben passiert. Das Kind, das Sie früher einmal waren, hat dort ein Zuhause gefunden, es hat überlebt – und mit ihm die Erfahrungen, die es gemacht hat. Das Fatale ist, dass weder Sie von der Existenz dieses Kindes wissen noch hat dieses Kind die Erfahrungen mitbekommen, die Sie im Laufe Ihres Erwachsenwerdens machen konnten. Es weiß nichts von Ihren heutigen Fähigkeiten und Kenntnissen, es weiß nichts von Ihrer jetzigen Sicht der Dinge. Es ist immer noch klein und hilflos und unwissend. Mit der Logik eines Erwachsenen kann dieses Kind nichts anfangen, es kann sich auch nicht mit den Mitteln und den Fähigkeiten des Erwachsenen beruhigen.

## Sich um das »Innere Kind« kümmern

Sicherlich haben Sie schon mal den Begriff »Inneres Kind« gehört oder gelesen. Damit beschäftigt sich eine umfangreiche Ratgeberliteratur, und auch so manche Therapeuten und Therapeutinnen arbeiten mit diesem Konzept. »Das ›Innere Kind‹ ist mittlerweile einer der Popstars der Bereiche Therapie / Wellness / Esoterik / Lebenshilfe«, stellen die Psychiater Willy Herbold und Ulrich Sachsse fest. Wer nach diesem Begriff googelt, erhält mehr als 300 000 Einträge. Das ist beeindruckend. Man sollte das Konzept allerdings nicht überstrapazieren und vor allem nicht überhöhen. Wenn Sie mit Ihrem »Inneren Kind« Kontakt aufnehmen, bekommen Sie dadurch nicht Kontakt zu ihrem »ursprünglichen Teil« Ihres Lebens und auch nicht zum Universum (so lauten einige Versprechungen der Innere-Kind-Bewegung), aber Sie bekommen vielleicht eine Idee davon, wie Sie sich selbst in schwierigen Situationen Stabilität geben können und wie Sie auf lange Sicht das »Unerwachsene« an sich besser verstehen und damit auch angemessener als bisher damit umgehen können.

Das Innere Kind ist ein Begriff für das kleine Wesen, das Sie einmal waren. Jeder Mensch hat dieses Kind in sich, ganz gleichgültig, welche Erfahrungen er in seinen ersten Jahren gemacht hat. Dieses Kind erinnert sich an alles, was damals passiert ist, es erinnert sich an die schönen Erlebnisse und es erinnert sich ebenso – oftmals nicht bewusst – leider auch an all die Situationen des Schmerzens, der Scham, der Unterlegenheit. Wenn es Ihnen gelingt, einen Kontakt zu diesem Kind herzustellen, dann können Sie ihm als Erwachsener heute vieles geben, was es einst entbehren musste. Eine gute Gelegenheit, mit diesem Inneren Kind Kontakt aufzunehmen, sind Stresssituationen. Denn gerade dann wird es aufgeweckt, meldet sich und will Aufmerksamkeit. Seine ungestillten Bedürfnisse, seine Ängste, seine Schüchternheit, seine Selbstzweifel ergreifen dann Besitz von Ihnen und beeinflussen Ihre Gefühle und Ihr Verhalten.

*Eine junge verheiratete Frau, Mutter von zwei Kindern, kümmert sich regelmäßig um ihre alten Eltern. Der Vater leidet seit Jahren an Alzheimer, die Mutter ist zwar noch rüstig, aber dennoch sehr auf die Unterstützung ihrer Tochter angewiesen. Diese bemüht sich sehr, es den beiden Alten recht zu machen: Sie kauft ein, fährt ihre Eltern zum Arzt, organisiert den Haushalt und heuert Putzhilfen an. Fast jeden Tag schaut sie bei Vater und Mutter vorbei und fragt, ob diese etwas brauchen. All das tut sie ganz selbstverständlich. Aber sie tut es nicht wirklich gern. Denn wann immer sie bei ihren Eltern war, fühlt sie sich danach niedergeschlagen oder wütend. Sie glaubt sich nicht anerkannt in ihrem Tun. Kaum ein Wort des Dankes kommt der Mutter über die Lippen, im Gegenteil: Sie kritisiert, wenn die Tochter etwas einkauft, was sie selbst so nicht gekauft hätte. Sie fragt niemals nach dem Befinden der Tochter, und sie ist beleidigt, wenn diese wegen eigener Pläne mal später oder überhaupt nicht kommen kann. Die junge Frau leidet unter einer Situation, die sie seit ihrer Kindheit kennt: Sie bemüht sich um die Anerkennung der Eltern, tut viel für sie – doch es kommt nicht viel Positives zurück.*

Diese Frau fällt regelmäßig in das Loch ihrer Kindheit, das mit dem Satz »Ich werde nicht geliebt« beschrieben werden kann. Anders als früher kennt sie inzwischen dieses Loch, sie fällt nicht mehr blind hinein. Sie hat akzeptiert, dass ihre Kindheit so war, wie sie war – aber dennoch gelingt es ihr noch nicht, den »Absturz« zu vermeiden und dem Loch auszuweichen. Wann immer sie ihre Eltern besucht, verwandelt sie sich von der lebenstüchtigen jungen Frau und Mutter wieder zum hilflosen Kind. Manchmal gerät sie dann in eine depressive Stimmung, manchmal ertappt sie sich dabei, dass sie mit ihren eigenen Eltern so umgeht, wie diese es mit ihr tun. Sie kritisiert, schimpft, maßregelt.

Durch den Kontakt mit den Eltern geschieht etwas Mysteriöses mit dieser längst erwachsenen Tochter – sie wird wieder zum Kind. Oder wie Psychologen sagen würden: Sie wechselt ihren Ich-Zustand. Das heißt, ihr »Ich« schlüpft sozusagen aus den Erwachsenenkleidern, zieht sich Kindersachen über – und sorgt durch diesen

Akt des Kleidungswechsels dafür, dass sich die junge Frau wieder fühlt wie früher. Wenn sie von ihrer Mutter kritisiert wird, dann erlebt sie etwas, das sie an früher erinnert: Auch als Kind konnte sie es der Mutter nie recht machen und musste damit rechnen, aus heiterem Himmel bestraft zu werden. Damals hatte sie Angst vor der Mutter und diese Angst fühlt sie auch heute, wenn sie sich kritisiert fühlt. Und sie zeigt Verhaltensweisen wie damals: Sie schweigt oder rebelliert.

In einen anderen Ich-Zustand geraten, das klingt vielleicht zunächst befremdlich und bedrohlich. Aber es ist »völlig normal und natürlich, sich im Laufe eines Tages in ganz unterschiedlichen Zuständen zu fühlen und auch zu sein«, beruhigen Herbold und Sachsse. »Viele Menschen sind am Wochenende in anderen Zuständen als während der Arbeit. Ein Finanzbeamter kann Fußballfan sein und wird sich dann auf dem Fußballplatz ganz anders verhalten als bei der Arbeit im Finanzamt. Wahrscheinlich wird er sich eher wie ein Jugendlicher verhalten: Er wird einen bunten Schal tragen, eine auffällige Mütze auf dem Kopf haben und sehr emotional reagieren ... Wir sind also in der Freizeit, im Urlaub und auch während der Arbeit zwischendurch immer mal wieder in einem Zustand der Regression.«

Diese Regression, dieses Zurückgehen in einen früheren Zustand, ist positiv. Wenn wir aber in Stresssituationen in einen Kind-Zustand regredieren, dann kann das unangenehm, verunsichernd, wenn nicht sogar extrem belastend sein. Früher hatten wir nur diesen Zustand zur Verfügung, wir waren ja Kind, und unsere Verhaltensweisen und Denkmuster waren sinnvolle Anpassungsreaktion an die Bedingungen, in denen wir als Kind leben und überleben mussten und wollten. Gerade weil wir damals diesen Zustand entwickelten, war es uns möglich, der Kritik der Eltern, ihren Launen, ihrem Egoismus, ihrem Jähzorn zu entkommen. Die Angst und Unsicherheit, die wir damals empfanden, haben uns veranlasst, uns zurückzuziehen, den Mund zu halten, nicht aufzufallen. Das gab bis zu einem gewissen Grad Schutz. Wenn wir nicht widersprachen, lieb und brav waren, kamen wir ungeschoren davon. Heute ist eine solche Anpassung nicht mehr notwendig. Heute sind wir erwachsen und können uns mit erwachsenen Methoden schützen. Doch das weiß das Kind in uns nicht. Es reagiert so, wie es immer reagiert hat, denn damit hatte es früher Erfolg.

### Der Kind-Zustand bei Stress

Es ist gar nicht so einfach, in Stresssituationen nicht so zu handeln, wie es das Innere Kind gerne möchte. Denn die Unterscheidung zwischen dem, was angemessen wäre und dem, was wir schlichtweg gewohnt sind, ist schwierig – diese Unterscheidungsfähigkeit müssen wir einüben. Die Therapeuten John G. Watkins und Helen H. Watkins, die sich in ihrer Arbeit intensiv mit Menschen beschäftigen, die in ihrer frühen Kindheit zum Teil schwere Traumata erlitten, meinen: »Wir müssen erkennen, inwiefern sich die frühere Umgebung von der heutigen unterscheidet, denn wir können einen Ich-Zustand nicht einfach so dazu veranlassen, dass er sich verwandelt und eine angepasste Haltung gegenüber den Problemen des Erwachsenen von heute einnimmt, solange wir ... seine früheren Probleme nicht verstehen.«

Tiefe Gefühle der Hilflosigkeit, der Einsamkeit, des Verlassenseins, der Ohnmacht sind fast immer Hinweise darauf, dass sich das frühere Kind in Ihnen meldet und Ihre erwachsenen Verhaltensweisen plötzlich nicht mehr zur Verfügung stehen.

Ihr Kind-Ich kann sich auf unterschiedliche Weise äußern, je nachdem auf welche Altersstufe Sie regredieren. So können Sie sich beispielsweise aufführen wie ein *trotziger Teenager*. Sie sind dann schnell beleidigt, schlagen jähzornig die Türen oder werfen Dinge an die Wand, wenn Sie sich ärgern. Das alles dient dazu, sich Ihre Gefühle vom Leibe zu halten. Sie wollen nicht verletzt werden, Sie haben kein Vertrauen in andere Menschen und meinen, sich sofort mit Händen und Füßen zur Wehr setzen zu müssen. Dabei hoffen Sie aber gleichzeitig, dass andere erkennen, wie schrecklich Sie sich fühlen und Ihnen zu Hilfe eilen.

Das *verletzte Kleinkind* ist eine andere mögliche Version des Kind-Ich-Zustandes. Es fühlt sich klein, hilflos und deshalb unendlich ausgeliefert. Aber anders als der trotzige Teenager, ziehen sich verletzte Kinder in sich selbst zurück. Sie sagen nichts, sie klagen nicht, sie fordern nicht. Sie fühlen sich ungeliebt und glauben, dass diese Welt für sie nirgends einen sicheren Platz bereithält.

Vor allem in Krisensituationen, wenn der Stress zu groß wird, übernimmt das verletzte Kind in uns oft das Ruder. In solchen Situationen kommen Sie dann mit Ihrer Erwachsenenlogik nicht weit. Allein mit dem Verstand können Sie die unangenehmen, lähmenden Gefühle nicht vertreiben – und auch nicht mit Ablenkungsversuchen. Das gelingt nur, wenn Sie sich ganz bewusst dem Kind zuwenden und es beruhigen, ganz so, wie Sie auch ein reales Kind beruhigen würden. Indem Sie sich fürsorglich und verständnisvoll um Ihr Inneres Kind kümmern, geben Sie ihm genau das, was es früher, als Sie wirklich klein und abhängig waren, dringend gebraucht hätte, aber nie bekommen hat. Im Grunde müssen Sie jetzt den Part Ihrer Eltern übernehmen, mit dem wesentlichen Unterschied, dass Sie besser, gütiger, einfühlsamer, verständnis- und liebevoller sind als es Ihre Mutter oder Ihr Vater je waren. Das können Sie. Denn der Erwachsene, der Sie jetzt sind, weiß Bescheid – und er kann dieses Wissen seinem Kind-Ich vermitteln. All das, was Ihnen früher vorenthalten wurde, all das, was Sie nicht lernen konnten oder durften, das geben Sie sich jetzt selbst. Sie begegnen sich mit jener Fürsorge und Unterstützung, die Sie damals, als Sie klein waren, gebraucht hätten. Kurz: Wenn Sie lernen, sich selbst mütterlich und väterlich zu behandeln, können Sie vermeiden, in das Kindheitsloch zu fallen.

Um sich selbst helfen zu können, müssen Sie allerdings wenigstens ungefähr wissen, was Ihnen als Kind vorenthalten worden ist, wo Ihre frühen Defizite liegen und was Sie selbst tun können, um diese Defizite auszugleichen. Sie brauchen das richtige Handwerkszeug, das Sie befähigt, fürsorglich und freundlich mit sich selbst umzugehen. Die Psychiater und Psychotherapeuten Willy Herbold und Ulrich Sachsse haben ein Programm entworfen, das sogenannte »Skills-Training«. Dieses Training hilft Ihnen, sich angemessen um das einst vernachlässigte Kind, das Sie mal waren, zu kümmern. Die beiden Experten gehen davon aus, dass Menschen, die durch äußere Auslöser immer wieder in den Kind-Zustand rutschen, nicht im richtigen Alter die angemessenen Verhaltensweisen lernen konnten. Deshalb müssen sie als Erwachsene altersgerechte Skills, also Fertigkeiten, für ihre Innere-Kind-Zustände erlernen, und sich die Zuwendung geben, die ihnen die eigenen Eltern niemals geben konnten.

Welche »Skills« sind das? Das kommt ganz darauf an, wie alt Sie waren, als Sie von der Mutter, dem Vater oder anderen wichtigen Bezugspersonen im Stich gelassen wurden und nicht die Aufmerksamkeit und Fürsorge bekamen, die Sie für Ihre Entwicklung gebraucht hätten. Ausgehend von den Symptomen, Gefühlen und Gedanken, die Sie beherrschen, wenn Sie sich wie ein Kind fühlen, können Sie entsprechende Gegenmaßnahmen ergreifen. »Wenn Sie genauer einordnen können, wie alt sie sich innerlich gerade fühlen, dann werden Sie für Ihren Zustand viel genauer sorgen können, als wenn Sie einfach nur die Empfindung haben: Irgendwie geht es mir nicht gut«, sagen Willy Herbold und Ulrich Sachsse.

### Die ersten Lebensjahre

Wenn Sie in Krisensituationen, beispielsweise bei Trennungen, von Ängsten geschüttelt werden, wenn Sie das Gefühl haben, der Boden unter Ihnen bricht weg und Sie glauben, Ihr Leben müsste jeden Moment zu Ende sein, dann kann es sein, dass Sie in einem sehr frühen Lebensalter, wahrscheinlich in den ersten beiden Lebensjahren extreme Gefühle von Einsamkeit und Verlassenwerden erleben mussten. Sie haben keine konkrete Erinnerung daran, aber Ihr Körper und Ihre Seele erinnern sich. Sie haben sich die Schrecken gemerkt, denen Sie damals ausgesetzt waren. Während der ersten Lebensjahre sind wir absolut abhängig von den Eltern, vor allem von der Mutter. Sie sorgt für Nahrung, Wärme, Sauberkeit und liebevolle Zuwendung. Werden diese Grundbedürfnisse zu wenig oder gar nicht erfüllt, lebt das Kleinkind in Angst und ständiger Unsicherheit. Es lernt, dass es sich auf nichts verlassen kann und dass es ganz auf sich alleine gestellt ist.

*Die 45-jährige Anna erkrankte mit eineinhalb Jahren an einer gefährlichen Virusinfektion. Sie verbrachte Monate im Krankenhaus, anfangs durfte ihre Mutter sie nur mit Schutzkleidung und dann nur für kurze Zeit besuchen. Als sie aus der Klinik entlassen wurde, mussten die Eltern in der Nacht immer das Licht brennen lassen. Vergaßen sie es mal, dann schrie Anna herzzerreißend und beruhigte sich erst, wenn ein Licht die Dunkelheit erhellte.*

*Vor einigen Jahren verliebte sich Anna nach ihrer Scheidung in einen verheirateten Mann. Zwar versprach er ihr, sich von seiner Frau baldmöglichst zu trennen, doch auch nach einem Jahr machte er noch keine Anstalten und belog Anna nach Strich und Faden. Zum Beispiel erzählte er ihr, er würde alleine in Urlaub fahren. Als sie entdeckte, dass er mit seiner Frau unterwegs war, brach für sie eine Welt zusammen. Sie fühlte sich wie ein Nichts, zutiefst hilflos und verzweifelt. Nachts waren ihre Ängste am Schlimmsten. Sie konnte sich nur beruhigen, indem sie ihre Nachttischlampe die ganze Nacht durch brennen ließ.*

Aus Annas Verzweiflung lässt sich schließen, dass die schlimme Einsamkeit und Hilflosigkeit, die sie als Kleinkind im Krankenhaus erleben musste, immer dann wieder aufgerufen wird, wenn sie sich in einer extremen Stresssituation befindet. Dann rutscht sie wieder in ihr Kind-Ich und fühlt sich so hilflos und einsam wie damals als Einjährige. Sie kann dann keinen klaren Gedanken fassen, dazu ist ein so kleines Kind ja auch gar nicht in der Lage.

Wenn es Ihnen in schwierigen Lebenssituationen ähnlich geht, wenn Sie sich fühlen wie ein ganz kleines Kind und sich am liebsten verstecken würden, dann kann es sein, dass Sie in den allerersten

Lebensjahren nicht gut versorgt worden sind. Sie haben nicht bekommen, was ein Kleinkind braucht, wenn es beunruhigt ist. Das
bedeutet, Sie müssen sich heute die Zuwendung geben, die man als
Vater oder Mutter normalerweise einem Säugling oder Kleinkind
schenkt, wenn es weint, traurig oder ängstlich ist. Es ist nun Ihre
Aufgabe, diesem kleinen Wesen zu sagen: »Ich sorge dafür, dass du
dich sicher und geborgen fühlst. Du kannst dich auf mich verlassen.
Es gibt genug Liebe und Fürsorge für dich in dieser Welt.«

Kleine Kinder können noch nicht sprechen und Gefahren auch
noch nicht gedanklich einordnen. Sie reagieren körperlich auf Bedrohung und versuchen, sich auch körperlich zu beruhigen. Indem
sie am Daumen nuckeln, hin und her schaukeln, schreien oder sich
an ein Plüschtier klammern. Auch Wärme, Nahrung oder ein Schlaf-
lied kann ein aufgebrachtes Kleinkind besänftigen. Und genau solche Zuwendungen brauchen auch Sie, wenn Sie in schwierigen
Situationen auf diese Altersstufe zurückfallen. Es hilft Ihnen nicht,
wenn Sie Ihren Verstand einschalten und sich klarmachen, dass gar
keine Gefahr besteht, dass Sie die Situation schon meistern werden
oder wenn Sie gar mit sich unzufrieden sind, sich selbst für Ihre
Schwäche verachten. Sie brauchen etwas ganz anderes: Besänftigen
Sie das kleine Kind mit all den Dingen, mit denen Sie ein Kleinkind
verwöhnen würden, das sich fürchtet und den Schutz eines Erwachsenen braucht. Nehmen Sie ein Bad mit angenehmen Aromastoffen,
gönnen Sie sich eine Massage, kochen Sie sich Ihre Lieblingsspeise
aus der Kindheit (zum Beispiel Pudding oder Grießbrei), hören Sie
eine Märchenkassette oder singen Sie sich ganz bewusst ein Kinder-
lied vor. Kramen Sie Ihr Lieblingsstofftier hervor, und geben Sie sich
selbst die Erlaubnis zum Rückzug: Legen Sie sich mit einer Wärmfla-
sche ins Bett, ziehen Sie sich ruhig die Decke über den Kopf. Sie
brauchen keine Bedenken zu haben – irgendwann haben Sie sich
genug Zuwendung gegeben und können sich wieder als Erwachsener der Welt zuwenden.

Der Psychiater Ulrich Sachsse berichtet, was eine seiner Patientin-
nen getan hat, um ihrem Kind-Ich etwas Gutes zu tun:

»Als Kind hätte ich gerne einen ganz bestimmten Teddybären gehabt. Dafür reichte das Geld nie. Ich bekam immer die Spielsachen der älteren Geschwister, und die nahmen mir die dann immer wieder weg, weil die ihre Puppen und Teddys natürlich auch behalten wollten. Darum gab es eigentlich immer nur Streit. Nie war mal irgendetwas wirklich meines. Am Samstag bin ich ganz lange durch die Stadt gebummelt, habe verschiedene Spielwarengeschäfte aufgesucht und tatsächlich ganz genau den Teddy gefunden, den ich als Kind immer haben wollte. Der war nicht ganz billig, aber ich hab mir genau den gekauft. Ich bin damit nach Hause gegangen, habe mich mit dem Teddy ins Bett gelegt und erst mal zwei Stunden geheult. Aber danach habe ich ganz intensiv gespürt: Ich kann heute besser leben als damals. Ich kann allen meinen inneren Seiten, Aspekten und Persönlichkeitsanteilen viel besser gerecht werden, als meine Eltern das mit mir machen konnten. Ich kann mir selbst viel mehr gestatten und ermöglichen. Ich muss mir heute nicht mehr alles selbst verbieten, sondern ich kann mir meine Wünsche erfüllen, wenn das Geld ausreicht.«

Wenn Sie in Krisenzeiten das einjährige Kind in sich verspüren, dann vertreiben Sie es nicht, sondern wenden Sie sich ihm bewusst zu. Zeigen Sie ihm, dass Sie seine Hilflosigkeit sehr gut verstehen, dass Sie für es da sind und ihm mit all Ihrem jetzigen Wissen und Ihren Möglichkeiten zur Seite stehen. Geben Sie ihm die Sicherheit, die es damals nicht bekommen hat, schenken Sie ihm die Geborgenheit, die es braucht – die Sie brauchen. Wann immer Sie sich hilflos und überfordert fühlen und vor Verunsicherung am liebsten keinen Schritt vor den anderen tun möchten, nehmen Sie sich innerlich an der Hand und sagen Sie Ihrem Kind-Ich beziehungsweise sich selbst: »Ich bin für dich da. Du brauchst keine Angst zu haben. Du kannst dich auf mich verlassen.«

Das Therapeutenpaar John und Helen Watkins bringt in diesem Zusammenhang folgendes Beispiel aus einer psychotherapeutischen Behandlung: Die erwachsene Patientin hatte sich in eine Kindheitsszene zurückversetzt und stand nun in ihrer Vorstellung vor ihrem Kinderbettchen. Das Baby darin weinte und war sehr unglücklich.

Zusammen mit dem Therapeuten überlegte die Patientin, ob er das Kind aus dem Bett nehmen oder ob sie das lieber selbst tun sollte. Beide kamen überein, dass die Frau selbst sich um den Säugling kümmern sollte. Sie begründet das so: »Wenn ich das mache, kann ich sie an einen sicheren Ort bringen und ich kann dafür sorgen, dass sie dort bleibt.«

### Die Jahre zwischen drei und elf

Wenn Ihre Kinderwelt ins Wanken geriet als Sie bereits etwas älter waren, so zwischen drei und elf Jahren vielleicht, dann haben Sie wahrscheinlich manchmal Probleme mit Ihrer Unabhängigkeit und Ihrem Selbstwertgefühl. Vielleicht fällt es Ihnen schwer, Ihren Ärger und Ihre Wut auszudrücken, Ihren Willen zu erkennen und durchzusetzen und nicht »Ja« zu sagen, wenn Sie eigentlich »Nein« meinen. Womöglich geraten Sie immer dann in Ihr Kind-Ich, wenn Ihre Autonomie und Unabhängigkeit bedroht sind und Ihre Bedürfnisse nicht ausreichend Berücksichtigung finden. Sie brauchen dann Ihre erwachsene Stimme, die Ihnen versichert, dass Sie durchaus auf Ihren beiden Beinen selbstständig stehen dürfen, dass es völlig in Ordnung ist, anderer Meinung zu sein, dass Sie das, was Sie tun, gut machen und dass Sie für Ihr Handeln die Verantwortung übernehmen dürfen und müssen.

Wenn Sie durch verunsichernde Erfahrungen in diese Altersgruppe zurückrutschen, sollten Sie überlegen, womit Sie einem heranwachsenden Kind eine Freude und womit Sie ihm Mut machen könnten. Gehen Sie mit ihm schwimmen oder Fahrrad fahren, lassen Sie es durch den Wald toben, schauen Sie mit ihm die Augsburger Puppenkiste oder die Sendung mit der Maus an, legen Sie eine lustige Musik auf, gönnen Sie ihm eine Pizza oder ein großes Stück Torte. Und sagen Sie ihm, dass es völlig in Ordnung ist, seinen Willen durchzusetzen, Nein zu sagen oder wütend zu sein.

Vielleicht entscheiden Sie sich auch, egal wie alt Sie als Erwachsener schon geworden sind, ein Musikinstrument zu erlernen, wenn Sie das als Kind gerne getan hätten. Kramen Sie alte Jugendbücher heraus (oder, falls die nicht mehr vorhanden sind, leihen Sie sich welche in der Bücherei aus), schauen Sie sich Kinder- und Jugendfilme wie *Ice Age* oder *Madagascar* an, gönnen Sie sich eine Achterbahnfahrt auf dem Rummel. Wichtig: Was immer Sie tun, um Ihrem Inneren Kind gegenüber eine gute Mutter und ein guter Vater zu sein – tun Sie es bewusst. Regredieren Sie mit voller Absicht.

Eine weitere Technik ist dann geeignet, wenn Ihr Kind-Ich bereits etwas größer ist und auf Worte reagieren kann. Sie können als erwachsene Person mit diesem Kind-Ich ins Gespräch kommen. Wann immer es sich unterlegen, ohnmächtig und in seiner Eigenständigkeit eingeschränkt fühlt, können Sie ihm mit Ihrer Erwachsenenkenntnis zur Seite stehen und beispielsweise sagen: »Du musst dir das nicht gefallen lassen. Du darfst dich wehren. Du darfst Nein sagen. Du kannst deine eigene Entscheidung fällen. Du kannst dich selbst schützen.«

### Die Teenagerjahre

Vielleicht werden Sie aber manchmal auch wieder zum Teenager, der aufbegehren will und sich von aller Welt missverstanden und verlassen fühlt. Dann sind Ihre Gefühle ein einziges Chaos, ja, Sie wissen gar nicht genau, was Sie fühlen. Mal sind Sie wütend, dann wieder tief traurig und Sie glauben, dass Sie Ihren Gefühlen nicht vertrauen können. Das verunsichert Sie und macht Sie beeinflussbar: Andere dürfen Ihnen dann sagen, wie Sie sich fühlen und wie es Ihnen geht.

In diesem Zustand kann es hilfreich sein, wenn Sie sich an Techniken erinnern, die Sie vielleicht im Teenageralter auch schon eingesetzt haben: Schreiben Sie ein Tagebuch, um Ihre Gefühle zu ordnen. Wählen Sie aus Ihren Musik-CDs ganz gezielt jene aus, die Ihnen als Jugendlicher gut getan haben. Vielleicht ist eine CD von den Rolling

Stones gerade das Richtige. Oder von den Beatles. Oder von Madonna. Je nachdem, in welcher Zeit Sie ein Teenager gewesen sind. Jugendliche beschäftigen sich auch viel mit Philosophie und suchen Antworten auf die Frage nach dem Sinn des Lebens. Vielleicht stöbern Sie mal in Buchhandlungen, ob Sie einen Titel finden, der sich mit philosophischen Fragen befasst und der Sie anspricht.

## Sorgen Sie für sich selbst

Was auch immer Sie tun – Sie sollten sich um das Kind angemessen kümmern, das sich in schwierigen Zeiten meldet. Wenn Sie das nicht tun, setzen sich diese frühen Ich-Zustände durch, und Sie laufen Gefahr, in einer Situation stecken zu bleiben, chronische Ängste zu entwickeln oder depressiv zu werden. Am Anfang werden Sie wahrscheinlich oft nicht genau wissen, was Ihr Kind-Ich gerade braucht. Fragen Sie sich dann einfach, wie Sie mit einem weinenden, trotzigen, ängstlichen Kind umgehen würden. Wie würden Sie es beruhigen und trösten? Und was tun Sie, wenn ein Siebenjähriger fürchtet, mit den anderen Spielkameraden nicht mithalten zu können, wenn er sich als Außenseiter fühlt? Richtig: Sie werden ihm Bestätigung, Lob und Anerkennung geben und ihn daran erinnern, was er schon alles alleine auf die Beine gestellt hat.

Wenn Sie mit Ihrem Kind-Ich-Zustand arbeiten, dann sorgen Sie selbst für sich. Sie sind nicht mehr länger darauf angewiesen, der fehlenden oder mangelnden Fürsorge durch einen Elternteil nachzutrauern, sondern Sie übernehmen nun selbst diese Fürsorge. Sie entwickeln Ihre Mütterlichkeit oder Ihre Väterlichkeit und machen sich dadurch sowohl unabhängig von den tatsächlichen Eltern, als auch von Elternfiguren in Ihrem Erwachsenenleben. Sie sind dann nicht mehr länger darauf angewiesen, dass Ihr Mann sich Ihnen gegenüber väterlich verhält oder dass Ihre Frau sich mütterlich um Sie kümmert. Sie müssen im Berufsleben nicht mehr gegen den Vater im

Chef rebellieren, und Sie fühlen sich von Vaterfiguren (oder Mutterfiguren) generell auch nicht mehr so angezogen wie früher. Wenn Sie und Ihr Inneres Kind zusammenarbeiten, wenn es weiß, dass Sie gut für es sorgen können und wenn Sie diese Aufgabe bereitwillig übernehmen, kann Sie so schnell nichts mehr aus der Bahn werfen.

Vor allem lernen Sie etwas sehr Wichtiges: Sie lernen zu unterscheiden. Wann immer ein unangenehmes Gefühl auftaucht, wann immer Ihre inneren Monologe ins Negative abzurutschen drohen, wissen Sie nun, was los ist: Sie sind jetzt in der Lage, zu erkennen, dass diese Phänomene nichts mehr mit der Jetztzeit zu tun haben, sondern dass ihr Ort in der Vergangenheit liegt. Sie merken, dass es Ihr inneres Kind ist, das sich so elend und verlassen fühlt, und Sie können sich ihm in großer Selbstfürsorge zuwenden.

»Vom Verstand her wissen fast alle Menschen über 21, was im Prinzip im Umgang mit Kindern und Jugendlichen richtig ist. Es ist schon skurril, dass wir so große Schwierigkeiten haben, dieses Wissen auf uns selbst anzuwenden«, wundert sich Ulrich Sachsse. Es gilt also, dieses Wissen nicht nur für andere einzusetzen, sondern ganz gezielt auch für uns selbst. Wenn wir uns um uns selbst kümmern, wie sich damals die Erwachsenen unserer Kindheit um uns hätten kümmern sollen, sorgen wir selbst dafür, dass die »biologischen Narben«, die frühe schlimme Kindheitserfahrungen im Gehirn hinterlassen, in Stresssituationen nicht wieder schmerzen oder gar aufbrechen.

Wie schon beschrieben, können positive Beziehungen, die wir im Laufe des Lebens eingehen, diese Narben gut verheilen lassen. Durch alternative, gute Erfahrungen, zum Beispiel mit einer einfühlsamen Psychotherapeutin oder einem liebevollen Lebenspartner, kann sich sogar die von unserer Kindheit beeinflusste Struktur des Gehirns verändern. Was für diese positiven Erfahrungen gilt, die wir in Psychotherapien oder auch Liebesbeziehungen sammeln können, das gilt auch für uns selbst: Auch wir selbst können dafür sorgen, dass unser Inneres Kind endlich schöne, beruhigende Erfahrungen machen darf – und zwar mit unserem nun erwachsenen Ich-Zustand.

Wenn wir uns und dem Kind in uns verständnisvoll zuwenden, wenn wir hören, was es zu sagen hat und darauf eingehen, dann ist auch das eine alternative Erfahrung, die das Leben zum Besseren verändern kann.

# 10

# Vergebung – Die Eltern mit anderen Augen sehen

»Es hilft nicht, dass alles schon sehr lange zurückliegt.
Der Schmerz vergeht nicht. Die Zeit heilt diese Wunde nicht …
Es gibt kein Verzeihen, keine Vergebung. Kann es nicht geben.
Ich bin nie von meinem Vater darum gebeten worden.«

*Florian Havemann*

Florian Havemann, der Sohn des berühmten DDR-Dissidenten Robert Havemann, kann nicht verzeihen. Er kann vieles nicht verzeihen, aber vor allem dieses nicht:

»Eine Verwundung, eine immer schwärende, nie ganz verheilte Wunde, eine Wunde, die immer wieder ganz leicht aufgerissen werden kann. Stellen Sie sich einen kleinen Jungen vor. Nein. Stellen Sie sich gleich zwei kleine Jungs vor, zwei Brüder. Wie alt? Stellen Sie sich den Jüngeren der beiden in einem Alter von noch nicht einmal drei Jahren vor, den Älteren ein bisschen mehr als ein Jahr älter, also vier. Was ist mit den beiden? Stellen Sie sich vor, der Jüngere von den beiden komme ins Krankenhaus, keine leichte Sache, eine Krankheit, wegen der er ein halbes Jahr dort bleiben muss. Und was dann? Stellen Sie sich vor, dass nach der Hälfte dieses halben Jahres auch der ältere Bruder krank wird, eine ganz andere Krankheit, aber eine, wegen der auch er ins Krankenhaus muss, und dann stellen Sie sich die Freude, die Wiedersehensfreude der beiden vor, wenn der ältere zu dem jüngeren Bruder ins Zimmer gelegt wird. … Jetzt kommt's. Der Vater kommt. Und? Der Vater kommt, er kommt zum ersten Mal ins Krankenhaus, er hat seinen jüngsten Sohn davor nicht ein einziges Mal besucht. Er kommt aber an dem Tag, wo der ältere der beiden Brüder ins Krankenhaus eingeliefert wird, sein erstgeborener

Sohn. Und dann nimmt er seinen Erstgeborenen, holt ihn aus dem Krankenbett heraus, um ihn in ein anderes, ein seiner Meinung nach besseres Krankenhaus zu bringen. Der Jüngere bleibt zurück. Er wird seinen Vater, der ihn kaum begrüßt hat, dann auch nie wieder an seinem Krankenbett sehen.«

Florian Havemann kann seinem Vater diese Ungerechtigkeit nicht verzeihen. Und wie ihm geht es vielen erwachsenen Töchtern oder Söhnen. Auch sie können ihren Eltern irgendetwas, was diese getan oder unterlassen haben, nicht verzeihen. Sie spüren den Schmerz von damals immer noch und kommen nicht darüber hinweg. Schließlich hat es bis heute keine Wiedergutmachung gegeben, kein Eingeständnis der Schuld, keine wirklich ernst gemeinte Entschuldigung. Deshalb gehen sie auf Abstand. Florian Havemann, indem er einen 1000-Seiten-Roman über seinen Vater verfasst; andere, indem sie weit weg ziehen und den Kontakt zu den Eltern möglichst meiden.

All diese Maßnahmen sind jedoch nicht wirklich wirksam. Wir distanzieren uns von unserer Vergangenheit, wir versuchen wegzuschauen, oder wir verheddern uns in einen niemals endenden Kampf mit dem Früher und bleiben in Vorwürfen und Ressentiments hängen. Die erhoffte Bewältigung des Geschehens aber findet nicht statt. Wir machen dabei keine echten Fortschritte. In Konfliktsituationen und spätestens, wenn die Eltern älter werden, holt uns die Vergangenheit wieder ein.

*Mit Anfang 20 verließ sie ihre Heimatstadt – und ihre Mutter. Sie wusste sich nicht anders zu befreien von deren Überbehütung und Kontrolle. Nur durch räumliche Distanz, so glaubte sie damals, konnte sie sich ein eigenes Leben aufbauen. Und tatsächlich sah es lange so aus, als hätte dieser Schachzug geklappt. Mit der räumlichen Distanz entspannte sich das Verhältnis zwischen der Mutter und ihr. Sie konnte am Telefon ungezwungen mit der Mutter plaudern und fühlte sich nicht mehr so von ihr eingeengt und kontrolliert.*

*Ganz selbstverständlich sorgte sie daher auch für die Mutter, als diese*

*älter und immer hinfälliger wurde. Sie organisierte Hilfsdienste und ehren-*
*amtliche Helfer, hielt mit diesen ständigen Kontakt (und die Helfer damit*
*bei Laune), kümmerte sich um regelmäßige Arztbesuche und vieles mehr.*
*Doch dann hatte die Mutter einen häuslichen Unfall, kam ins Krankenhaus*
*und erholte sich nicht mehr richtig.* »*Ihre Mutter kann sich nicht mehr al-*
*leine versorgen*«, *eröffnete der behandelnde Arzt der Tochter.* »*Sie braucht*
*Unterstützung.*« *Sie geriet in Panik. Wie soll das gehen? Wer soll sich küm-*
*mern? Sie konnte das doch auf gar keinen Fall übernehmen! Schließlich*
*hatte sie Beruf und Familie! Und sie war doch viel zu weit weg!*

*Als die erste Schockwelle vorüber war, wunderte sie sich. Sie hatte re-*
*agiert, wie ein hilfloses, kleines Kind, das sich im Dunkeln fürchtet. Das*
*passte gar nicht zu ihr. Sie hatte doch sonst immer für alles eine Lösung.*
*Wahrscheinlich lag diese Schwäche daran, dass sie die Eröffnung des Arztes*
*so unvorbereitet traf, erklärte sie sich selbst ihr seltsames Verhalten und riss*
*sich in der Folge zusammen. Sie organisierte für die Mutter einen Heimplatz*
*– nein, nicht in der Stadt der Mutter, sondern bei ihr in der Nähe –, löste die*
*elterliche Wohnung auf, regelte den Behördenkram und wurde amtliche Be-*
*treuerin der Mutter. Alles bestens! Alles bestens? Von wegen. Denn als dann*
*alle Dinge getan waren und Ruhe hätte einkehren können, geriet ihr Leben*
*in erhebliche Turbulenzen.*

*Sobald die Mutter in ihre Nähe gezogen war, ging eine seltsame Verän-*
*derung mit der erwachsenen Tochter vor: Sie stellte ihren ganzen Tagesab-*
*lauf um, weil sie sich ja um die Mutter kümmern musste. Sooft sie konnte,*
*besuchte sie sie im Altenheim, kaufte für sie ein, dachte sich Spiele für sie*
*aus und brachte Bücher mit, aus denen sie ihr vorlesen konnte. Ihre Prioritä-*
*ten hatten sich vollständig verschoben. Auf Platz 1 thronte die Mutter, ihr*
*Beruf, ihre Familie, vor allem sie selbst mussten sich unterordnen. Nicht,*
*dass sie merkte, was sie da tat. Das geschah einfach alles mit ihr. Erst als sie*
*nach Monaten erschöpft feststellen musste:* »*Ich kann nicht mehr*«, *fing sie*
*an, über die neue Situation nachzudenken. Und stellte fest:* »*Mir ging es*
*nicht mehr gut. Meine Stimmung war die meiste Zeit gedrückt, ich fühlte*
*mich gestresst und ausgelaugt.*«

*Der erwachsenen Tochter wurde klar: Sie war in alte Verhaltensmuster*
*gerutscht. So, wie sie jetzt handelte, und so, wie sie sich jetzt fühlte, so hatte*

*sie früher gehandelt und gefühlt. Sie war wieder zu der Frau geworden, die sie vor ihrem Wegzug aus der Heimatstadt gewesen war. Alles war wieder da, nichts hatte sich wirklich geändert. Mit der Mutter waren all die anderen Dinge wieder in ihre Nähe gerückt, die sie längst überwunden glaubte. Sie wurde wieder zur braven Tochter, die es der Mutter recht machen wollte, die sie nicht enttäuschen wollte, die keine eigenen Wünsche haben durfte, sondern nur darauf achtete, die Bedürfnisse der Mutter zu erfüllen. Sie war wieder in die Kindheitsfalle geraten. Es wiederholten sich Gefühle, Situationen und Handlungen, von denen sie glaubte, sie wären längst erledigt und begraben. Stattdessen hatte sie ihre Vergangenheit nur beiseitegeschoben und alles, was damit zusammenhing, unterdrückt. Ihre Mutter war in ihre Nähe gezogen, und jetzt holte sie alles wieder ein.*

Das kann jedem und jeder von uns passieren. Längst erwachsen werden wir wieder zum unselbstständigen Kind. In Gegenwart der Mutter oder des Vaters können wir nicht bei uns selbst bleiben, sondern fallen in alte Muster zurück. Wir haben uns eingebildet, die früheren Probleme mit den Eltern längst hinter uns gelassen zu haben, doch in Wirklichkeit sind wir vielleicht nur davor geflohen. Wir glaubten, allein durch geografischen Abstand etwas zum Besseren verändern zu können. Doch das ist eine Hoffnung, die nicht in Erfüllung geht. Spätestens in kritischen Situationen wird deutlich, dass wir immer noch ein Kind sind, ein erwachsenes Kind. Spätestens dann, wenn die Eltern älter werden und unsere Hilfe brauchen, bemerken wir unseren Irrtum und müssen erkennen: Nichts hat sich verändert.

## Die schwierige Ablösung

Wie kommen wir aus dieser Kindheitsfalle heraus? Wie können wir unsere kindlichen Gefühle und unser abhängiges Verhalten überwinden? Es gibt nur einen Weg: Wir müssen endlich und endgültig erwachsen werden. Das aber können wir erst dann, wenn uns gelingt, was Psychoanalytiker die »dritte Individuation« nennen. Damit meinen sie die endgültige, innere Ablösung von den eigenen Eltern, die am besten gelingt, wenn wir die beiden vorhergehenden Ablösungsphasen gut gemeistert haben.

Unsere *erste Individuation* muss bereits im Kleinkindalter stattfinden. Mit etwa zwei Jahren erkennen wir, dass wir ein eigenes, von der Mutter, vom Vater unabhängiges Selbst haben. Die enge Bindung, die wir als Säugling an die Mutter hatten, löst sich zu diesem Zeitpunkt. Wir entdecken unseren eigenen Willen, können nun selbstständig gehen und damit selbst bestimmen, wie nah oder wie fern wir uns von der Mutter oder anderen Bezugspersonen aufhalten wollen. Das bedeutet einen enormen Zuwachs an Autonomie, aber auch an Angst. Denn das triumphale Gefühl »Ich kann für mich alleine stehen und gehen« ist beim kleinen Kind mit Verlassensängsten verbunden. In dieser Phase ist ein einfühlsames Verhalten der Eltern von enormer Bedeutung. Sie haben jetzt die Aufgabe, das Kind in seinen Autonomiebestrebungen zu fördern und zu unterstützen, müssen ihm aber gleichzeitig auch das Gefühl geben: »Wir sind immer da, wenn du uns brauchst«. Das ist oft eine große Geduldsprobe für die Eltern. Die beginnende »Trotzphase« des Kindes kann die Nerven in der Tat strapazieren. Wenn sie sich jetzt auf einen Machtkampf mit dem Kind einlassen, dann lernt das Kind unter anderem: »Es ist nicht gut, wenn ich etwas für mich will. Es ist nicht gut, einen eigenen Willen zu haben.«

Für unsere Entwicklung ist diese Phase von großer Bedeutung: Jetzt entscheidet sich, ob wir ausreichend Sicherheit bekommen, um unseren eigenen Weg ins Leben zu gehen oder ob wir ängstlich und unsicher zu stark an Mutter oder Vater gebunden bleiben. Und vom Gelingen dieser ersten Ablösungsphase hängt auch ab, wie die zweite verläuft.

In der Adoleszenz findet erneut ein Ablösungsprozess von den Eltern statt – die *zweite Individuation*. Jetzt, als Jugendliche, müssen wir uns zum zweiten Mal von den Eltern distanzieren – und tun dies häufig auf heftige, emotionale Turbulenzen auslösende Weise. Wir gehen in Opposition zu Vater und Mutter, finden gut, was sie nicht gut finden, kleiden uns, wie sie es nicht lieben, hören Musik, die sie nicht ausstehen können, haben Freunde, die sie für völlig unpassend halten. Dieser Aufstand muss sein, damit wir den Schritt ins Erwachsenenleben schaffen und uns als eigenständige und unabhängige Person fühlen können. Wir müssen das Trennende betonen. Das wahre Kunststück besteht jedoch darin, dass wir die Bindung an die Eltern trotz allem Protest nicht kappen, sondern uns innerhalb der Familienbeziehung als selbstständiges Wesen erfahren können. Es geht also um Individualität *und* Verbundenheit – im Grunde eine ähnliche Situation wie damals, als wir zwei Jahre alt waren. Jetzt, in der Pubertät, müssen wir das Trennende noch mehr betonen, um das Eigene entwickeln zu können, und am Ende des Prozesses muss die Akzeptanz der Unterschiede stehen. Anerkennen, dass wir anders als die Eltern sind und dass diese anders sind als wir, das ist die Voraussetzung für Autonomie, Identität oder Selbstbehauptung. Wenn wir uns in Verbundenheit getrennt von den Eltern erleben können, haben wir den zweiten Individuationsschritt geschafft.

Sind die ersten beiden Individuationsphasen gut gemeistert worden, konnten wir bereits als Kleinkind und als Teenager unsere Eltern loslassen und wurden wir von ihnen in unseren Selbstständigkeitsbestrebungen angemessen unterstützt, dann wird der dritte und letzte Individuationsschritt – die endgültige Lösung von unserer Familie – kein Problem sein. Er wird ganz selbstverständlich und ohne größere Kämpfe möglich sein. Wir sind dann in der Lage, unseren Eltern auf Augenhöhe zu begegnen, von Erwachsenem zu Erwachsenem. Ohne Ressentiments, ohne Ärgergefühle, ohne Vorwürfe.

Gab es jedoch bei den ersten beiden Individuationsschritten Probleme, wurden wir festgehalten von Eltern, die uns nicht in die Eigenständigkeit entlassen wollten oder konnten, dann ist die Gefahr groß, dass wir als erwachsener Mensch nach wie vor in unguter Weise an die Eltern gebunden sind, selbst wenn diese längst schon nicht mehr leben. Wir müssen dann die *dritte Individuation* bewusst und aus eigener Kraft nachholen, um uns endlich aus dem Einfluss-bereich der Eltern herauszubewegen. Gelingt dieser Schritt nicht, bleiben wir unter Umständen bis an unser Lebensende von ihren Versäumnissen, deren Dominanz oder auch von ihrer Zuwendung und ihrer Liebe abhängig.

Zu welchen Problemen das führen kann, hat Victor von Bülow, alias Loriot, in dem Film *Ödipussi* auf amüsante Weise vor Augen geführt:

*Paul Winkelmann (dargestellt von Loriot) leitet ein familieneigenes Möbel- und Dekorationsgeschäft. Er ist 56 Jahre alt und lebt im Hause seiner Mut-ter Louise. Sie versorgt ihn so, wie sie ihn auch als Jungen umsorgt hat. Sie wäscht, kocht, bügelt für ihn, und obwohl er eine kleine Junggesellwoh-nung besitzt, hält sie sein Kinderzimmer nach wie vor für ihn bereit. Wenn er etwas tut, was sie nicht billigt, pfeift sie ihn mit der Bemerkung »Du willst mich doch nicht traurig machen« zurück. »Pussi«, so nennt sie den erwach-senen Sohn immer noch, scheint es unter den Fittichen seiner Mutter gut zu gehen. Er neigt ein wenig zu Pedanterie, ist ungeschickt, ein zerstreuter Pro-fessor. Aber, wie es scheint, ist er zufrieden mit seinem Leben.*

*Doch als er eines Tages Margarethe Tietze kennenlernt, eine ebenfalls nicht mehr ganz junge, alleinstehende Psychologin, gerät sein Leben aus den Fugen. Plötzlich steht er zwischen zwei Frauen: Er will seine Mutter nicht »traurig« machen, er will sich aber auch seine aufkeimende Liebe zu Margarethe nicht von ihr kaputt machen lassen. Doch Mutter Winkelmann ist nicht gewillt, ihren Sohn einer anderen Frau zu überlassen. Mit 56 Jahren, spät, aber noch nicht zu spät, muss er die schwierige Aufgabe meistern, sich von der Mutter zu lösen.*

Die *dritte Individuation* ist sozusagen die letzte Möglichkeit, er-wachsen zu werden. Schaffen wir diesen Schritt nicht, bleiben wir in gewisser Weise immer das Kind, das psychisch abhängig von den Eltern ist. Dann kann es sein, dass wir ihnen die alleinige Verantwor-tung geben für ein nicht gelungenes Leben, wie es in diesem Witz persifliert wird: Ein Mann erzählt seinem Kumpel, dass er seine Frau aus Versehen mit dem Namen seiner Geliebten angesprochen hätte. Der meint daraufhin: »Oh, das ist noch gar nichts gegen das, was mir letztens passiert ist. Da wollte ich meine Mutter am Frühstückstisch bitten, dass sie mir die Butter reicht, doch was habe ich gesagt? ›Du hast mir mein Leben versaut, du blöde Kuh!‹«

Klar, so krass empfinden wir den nach wie vor vorhandenen Einfluss der Eltern wahrscheinlich nur selten. Aber was der Witz gut zum Ausdruck bringt: Ressentiments gegenüber den Eltern rumoren meist tatsächlich im Untergrund, wir lassen sie nach Möglichkeit nicht ins Bewusstsein dringen, sondern spielen den braven Sohn oder die brave Tochter, wenn wir es mit Vater und Mutter zu tun haben. Weil das entsetzlich anstrengend sein kann, meiden wir den Kontakt so gut es geht und bemühen uns um räumliche Distanz, weil wir die alten Herrschaften nicht allzu lange ertragen können. Manche Söhne und Töchter brechen den Kontakt zu ihren Erzeugern sogar vollständig ab – ein Zeichen, dass sie es nicht geschafft haben, ein autonomes Leben aufzubauen. Solche Kraftanstrengungen wären allerdings nicht mehr notwendig, wenn wir die dritte Individuation geschafft hätten.

### Bleiben wir immer Kind?

»Als Martina mit dem Blumenstrauß auf dem Beifahrersitz in die Rebhuhnstraße einbog ..., passierte das, was immer passierte, wenn sie zu ihren Eltern fuhr: irgendetwas legte sich wie ein nasser Teppich auf ihre Brust und machte ihr das Atmen schwer, etwas, das immer drückender wurde, je näher sie ihrem Elternhaus kam. Unwillkürlich schaltete Martina einen Gang zurück.« Sicher geht es vielen von uns so wie dieser Martina, der jungen Protagonistin in Karen Duves Buch *Regenroman*. Sobald wir in unser Elternhaus zurückkehren, sei es zum sonntäglichen Besuch, sei es nur zu den Geburtstagen oder an Weihnachten, erfasst uns dieses seltsame Gemisch aus Wiedersehensfreude und Beklemmung. Vielleicht legt sich auch uns so etwas wie ein »nasser Teppich« aufs Gemüt, der erst weicht, wenn wir die Eltern wieder verlassen. Längst erwachsen, fühlen wir uns in Gegenwart der alten Eltern oftmals wie damals als wir Kind waren. In der Atmosphäre des Elternhauses kommen dann die alten Erinnerungen und Gefühle wieder hoch. Plötzlich ist alles wieder da: Das Gefühl, »nicht richtig« zu sein, nicht geliebt zu werden, nicht gehört zu werden, auf kein Interesse zu stoßen, nicht nach dem eigenen Leben gefragt zu werden. Wir atmen richtig durch, wenn wir zwischen uns und die Eltern wieder eine räumliche Distanz legen können. Erst dann lassen diese unangenehmen Gefühle nach, die zwischen Unwohlsein, Schuldgefühl und Aufbegehren hin und her pendeln. Erst dann löst sich der Knoten, der aus nicht geäußerten Vorwürfen, unterdrücktem Groll oder alten Verletzungen über die Jahre hinweg immer größer und fester geworden ist.

Wenn es Ihnen so ergeht (oder früher so erging, als die Eltern noch lebten), dann sind Sie mit großer Wahrscheinlichkeit ein Erwachsener, der die Kindrolle noch nicht ganz abgestreift hat. Viele Menschen realisieren ihre ungute Abhängigkeit von den Eltern lange nicht. Doch spätestens, wenn die Eltern älter werden und Hilfe brauchen, holt sie die Vergangenheit mit voller Wucht wieder ein. Dann merken sie, dass die mühsam gezimmerten Schutzwälle doch recht dünn sind und beim kleinsten Druck nachgeben.

Plötzlich ist alles wieder mit voller Wucht da: die Verletzungen, die Wut, die Enttäuschung. Wie kann eine erwachsene Tochter ihrer alten Mutter die gewünschte Nähe und Geborgenheit geben, wenn diese Mutter sie als Kind vernachlässigt hat? Wie soll ein Sohn seinen Vater versorgen können, wenn dieser ihm das Leben durch seine ständigen Bevormundungen schwergemacht und ihn nie wirklich anerkannt hat? Wie kann man damit fertig werden, dass die Eltern die Schwester bevorzugen, die noch nicht einmal den kleinen Finger für sie rührt? Wie umgehen mit all den Manipulationen der Älteren, mit ihrer Begabung, Schuldgefühle zu verursachen, wie umgehen mit dem Gefühl, dass man scheinbar nicht genug tut? Wenn das letzte Kapitel im Leben von Eltern und ihren erwachsenen Kindern aufgeschlagen wird, kochen alte Familienangelegenheiten wieder hoch. Dann kann es vorkommen, dass 50- und 60-Jährige ihren 90-jährigen Eltern voller Wut und Enttäuschung vorwerfen: »Du hast mich nie geliebt!«

Wenn Sie sich noch nicht aus Ihrer Kindrolle befreit haben, kämpfen Sie einen einsamen Kampf zwischen Pflichtbewusstsein, Schuldgefühlen und tief sitzender Aggression – ein Kampf, von dem Sie manchmal glauben, ihn nie gewinnen zu können. Auch wenn Mutter und Vater längst tot sind, kann das, was Ihnen im Umgang mit den Eltern zu schaffen machte, immer noch in Ihnen wirksam sein.

Nicht nur Sie selbst können durch die belastete Beziehung zu den Eltern in Ihrem gegenwärtigen Leben belastet und blockiert sein – auch Ihre Beziehungen stehen möglicherweise unter keinem guten Stern, wenn Sie »die Sache mit den Eltern« noch nicht angemessen geklärt haben. So manche Partnerschaft leidet darunter, weil der Einfluss der Eltern immer noch ungebrochen ist, weil sie direkt oder indirekt in die Partnerschaft und in die Familien ihrer erwachsenen Töchter und Söhne eingreifen.

Eine solche Situation beschreibt Jonathan Franzen in seinem Roman *Die Korrekturen*. Gary, Abteilungsleiter einer Bank, steht hilflos zwischen seiner Mutter und seiner Frau Caroline. Es kommt zum Streit, Caroline ist mit den Nerven fertig und macht ihm heftige Vorwürfe: »Und du verteidigst sie auch noch! Sie geht raus zu den Mülltonnen, um zu gucken, ob da nicht auch irgendwas drin ist, was sie ausgraben und missbilligen könnte, und dann fragt sie mich, buchstäblich alle zehn Minuten: Was macht dein Rücken? Was macht dein Rücken? … Sie ist regelrecht darauf aus, ein Haar in der Suppe zu finden, und dann will sie *meinen* Kindern erzählen, was sie zum Abendessen in meinem Haus anziehen sollen, und du unterstützt mich nicht! Du unterstützt mich einfach nicht, Gary. Stattdessen fängst du an, dich zu entschuldigen, keine Ahnung, warum, aber ich mach das nicht noch einmal mit.«

Gary ist ein abhängiges Kind geblieben. Er wagt es nicht, sich an die Seite seiner Frau zu stellen, weil er es nicht gelernt hat, seiner Mutter als eigenständiger, autonomer Mann zu begegnen. Im Roman risikiert Gary durch sein Gebundensein an die Mutter nicht nur seine Ehe, er bezahlt seine fehlende Autonomie auch mit Depressionen. Das ist auch im richtigen Leben oft der Preis, den wir bezahlen müssen, wenn wir unseren noch lebenden (oder auch längst verstorbenen) Eltern nicht auf Erwachsenenebene begegnen, sondern uns ihnen gegenüber immer noch als Kind fühlen.

Die endgültige Ablösung von den Eltern ist kein einfacher Schritt. Aber ein extrem wichtiger. Denn wenn wir diesen Schritt nicht gehen, kommen wir auf unserem eigenen Weg nicht wirklich voran. Dann hängt die Vergangenheit an uns wie ein Bleigewicht und verhindert jede freie Bewegung. Wie aber können wir uns von diesem Bleigewicht trennen, wie kann die *dritte Individuation* gelingen?

Es gibt nur eine einzige Antwort auf diese Frage – und die wird Ihnen zunächst überhaupt nicht gefallen, möglicherweise werden Sie sogar empört reagieren: Wenn Sie sich von der belastenden Kindrolle wirklich befreien wollen, müssen Sie Ihren Eltern (oder den Menschen, die Ihnen in Ihrer Kindheit Existenzielles vorenthalten haben) … vergeben.

## Das notwendige Vergeben

Vergebung ist die wohl wichtigste Voraussetzung, um sich von den Eltern und ihrem Einfluss lösen zu können. Wer den Eltern nicht vergeben kann, fühlt sich als Opfer und wird sein Leben lang nur aus Pflichtgefühl mit den Eltern zu tun haben wollen und ihnen vielleicht sogar mit Aggressionen und Vorbehalten begegnen. Das aber belastet beide Seiten: Die alten Eltern spüren die emotionale Ablehnung und werden möglicherweise noch »schwieriger«, als sie es ohnehin schon sind; für das erwachsene Kind sind die negativen Gefühle ein enormer Stressfaktor, der nicht nur zu Schuldgefühlen führt, sondern auf Dauer auch krank machen kann.

Vergeben, ich soll vergeben?, werden Sie jetzt möglicherweise ungläubig oder vielleicht sogar verärgert fragen. Wie kann ich je vergeben, was man mir angetan hat? Wie soll ich vergeben, dass sich meine Mutter immer nur um sich selbst, aber nicht um ihre kleine Tochter gekümmert hat? Wie kann ich vergeben, dass mich mein Vater zu stundenlangem Eckenstehen verurteilte, nur weil meine Noten nicht seinen Erwartungen entsprachen? Wie kann ich vergeben, dass ich viel zu früh Verantwortung übernehmen musste, weil meine Mutter trank? Wie kann ich vergeben, dass mich meine Eltern erst zu meinen Großeltern und dann ins Internat abschoben, damit meine Mutter meinen erfolgreichen Vater auf seinen Dienstreisen begleiten konnte? Wie kann ich vergeben, dass meine Mutter sich selbst tötete und mich mit acht Jahren alleine zurück ließ? Vergeben? Nein, das kann ich auf gar keinen Fall!

Diese Haltung ist mehr als verständlich. Die Abwehr, jemandem zu vergeben, der uns geschadet hat, kommt nicht von ungefähr. Der Satz »Vergeben und vergessen« fällt uns ein. Oder auch die Aufforderungen der Religion »Vergebt, so wird euch vergeben.« »Richtet nicht, so werdet ihr auch nicht gerichtet.« Und: »Vergib uns unsere Schuld, wie auch wir vergeben unseren Schuldigern.« Wenn wir nicht zutiefst religiös sind, können wir diese Großherzigkeit für diejenigen, die uns Leid zugefügt haben, wahrscheinlich nur schwer aufbringen. Das liegt nicht zuletzt an unseren Vorstellungen, die wir von Vergebung haben.

Vergeben, so meinen wir, bedeutet, dass wir den Menschen, der uns Schaden zugefügt hat, entschulden, ihn sozusagen von der Angel lassen und seine Taten ignorieren. Wir fürchten, der »Täter« würde vorschnell und unverdient aus seiner Verantwortung entlassen, wir gönnen es ihm schlichtweg nicht, dass er nicht mehr länger mit unserem Groll oder Ärger leben muss. Derjenige, der dafür verantwortlich ist, dass uns in der Kindheit lebenswichtige Zuwendung und Förderung vorenthalten wurde, muss in der Verantwortung bleiben.

Wir können ihm nicht vergeben, ihm nicht die Absolution erteilen. Warum sollten wir das tun? Warum sollten wir ein Interesse daran haben, Vater oder Mutter Erleichterung zu verschaffen, indem wir sie innerlich loslassen?

### Was vergeben bedeutet – und was nicht

Wenn Sie so denken, dann haben Sie eine falsche Vorstellung davon, was Vergebung wirklich ist.

*Vergeben bedeutet nicht vergessen.* Wir glauben häufig, dass wir, wenn wir anderen etwas vergeben, unseren Schmerz und unsere Kränkung vergessen müssen. Doch der Akt der Vergebung löscht nicht aus, was gewesen ist. Sie werden sich auch nach der Vergebung immer noch an alles, was passiert ist, erinnern. Sie können gar nicht vergessen und Sie sollen es auch nicht. Denn vergessen wäre genau das Falsche. Sie müssen sich erinnern und akzeptieren, was geschehen ist. Nur dann können Sie wirklich vergeben. Erinnerung ist der Schlüssel zur Vergebung, nicht das Vergessen. Wenn Sie die Vergangenheit vergessen wollen, geben Sie ihr viel zu viel Macht. Das, was geschehen ist, kann dann nach wie vor Ihr Leben bestimmen. Wenn Sie sich dagegen bewusst erinnern und bewusst vergeben, dann ist die Vergangenheit zwar noch da, aber sie wird an den Ort »verbannt«, an den sie gehört: in die Vergangenheit. Damit verliert die Kindheit die Macht über das, was in der Gegenwart passiert.

Wenn Sie also denken »Vergeben und vergessen? Das kann ich nicht!«, dann seien Sie versichert, dass es darum auf gar keinen Fall geht. Sie müssen sich erinnern, um vergeben zu können. Allerdings werden Sie sich mit anderen Gefühlen erinnern. Sie sind dann nicht mehr ärgerlich, wütend, verbittert oder rachsüchtig. Auch eine konkrete Versöhnung ist nicht unbedingt notwendig. Sie müssen nicht die Aussprache mit Ihrer alten Mutter oder Ihrem alten Vater suchen. Im Prozess der Vergebung geht es in allererster Linie darum, dass Sie sich selbst vor den mit der Kränkung verbundenen negativen Gefühlen wie Wut und Ärger schützen. Es geht darum, dass Sie sich selbst Gutes tun und Ihr eigenes Leben nicht mehr länger durch die Vergangenheit beeinflussen lassen.

*Vergebung bedeutet auch nicht, dass Sie sich sagen »Was gewesen ist, ist in Ordnung. Es hat schon seinen Sinn gehabt. Wer weiß, wofür es gut war.«* Was Ihnen als Kind vorenthalten und angetan wurde, wird durch den Akt der Vergebung nicht richtig. Was falsch war, bleibt falsch. Allerdings wird der Einfluss der Vergangenheit durch die Vergebung geschmälert. Das, was geschehen ist, hat dann weniger Macht über unser gegenwärtiges und zukünftiges Leben.

*Vergebung bedeutet ebenfalls nicht, dass Sie Ihre Eltern oder die Menschen, die als Kind für Sie wichtig waren, aus der Verantwortung entlassen.* Sie bleiben auch nach der Vergebung weiterhin verantwortlich, sie werden nicht »entschuldet«. Sie erlassen ihnen nicht ihre »Sünden«, so wie Ihnen Sünden erlassen werden, wenn Sie zur Beichte gehen und um Absolution bitten. Diejenigen, die für das Geschehen in Ihrer Kindheit verantwortlich sind, bleiben auch weiterhin verantwortlich – und müssen selbst sehen, wie sie ihren Frieden damit machen. Ihre Vergebung ändert nichts an deren Verantwortlichkeit. Was sich verändert, sind Ihre Gefühle. Wenn Sie vergeben, verzichten Sie auf Rache und Vergeltung, und Sie verzichten auf Ihren Opferstatus. Vergebung heißt, inneren Frieden zu finden, indem Sie Ihre Haltung und Ihre Gefühle zu dem Geschehen der Vergangenheit verändern. Wenn Sie sagen »Mutter hat es nicht verdient, dass ich ihr vergebe«, dann kann das durchaus stimmen. Aber darum geht es gar nicht. Vielmehr geht es um die Frage, ob Sie es verdient haben, dass es Ihnen jetzt und heute besser geht, ob Sie Ihren Frieden finden und ein unabhängiges Leben führen wollen.

*Vergebung bedeutet nicht Selbstaufopferung.* Den Eltern vergeben heißt nicht, die Zähne zusammenbeißen und ein Lächeln zustande bringen und gute Miene zum schlechten Spiel zu machen. Vergeben heißt ebenfalls nicht, seine wahren Gefühle zu unterdrücken und zu verbergen.

**Vergebung bedeutet nicht verzeihen.** Diese beiden Begriffe bezeichnen völlig unterschiedliche Vorgänge. Verzeihen können wir vieles: Wir können verzeihen, wenn jemand zu spät kommt, uns auf die Füße tritt, uns angelogen hat. Und das Verzeihen ist ein wechselseitiger Vorgang: Jemand muss uns um Verzeihung bitten, damit wir verzeihen können. Vergebung jedoch ist ein einseitiger Prozess. Wir können vergeben, ohne den anderen miteinzubeziehen. Derjenige, der uns etwas angetan hat, muss von unserer Vergebung überhaupt nichts erfahren. Vergebung hat nur etwas mit uns selbst zu tun. Es spielt keine Rolle, ob die andere Person davon weiß oder nicht. Und es spielt auch keine Rolle, ob der andere noch lebt oder vielleicht schon verstorben ist.

Vergeben können wir, ohne dass jemand anderer erst eine Bedingung erfüllen muss. Wenn Sie sagen »Ich vergebe meinem Vater, sobald er das oder jenes tut« handelt es sich nicht um Vergebung, sondern um Verzeihung. Vergebung braucht keine Voraussetzungen. Sie bedeutet auch, auf Wiedergutmachung und Ausgleich zu verzichten. Es gibt nichts, was der oder die »Täter« tun könnten, damit wir ihnen das, was sie getan oder unterlassen haben, vergeben. Vergebung ist ein innerer Prozess. Es passiert in uns. Es ist ein Gefühl der Freiheit und der Akzeptanz.

### Vergeben – das Geschenk an uns selbst

Wenn Sie sich entschließen, den Menschen zu vergeben, die Ihnen geschadet haben, dann bedeutet das also nicht, dass Sie zu einem großzügigen Gutmenschen werden. Vergebung bedeutet vielmehr, dass Sie endlich anfangen, an sich zu denken, dass Sie alles tun, damit es Ihnen gutgeht (und nicht irgendjemand anderem). Wenn

Sie den Eltern nicht vergeben können oder nicht vergeben wollen, müssen Sie einen hohen Preis dafür bezahlen: Sie können sich dann nicht aus der belastenden Opferrolle befreien und bleiben Ihr Leben lang ein hin und her gerissenes erwachsenes Kind. Vergebung ist also ein Akt, der nur Ihnen etwas nützt. Sie hilft Ihnen, endlich das Leben zu führen, das Ihnen zusteht. »Sprachgeschichtlich bedeutet Vergeben: durch Geben beseitigen. Vergebung ist im Grunde ein Geschenk an dich selbst, nicht an die Ereignisse der Personen, die dir Verletzungen zugefügt haben«, schreibt der Psychotherapeut Steven Hayes.

Die Psychologie entdeckte erst in jüngster Zeit die psychisch stabilisierende Wirkung des Vergebens. Seither bestätigt Studie um Studie: Vergeben können ist ein wichtiger Bestandteil der seelischen Widerstandskraft, die wir brauchen, um psychisch gesund zu bleiben. Wer vergeben kann, stärkt seine Gesundheit, wie eine der zum Thema durchgeführten Studien belegt. Darin wurden Teilnehmer gebeten, sich an eine Kränkung oder Verletzung, zugefügt durch einen anderen Menschen, zu erinnern. Dann wurde die Hälfte von ihnen aufgefordert, die Motive des Kränkenden zu verstehen, sich in seine Situation einzufühlen und ihm seine Tat zu vergeben. Die andere Hälfte sollte nach Rache sinnen und weiter ihre Hassgefühle pflegen. Das Ergebnis: Herzschlagrate, Blutdruck und andere Stresszeichen stiegen deutlich an, wenn die Studienteilnehmer Rachegedanken schmiedeten. Die Werte verbesserten sich jedoch deutlich, wenn sie dem Verletzenden verzeihen konnten. Die Psychologen, die diese Studie durchführten, vermuten deshalb, dass Menschen, die auf Dauer gekränkt sind, chronisch krank werden können. Auf Dauer gekränkt zu sein, dem anderen seine Tat nachzutragen, das schwächt das Immunsystem und kann zu verschiedenen Krankheiten führen.

Wer dagegen vergeben kann, lebt nicht nur leichter, sondern auch länger. So zeigte eine Studie mit Aidspatienten: Wer demjenigen, bei dem er sich angesteckt hatte, vergeben konnte, blieb länger gesund als jene Infizierten, die sich mit Rache- und Hassgefühlen herumquälten. Zu einem ähnlichen Ergebnis kam eine Studie mit nordirischen Frauen, deren Söhne im Bürgerkrieg umgebracht worden waren: Die Mütter, die in ihrem Schmerz den Tätern nicht vergeben konnten, litten unter Herzkrankheiten und einer Schwächung des Immunsystems.

Ärger und feindselige Gefühle sind erhebliche gesundheitliche Risikofaktoren. So ist Ärger nicht nur ein akuter Auslöser für Herzinfarkt, sondern kann, wenn er anhält, überhaupt erst zu einer Herzkrankheit führen. Wie ist das zu erklären? Wenn man verärgert ist über einen Menschen, dann löst der Gedanke an ihn oder das, was er getan hat, im Körper eine Stressreaktion aus. Diverse Stresshormone werden ausgeschüttet, der Blutdruck steigt. Die physiologische Reaktion gleicht der bei tatsächlicher Gefahr. Doch weil gar keine Gefahr besteht, auf die der Körper mit Flucht oder Kampf reagieren könnte, baut sich die Stressreaktion nicht ab und schädigt so langfristig das Herz-Kreislauf-System.

Es gibt also gute Argumente dafür, den Kränkungen und den kränkenden Menschen nicht zu viel Macht einzuräumen. Denn dadurch vergrößert man den angerichteten Schaden durch eigenes Zutun noch. Ist man stattdessen in der Lage zu vergeben, was vorgefallen ist, wird man die Last der Kränkung los und kann befreiter, unbeschwerter und gesünder leben.

## Vergeben – wie geht das?

Zunächst: Vergebung ist keine einmalige Entscheidung. Vergebung ist ein Prozess, der seelische Arbeit, Zeit und Geduld erfordert. Vergebung ist wahrscheinlich eine der schwierigsten »Reisen« im Leben eines Menschen. Doch von der erfolgreichen Bewältigung dieser Wegstrecke hängt es ab, ob Sie eine freie, eigenständige Person sein können. Und zwar unabhängig davon, ob Ihre Eltern noch leben oder nicht.

***Die Reise »Vergeben« hat verschiedene Stationen:***

1. Die wichtigste Voraussetzung ist, dass Sie der Trauer einen Raum geben. Sie müssen sich verabschieden von der Kindheit, die Sie nicht gehabt haben und die Sie niemals mehr haben können. Es ist notwendig,
dass Sie die Hoffnung auf eine bessere Vergangenheit aufgeben und
nicht mehr länger mit dem Gestern hadern. Sie erkennen an, dass das
Leben nicht gerecht zu Ihnen war und akzeptieren, dass Sie rückwir-
kend nichts mehr verändern können: weder das, was geschehen ist,
noch die Menschen, von denen Sie in Ihrer Kindheit vernachlässigt
worden sind.

2. Es ist notwendig, dass Sie eine klare Entscheidung treffen: »Ich will vergeben«. Diese Entscheidung können Sie jedoch erst treffen, wenn Sie
nicht nur einsehen, sondern auch spüren: »Ich vergebe nicht anderen
zuliebe, sondern ausschließlich, weil ich davon profitiere!« Es ist ein
Willensakt, etwas, zu dem Sie sich entscheiden, weil Sie wissen und
einsehen, dass es gut und richtig für Sie ist, wenn Sie loslassen und
sich von den belastenden Folgen einer schweren Kindheit selbst befreien.

   Wenn Sie vergeben, weisen Sie der Vergangenheit und den erlittenen
Verletzungen den Stellenwert zu, den diese verdienen und sehen sie
als das, was sie wirklich sind: Ein Teil von Ihnen, aber eben nur ein Teil.
Sie sind mehr, viel mehr als Ihre Vergangenheit. Ihre Identität ist nicht
mehr länger durch das definiert, was in Ihrer Vergangenheit geschah.
Sie sind mehr als nur ein Opfer von Lieblosigkeit und Ungerechtigkeit.
Vergebung heißt, sich selbst wichtiger zu nehmen und zu erkennen,
dass man mit seinem Leben noch Besseres vorhat.

3. Angenommen, Sie haben sich entschieden, zu vergeben. Wie geht es
weiter? Der nächste Schritt dürfte der schwerste sein. Denn untrennbar verbunden mit dieser Entscheidung ist die Notwendigkeit, den Eltern mit Nachsicht und Verständnis zu begegnen. Das setzt voraus,
dass Sie es schaffen, die Eltern als getrennt von sich selbst zu betrachten, als Mann und Frau, die eine eigene Geschichte haben und die erst
in zweiter Linie Ihre Eltern sind. Achten Sie nicht nur einseitig auf die
»Fehler«, die Ihre Eltern einst begangen haben. Wenn es Ihnen gelingt,

auch positive Eigenschaften und Verhaltensweisen von Vater und Mutter zu sehen, wenn Sie sich an Gutes erinnern können, das die Eltern früher getan haben, dann fällt es Ihnen leichter, ihnen zu vergeben.

## Vergeben heißt verstehen

Unbedingt notwendig für den Prozess der Vergebung ist es, dass Sie sich mit der Lebensgeschichte der Eltern vertraut machen und ihr mit Respekt begegnen. Stellen Sie Fragen – den Eltern, wenn diese noch leben oder anderen Verwandten, die noch mehr wissen als Sie selbst. Warum haben Ihre Eltern so gehandelt, wie sie es taten? Was könnten ihre Motive gewesen sein, in welcher Lebenssituation und Verfassung waren sie? Gibt es mildernde Umstände? Verständnis für einen Kränkenden aufzubringen ist immer sehr schwer, umso schwerer wenn es sich dabei um die eigenen Eltern handelt. Wie können Sie die Gefühlskälte, das Desinteresse am Wohlergehen ihres Kindes, die Misshandlungen verstehen? Das ist schwer, aber nicht unmöglich. Oftmals hilft es, sich über die Eltern zu informieren, sich für deren Geschichte zu interessieren. Wenn die Eltern noch leben, können Sie den Vater oder die Mutter nach Einzelheiten aus ihrem Leben fragen. Wenn sie bereits gestorben sind, wissen Sie vielleicht selbst einige Antworten oder es gibt ältere Verwandte, die Sie fragen können. Indem Sie in die Geschichte Ihrer Eltern eintauchen, wechseln Sie die Perspektive: Sie betrachten deren Leben nicht mehr aus der Warte des Kindes, das Sie einmal waren, sondern aus einer Erwachsenenperspektive. Sie blicken Ihren Eltern sozusagen von gleich zu gleich ins Gesicht. Wenn Sie den Schwerpunkt der Betrachtung vom kleinen Kind zur erwachsenen Frau, zum erwachsenen Mann, die oder der Sie heute sind, verlagern, wird klar, dass Sie bislang nur einen Teil der Wahrheit kennen und vieles übersehen haben.

**Beginnen Sie mit der Kindheit:** Wie hat Ihr Vater, wie hat Ihre Mutter als Kind gelebt? In welche Zeit wurde Ihr Vater, wurde Ihre

Mutter hineingeboren? Herrschte Krieg, waren es friedliche Zeiten? Wie lebten die Eltern als sie klein waren? Wie wuchsen sie auf? Waren sie selbst ein geliebtes Kind oder mussten sie sich jede Aufmerksamkeit erkämpfen? Hatten sie eine glückliche Kindheit oder waren ihre ersten Jahre schwierig? Ging es ihnen gut oder waren sie häufig krank, wurden sie misshandelt, vernachlässigt? Wie viele Geschwister hatten sie? An welcher Stelle der Geschwisterreihe standen sie – und was könnte das für Auswirkungen gehabt haben? Was haben Ihre Eltern aus ihrer eigenen Kindheit erzählt? Können Sie sich an einige Episoden erinnern? Welchen Tenor haben diese: Erzählten sie von guten Zeiten oder eher von schlechten?

*Nun fragen Sie nach den Jugendjahren:* Wie verbrachten Ihre Mutter und Ihr Vater ihre Jugend? Wurden sie in ihren Talenten gefördert? Bekamen sie eine gute Erziehung und Ausbildung oder mussten sie früh arbeiten und die Familie miternähren? Welche Träume und Ziele hatten sie? Welche Berufe wollten sie ergreifen – und was ist aus diesen Wünschen geworden? Wie lange lebten sie im Hause ihrer Eltern? Verließen sie ihre Herkunftsfamilie früh und eher im Zorn? Hatten Ihre Eltern Freunde und Freundinnen, welche Interessen und Hobbys hatten sie damals?

*Und schließlich: Wie gestaltete sich das Erwachsenenleben für Ihre Mutter und Ihren Vater?* Wie war das Leben für sie oder ihn als Sie selbst Kind waren? Stand die Mutter unter Druck, weil der Vater nicht anwesend war, trank, zu wenig Geld verdiente? Musste der Vater die Kindererziehung übernehmen, weil die Mutter lange krank war? Wie war das Leben als Sie klein waren? Gab es eine Scheidung, Arbeitslosigkeit, Todesfälle? Was haben Ihre Mutter oder Ihr Vater damals meistern müssen, was haben sie gefühlt? Können Sie, wenn Sie sich in die Schuhe Ihrer Eltern stellen, irgendwelche Verletzungen, Probleme und Herausforderungen erkennen? Wenn ja, gibt es einen Zusammenhang zwischen diesen schwierigen Zeiten und der Art und Weise, wie die Eltern mit Ihnen als Kind umgegangen sind?

In ihrer Erzählung *Die schönsten Jahre* bringt die Autorin Elke Heidenreich die Protagonistin Nina auf einer gemeinsamen Reise mit der Mutter in eine Situation, in der Mutter und Tochter erstmals über die Vergangenheit sprechen. »Warum hast Du mich geschlagen, damals?«, will die Tochter wissen und die Mutter erzählt vorsichtig und zaghaft von Überforderung, von einer unglücklichen Ehe, von schwierigen Kriegsjahren. Und zum ersten Mal begreift die Tochter, wie schwierig es gewesen sein muss, in dieser Zeit ein Kind aufzuziehen, wie alleingelassen die Mutter war und welche Rolle die problematische Beziehung der Eltern in dieser Situation spielte – beinahe hätte sie die Mutter getröstet. In dieser Erzählung bekommt die Tochter Nina zum ersten Mal einen Eindruck von der Frau, die ihre Mutter war. Sie erfährt Dinge aus deren Leben, die sie bislang nicht wusste – und dieses neue Wissen ermöglicht es ihr, der Mutter anders als nur vorwurfsvoll zu begegnen.

Auch Rita, die Hauptperson in Maria Barbals Roman *Inneres Land* möchte eines Tages mehr erfahren über diese Frau, die ihre Mutter ist. »Warum ist sie eigentlich so?«, fragt sie ihren Vater. Und der berichtet der Tochter von den schrecklichen Erlebnissen der Mutter, die als Kind den spanischen Bürgerkrieg und die Greuel des Francoregimes erleben musste. Sie hört aus dem Mund des Vaters, dass ihr Großvater, der Vater der Mutter, von den franquistischen Faschisten umgebracht worden ist und dass »deine Großmutter, deine Mutter und deine Tante aus ihrem Haus und ihrem Dorf verschleppt worden sind«. Das, was sie erfährt, lässt sie verstehen, woher die Ohnmacht und die Hilflosigkeit der Mutter kommen, deren Auswirkungen sie als Kind ertragen muss.

Wenn auch Sie sich für die Frau hinter der Mutter, den Mann hinter dem Vater interessieren und mehr erfahren möchten, dann ist es für das Verständnis wichtig, dass Sie den Blick weiten. Betrachten Sie nicht nur die Situation Ihrer Eltern als diese jünger waren, sondern schauen Sie auch auf die Generationen davor. Öffnen Sie die Perspektive noch mehr und fragen Sie nach den Eltern Ihrer Eltern: Wie waren Ihre Großeltern, was konnten diese ihren

Kindern bieten? Was für ein Mann war der Vater Ihres Vaters oder der Vater Ihrer Mutter? Was für eine Frau war die Mutter Ihres Vaters oder die Mutter Ihrer Mutter? Gab es in den Familien der Großeltern irgendwelche Schicksalsschläge und Vorkommnisse? Was erlebten die Großeltern im Krieg? Verloren sie ihre Heimat? Gab es Suizide oder psychische Krankheiten? Gibt es uneheliche Kinder?

Die Soziologin und Autorin Marianne Krüll hat sich mit dem Leben ihrer Mutter auseinandergesetzt und festgestellt »Meine Großmutter Anna war in ihrer Ehe sehr unzufrieden, die Ehe ist dann auch gescheitert. Meine Mutter blieb einziges Kind, lebte nur mit ihrer Mutter zusammen, bis meine Eltern heirateten. Aber auch danach blieb meine Großmutter ganz nahe an unserer Familie. Sie hat sogar von ihren Enkelkindern als von *unseren* oder sogar von *meinen* Kindern gesprochen. Meine Mutter behandelte ihre Mutter herablassend und verächtlich. Ich lernte von ihr, dass es normal ist, wenn eine Tochter ihre Mutter verachtet. Meine Mutter lieferte mir damit ein Modell: So wie sie mit ihrer Mutter umging, so verhielt ich mich 20 Jahre später ihr gegenüber.«

Wenn es Ihnen gelingt, etwas über die verschiedenen Generationen in Erfahrung zu bringen, dann sehen Sie Ihre Eltern nicht mehr nur als einzelne, unabhängige Personen, sondern als Männer und Frauen, die in einen Gesamtkontext eingebunden sind. Sie erkennen dann möglicherweise Muster, die in Ihrer Familie bereits über Generationen hinweg existieren. Dies ist von existenzieller Bedeutung: Denn sobald Sie die Muster erkennen, können Sie verhindern, dass auch Sie diese Muster in Ihrem Leben weiterführen. Und Sie können gleichzeitig erkennen, dass Ihre Eltern in gewisser Weise nur Marionetten in einem System waren, dem sie sich, weil sie es nicht durchschauten, nur schwer entziehen konnten. Sie können Ihre Eltern sowohl als Mutter und Vater wahrnehmen, aber auch distanzierter als Menschen mit bestimmten Schwächen und Stärken, die in einem Zusammenhang lebten, der ihnen wenig Spielraum ließ.

Der Familientherapeut David Stoop zeigt am Beispiel einer biblischen Geschichte, wie bestimmte Muster von einer Generation an die andere weitergegeben werden:

*Abraham und Sarah waren kinderlos, wünschten sich aber sehnlichst Nachwuchs. Verzweifelt beschloss Sarah, dass Abraham ihrer Magd Hagar beischlafen und mir ihr ein Kind zeugen sollte. So geschah es, ein Sohn kam zur Welt: Ishmael. Er galt, wie es zu dieser Zeit üblich war, als Sarahs Sohn. Einige Jahre später wurde Sarah dann doch noch schwanger und gebar ebenfalls einen Jungen: Isaak. Sarahs Glück war vollkommen, doch bald schon kam es zu Spannungen. Sie begann, Isaak, ihren leiblichen Sohn, bevorzugt zu behandeln, sie liebte ihn mehr als Ishmael, der ja eigentlich Hagars Sohn war. Als sich die Konflikte verstärkten, schickte Abraham seinen Sohn Ishmael zusammen mit dessen Mutter Hagar fort.*

*Erwachsen geworden, verliebte sich Isaak in Rebekka und die beiden bekamen ebenfalls zwei Söhne: Esau und Jakob. Die Jungen entwickelten sich sehr unterschiedlich, Esau war ein stürmischer Junge, Jakob war verschlossener und ruhiger. Nun sollte man meinen, Isaak sei durch seine Familiengeschichte ein besonders gerechter Vater, doch dem war nicht so. Er bevorzugte eindeutig Esau, Rebekka dagegen favorisierte Jakob.*

*Damit ist die Geschichte der Wiederholungen aber noch nicht zu Ende. Jakob hatte zwei Frauen (wie sein Großvater Abraham), mit denen er 13 Kinder zeugte. Die beiden Frauen kämpften um seine Aufmerksamkeit, und sie kämpften jeweils um die Anerkennung für ihre leiblichen Kinder. Doch auch Jakob verteilte seine Zuwendung ungleich: Er bevorzugte seine Lieblingsfrau Rachel und deren Sohn Joseph.*

Diese Familiengeschichte ist eine Geschichte der Zurückweisung und der Bevorzugung. Über Generationen hinweg bleibt ein Verhaltensmuster erhalten, das Abraham und Sarah als Erste zeigten. Keiner der Beteiligten ist sich dessen bewusst, keiner realisiert, was vor sich geht. Solche Geschichten passieren nicht nur in der Bibel, sie sind auch in unseren Familien gang und gäbe. In den meisten Fällen sind diese Muster nur schwer zu erkennen und verkleiden sich oft als Glaubenssätze und Grundüberzeugungen, die das Zusammenleben der Generationen erschweren können.

Wie das folgende Beispiel aus einer Familientherapie zeigt, das der amerikanische Therapeut Terry Hargrave vorstellt. An diesem Beispiel wird nicht nur deutlich, wie eine einmal erworbene Überzeugung den Kontakt zwischen der 52-jährigen Peggy und ihrer 77-jährigen Mutter Grace erschwerte. Es zeigt auch, wie die Erforschung der eigenen Familiengeschichte ablaufen und welche hilfreichen Erkenntnisse sie zutage fördern kann. Auch wenn dieser Fall idealtypisch ist, denn nur selten werden mehrere Generationen von einem Therapeuten betreut, zeigt diese Geschichte doch, wie gegenseitiges Verständnis gefördert werden kann und wie dadurch Vergebung erleichtert wird.

*Grace war vor einiger Zeit in ein Seniorenheim in der Nähe ihrer Tochter gezogen. Obwohl die beiden nie ein besonders enges Verhältnis zueinander hatten, hoffte Peggy, dass sie sich nun näherkommen könnten. Doch ihre Mutter wehrte alle Fürsorge ab: Besuchte die Tochter sie, redete sie demonstrativ mit anderen Heimbewohnern, am Telefon war sie knapp und abweisend, Geschenke legte sie achtlos beiseite. Der Familientherapeut Terry Hargrave sprach zunächst mit der Mutter alleine und plauderte mit ihr über ihr Leben. In mehreren Gesprächen erfuhr er von ihrer unglücklichen Kindheit mit zerstrittenen Eltern, von einer besitzergreifenden Mutter, die der Tochter ein eigenes Leben verunmöglichte, und er erfuhr ihr Lebensmotto: »Falle nur ja niemandem zur Last!« In einer zweiten Phase holte er die Tochter hinzu, ließ sie über ihre Erwartungen und Verletzungen sprechen – sehr zum Erstaunen der Mutter, die die Anstrengungen der Tochter nicht als Liebesbeweise, sondern als Pflichtableistung gewertet hatte. Da sie ihr auf keinen Fall zur Last fallen wollte, wehrte sie alle Annäherungsversuche ab. Erst in der Therapie erfuhr sie, wie sehnsüchtig ihre Tochter auf ein Zeichen der Anerkennung und Akzeptanz wartete, dass sie von der Mutter gebraucht werden wollte. Und Peggy, die Tochter, erfuhr zum ersten Mal von der schwierigen Mutterbeziehung ihrer eigenen Mutter. Nun konnte sie das abwehrende Verhalten von Grace verstehen – und vergeben.*

Wenn wir Frieden schließen wollen mit unserer Vergangenheit, dann ist es wichtig, unsere Eltern nicht nur als »Täter« zu sehen, die uns schaden wollten. Wenn Eltern ihren Kindern schaden, dann kann man davon ausgehen, dass irgendwann auch ihnen etwas Schlimmes passiert ist und dass sie das, was ihnen widerfahren ist, in einer Art Wiederholungszwang an ihre eigenen Kinder weitergegeben haben. Möglicherweise waren die Eltern überfordert, hatten belastende Ereignisse zu bewältigen, mussten mit Arbeitslosigkeit, Krankheit, Eheschwierigkeiten oder Ähnlichem fertig werden und hatten nicht ausreichend Kraft für ihr Kind. Es ist wichtig zu verstehen, was die Eltern quälte, als sie Kind waren, und mit welchen Dämonen sie zu kämpfen hatten, als sie selbst Eltern wurden. Eltern reagieren auf ihre eigene Geschichte, wenn sie Kinder großziehen. Destruktive Muster wiederholen sich von einer Generation zur nächsten – solange nicht etwas passiert, was den Teufelskreis durchbricht. Eltern, die missbrauchend, vernachlässigend, depressiv, psychisch krank oder sonst wie überfordert waren, können sich nicht auf ihr Kind beziehen, weil sie selbst keinen Zugang zu ihren eigenen Gefühlen haben. Sie können ihren Kindern nicht dabei helfen, ihre Gefühle zu ordnen und zu verstehen.

Als Kind können wir uns natürlich nicht in die Eltern einfühlen – und das wäre auch überhaupt nicht angebracht, sondern eine Überforderung für unsere kindlichen Seelen. Aber als Erwachsener können wir das tun und wir sollten es tun – zu unserem eigenen Nutzen. Allerdings ist uns der Gedanke, sich in die Eltern einzufühlen, meist völlig fremd oder wir glauben, diese hätten unser Verständnis nicht verdient. Das mag ja durchaus sein. Aber wir haben es verdient, über das Verständnis für die Eltern die oftmals verheerenden Folgen einer schwierigen Kindheit abzuschwächen und unseren Frieden mit dem Geschehenen zu machen.

Wenn Sie sich mit dem Gedanken vertraut machen, den Eltern zu vergeben, dann ist es auch wichtig, sich zu vergegenwärtigen, was Marianne Krüll über unser Mutterbild sagt: »Die reale Mutter, die wir als Kind erlebt haben, ist eine Konstruktion, eine Erinnerung, die wir in uns tragen. Diese Bilder sind Gefühle, Teile in uns, die wir mit uns schleppen. Wir müssen spüren, dass es diese Mutter heute nicht mehr gibt, ebenso wie es das Kind, das wir mal waren, nicht mehr gibt. Das sind nur noch Aspekte von uns. Egal, wie alt wir heute sind, es kann uns immer noch passieren, dass wir das alte Bild in der Begegnung mit der realen Mutter, so sie noch lebt, wachhalten und immer wieder aktivieren. Und die Mutter macht das ja auch: Sie sieht uns weiterhin als Kind. Damit aber bleiben wir verstrickt in Vergangenem, in Gefühlen, in Vorwürfen – das alles ist völlig unpassend und wird der Situation nicht gerecht, in der wir heute leben. Dieses Muster kann ich jedoch umwandeln, zum Beispiel indem ich die Frau, die meine Mutter ja auch war, dazufüge. Sie war selbst ein Mädchen, eine junge Frau mit Vorstellungen vom Leben.«

Sobald Sie zu der Erkenntnis gelangen, dass Ihre Eltern eine eigene Geschichte hatten, dass sie Gründe hatten, so zu handeln, wie sie es getan haben – und dass es Ihnen trotz allem gelungen ist, ein eigenes Leben aufzubauen, können Sie Ihre Vergangenheit loslassen und vergeben. Wenn Ihre Eltern bereits verstorben sind, können Sie Ihnen diese neue Haltung nicht mehr zeigen, aber Sie können an sich selbst die Befreiung und Erleichterung erleben, die dieser Schritt mit sich bringt. Sollten Ihre Eltern noch leben, dann werden Sie im Umgang mit Ihnen ebenfalls eine neue Leichtigkeit spüren, die vieles möglich macht, was früher unmöglich erschien.

Der Schauspieler Steve Martin, der meint, dass ihn seine unglückliche Kindheit dafür prädestiniert hat, Komödiant zu werden, hat sich als Erwachsener mit seinen Eltern versöhnt. Es war ein langer Weg. Über 15 Jahre hinweg hat er sich seinen Eltern wieder angenähert, sie zum Essen eingeladen und mit ihnen gemeinsame Erinnerungen ausgetauscht. Nach etwa 10 Jahren wurde der Vater milder, und er begann die Leistungen seines Sohnes anzuerkennen. Er übernahm sogar eine kleine Aufgabe, um den Sohn zu unterstützen: Er beantwortete seine Fanpost. Eines Nachmittags brachte Steve Martin seine Eltern, beide bereits über 80 Jahre alt, nach einem gemeinsamen Mittagessen zu ihrem Auto. Normalerweise gaben sie sich distanzierte Küsse, doch nun plötzlich umarmte der Vater den Sohn und sagte »kaum hörbar«, wie Steve Martin schreibt: »Ich liebe dich«. »Dies war das erste Mal, dass diese Worte zwischen uns gefallen sind«, schreibt Martin in seiner Biografie. Ein paar Tage später schickte er dem Vater einen Brief, in dem stand: »Ich habe gehört, was du gesagt hast« und »Ich liebe dich auch«.

## Schluss –
## Weil Sie kein Kind mehr sind

Zwei Mönche, Tansan und Ekido, waren auf Wanderschaft. Sie erreichten einen Fluss, den sie überqueren mussten. Am Ufer stand ein schönes, junges Mädchen. Es wollte auch über den Fluss, doch es hatte sichtlich Angst davor. Ekido tat so, als nehme er das Mädchen gar nicht wahr. Denn die Mönchregeln verboten Kontakte mit dem anderen Geschlecht. Tansan aber nahm das Mädchen wortlos auf seine Arme und trug es über den Fluss. Lange Zeit gingen die beiden Mönche danach stumm nebeneinander her. Doch irgendwann hielt Ekido das Schweigen nicht mehr aus. »Was hast du getan!«, griff er Tansan an. »Du hast gegen die Regeln verstoßen. Du hast das Mädchen berührt!« Tansan ließ sich nicht provozieren. Ganz ruhig sagte er: »Ich habe das Mädchen am Flussufer zurückgelassen. Du aber trägst sie offenbar immer noch.«

Wie der Mönch Ekido tragen auch wir oft schwer an Geschehnissen, die längst vorbei sind. Viel Energie verschwenden wir entweder darauf, über das Alte nachzudenken oder die Erinnerung daran in Schach zu halten. Wir spüren den damals erlittenen Schmerz immer wieder, sehen die Einengungen, die er uns auferlegt und glauben, all das ohnmächtig aushalten zu müssen. Das gilt für vieles, was in unserem Leben passiert, es gilt auch und in besonderem Maße für unsere Kindheit. Auch sie müssten wir eigentlich längst »am Flussufer« zurückgelassen haben. Stattdessen tragen wir immer noch schwer an ihrer Last. Sie beschäftigt uns in Gedanken, sie beeinflusst unsere Haltung uns selbst und anderen gegenüber, sie blockiert unsere Lebendigkeit und lenkt unser Verhalten. Sie hat viel zu viel Macht über uns.

Woher hat die Kindheit diese Macht? Wieso regiert sie noch heute in unser Erwachsenenalter hinein? Darauf gibt es eine klare Antwort: weil wir es zulassen! Von uns selbst hängt es in hohem Maße ab, wie stark wir an den Folgen der Kindheit zu leiden haben. Wir können die Folgen unserer Kindheit immer wieder verstärken, wir können sie aber auch schwächen.

*Wir haben die Wahl.* Wir können entscheiden, ob wir uns auch in unserem weiteren Leben als Marionette unserer Kindheit fühlen wollen oder ob wir uns innerlich lösen, von dem was gewesen ist – und damit auch von Gefühlen der Wut, der Trauer, der Rache oder was auch immer wir im Zusammenhang mit unserer Kindheit empfinden. Wir haben die Wahl, welche Antwort wir uns selbst auf die Frage »Welche Folgen haben meine negativen Kindheitserfahrungen für mein weiteres Leben?« geben.

Es gibt zwei mögliche Antworten:

- »*Mir geht es schlecht, denn ich hatte eine schlechte Kindheit.*« oder
- »*Meine Kindheit war schlecht, aber ich sorge dafür, dass es mir trotzdem gutgeht.*«

Es ist unbestritten, dass Sie, wenn Sie eine wenig glückliche Kindheit hatten, mit sehr viel mehr Belastungen ins Leben starten als andere Menschen, die gute erste Jahre erleben durften. Doch ebenso unbestritten ist, dass Sie dieser Vergangenheit nicht hilflos ausgeliefert sind. Sie wirkt sich nur dann schicksalhaft aus, wenn Sie Ihr Leben nicht selbst in die Hand nehmen und ein neues, besseres Muster dafür entwerfen.

Die Tatsache, dass Ihre Kindheit schlecht war, ist alleine noch kein ausreichender Grund, dass auch Ihr weiteres Leben nicht gelingt. Die Kindheitsgeschichten von Oprah Winfrey, Janosch, Steve Martin und anderen sind ein Beweis dafür, dass jeder Mensch ein gehöriges Wort mitzureden hat, wenn es um seine Gegenwart und

Zukunft geht. Wir können aus dem Schatten der Vergangenheit treten, Veränderung zum Besseren *ist* möglich.

Allerdings ist dieser Weg kein leichter. Wenn Sie sich entschließen, ihn zu gehen, brauchen Sie dafür Mut und vor allem Geduld. Denn Ihre bisherigen Verhaltensmuster und Denkweisen sind über Jahrzehnte hinweg eingeübt und lassen sich nur langsam verändern. Die Gefahr ist groß, dass Sie trotz guter Vorsätze und trotz vieler Einsichten, die Sie über sich und Ihre Vergangenheit gewonnen haben, immer wieder in alte Muster verfallen. Das liegt vor allem daran, dass unser Verhalten durch Lernprozesse tief verankert und auch neurologisch gebahnt ist, das heißt: Bestimmte Gewohnheiten und Routinen im Denken und Handeln hinterlassen in unserem Gehirn Spuren. Wenn wir etwas immer und immer wieder tun und denken, bilden sich stabile Verbindungen zwischen den Neuronen in unserem Gehirn. »Durch regelhafte Benutzung unseres Gehirns entstehen Spuren, Gedächtnisspuren. So wie durch regelmäßige Nutzung eines Weges im Schnee ein Trampelpfad entsteht«, erklärt der Hirnforscher Manfred Spitzer diesen Vorgang. Diese Nervenleitungen können unterschiedlich stark sein – je nachdem, wie oft und wie häufig sie benutzt werden. Wollen wir etwas verändern, dann müssen wir diese Pfade schwächen, unser Gehirn muss umstrukturiert werden: Wir müssen Altes verlernen und Neues lernen. Wir müssen sozusagen auf die alten Trampelpfade verzichten und neue anlegen. Und das ist umso schwieriger, je älter die bisherigen Spuren sind.

Es ist also kein einfacher, und schon gar kein schneller, kurzer Prozess, den eingelaufenen Weg »Schlechte Kindheit gleich schlechtes Leben« zu verlassen und den neuen zu bahnen. Um das Ziel »Meine Kindheit war schlecht, aber mir geht es gut, denn ich sorge für mich!« zu erreichen, brauchen wir viel Geduld mit uns selbst, Frustrationstoleranz und auch Mut, Neues zu wagen.

Wir können uns diesem Ziel nähern, indem wir lernen, immer öfter eine andere  Perspektive einzunehmen. Das heißt, indem wir versuchen, anders über unsere Kindheit zu denken als bisher und unsere Haltung dazu verändern. Damit ist keineswegs gemeint, dass wir eine rosarote Brille aufsetzen, positiv denken und uns selbst etwas vormachen sollen. Die Vergangenheit ist wie sie ist. Sie kann und darf nicht schöngeredet werden. Aber dennoch haben wir einen großen Spielraum in der Art und Weise, wie wir mit unserer Vergangenheit umgehen. Diesen Spielraum nutzen wir nicht aus, solange wir zu uns selbst und auch anderen sagen: »Meine Kindheit war schlecht, deshalb bin ich heute unglücklich.«

Wie einflussreich unsere Haltung der Kindheit gegenüber ist, verdeutlichen zwei renommierte Experten. »Unser Leben wird vielleicht weniger von unserer Kindheit determiniert als von der Art und Weise, wie wir gelernt haben, uns unsere Kindheit vorzustellen«, schreibt der Psychoanalytiker James Hillman. Er ist überzeugt davon, dass Menschen weniger durch ihre Traumata geschädigt werden »als durch die traumatische Weise, in der wir uns an die Kindheit erinnern als eine Zeit unnötiger und von außen verursachter Katastrophen, die uns falsch geformt haben«.

Der Sozialpsychologe Philip Zimbardo vertritt eine ähnliche Meinung. Er schreibt: »Jeder ist durch seine Vergangenheit beeinflusst, aber er wird nicht komplett durch sie bestimmt. Und es sind weniger die Ereignisse der Vergangenheit, die am stärksten unser Leben bestimmen. Unsere Haltung diesen Ereignissen gegenüber ist sehr viel bedeutsamer als die Ereignisse selbst es sind. Diese Unterscheidung zwischen der Vergangenheit und der aktuellen Interpretation ist bedeutsam, denn sie bietet Hoffnung auf Veränderung. Wir können nicht verändern, was in der Vergangenheit geschehen ist, aber wir können unsere Einstellung zu dem Geschehen verändern. Manchmal hilft es, wenn man den Rahmen verändert – das kann das gesamte Bild verändern.«

Was es heißt, den Rahmen zu verändern und eine neue, eine positive Haltung zur eigenen Vergangenheit zu entwickeln, das haben die vorherigen Kapitel beschrieben. Am wichtigsten ist sicherlich die Akzeptanz. Wir gewinnen Energie und Freiheit, wenn wir akzeptieren, dass die Kindheit, die wir hatten, nicht durch eine bessere zu ersetzen ist. Die Vergangenheit ist nicht veränderbar. Sie ist, wie sie ist.

Mit der Akzeptanz verbunden ist ein weiterer, wichtiger Schritt. Erst wenn wir wirklich begreifen, dass die Vergangenheit vergangen ist und längst hinter uns liegt, sind wir in der Lage zu erkennen: »Ich bin kein Kind mehr.« Wir können nun der Welt und den Menschen als erwachsene Person begegnen. Und das eröffnet uns völlig neue Möglichkeiten und Lebenschancen.

Als Kind sehen wir die Welt nur aus einer Perspektive, nämlich aus unserer. Eine andere haben wir nicht. Wir beziehen alles auf uns selbst, halten uns für den Nabel der Welt. Alles, was geschieht, so glauben wir, hat mit uns zu tun. Das Positive, aber auch das Negative. Wenn Menschen freundlich und nett zu uns sind, dann glauben wir, dass das ebenso auf unser Konto geht, wie wir schuld daran sind, wenn sie sich über uns ärgern, wütend oder gleichgültig sind.

Als Kind fühlen wir uns omnipotent, und das führt zu fatalen Fehleinschätzungen. Widerfährt uns Böses, nehmen wir das auf unsere Kappe: »Mama wäre nicht so wütend auf mich, wenn ich nur alles richtig machen würde.« »Papa würde nicht so viel trinken, wenn er mit mir zufriedener wäre.« Solange wir klein sind, können wir gar nicht anders, als die Verantwortung für alles, was geschieht, zu übernehmen. Läuft etwas schief, fühlen wir uns schuldig. Gedanken wie »Ich bin schuld«, »Ich bin nicht gut genug«, »Ich bin verkehrt, sonst würden mich die Eltern doch lieben«, »Ich kann niemandem trauen« verfestigen sich dann im Laufe der Zeit und werden zu handlungsleitenden Glaubenssätzen. Die Schuldgefühle und Selbstzweifel, die wir als Kind in unserem damaligen ganz normalen Egozentrismus entwickelten, wurden zu unseren Lebensbegleitern.

Das führt dann in kritischen und belastenden Situationen dazu, dass die erwachsene Person, die wir eigentlich sind, in den Hintergrund tritt und stattdessen das Kind, das wir einmal waren, für uns handelt und fühlt. Uns ist das natürlich meist nicht bewusst. Wir reagieren kindlich auf aktuelle Geschehnisse und merken nicht, dass unsere Reaktion heute, in der Gegenwart, alles andere als angemessen ist.

Die plötzliche Wut, die uns überkommt, wenn der Vorgesetzte

etwas von uns verlangt; die Eifersucht, mit der wir unseren Partner verfolgen; die Aggression auf selbst kleinste Kritik; die Schüchternheit fremden Personen gegenüber; die Angst vor dem Versagen; die übergroßen Selbstzweifel – Gefühle wie diese sind mit großer Wahrscheinlichkeit Spuren der Vergangenheit. Damals konnten wir uns gegen Zurechtweisungen, Kritik, Verlassenwerden oder überzogene Anforderungen nicht mit Worten und Taten zur Wehr setzen. Damals konnten wir nur dafür sorgen, dass wir möglichst »ungeschoren« davonkommen. Heute können wir uns wehren, heute haben wir ein Erwachsenen-Repertoire an Handlungsmöglichkeiten zur Verfügung, heute können wir »Nein« sagen und uns schützen – vorausgesetzt, wir erkennen, dass die Gefühle, die uns beherrschen eine Mitgift sind, die wir nicht wegzaubern können.

Denn auch das gehört zum Thema »Akzeptanz«: zu erkennen, dass die Erfahrungen der Kindheit nicht zu löschen sind. Wir haben ganz bestimmte wunde Punkte, die sich vor allem in Stresssituationen bemerkbar machen. Und diese wunden Punkte werden wir nicht wirklich los; die Erfahrungen unserer frühen Jahre bleiben natürlich erhalten und können immer mal wieder dafür sorgen, dass der Boden, auf dem wir stehen, schneller ins Schwanken gerät als bei Menschen, die in ihrer Kindheit Sicherheit und Geborgenheit erleben durften. Das zu wissen, ist enorm wichtig! Denn wenn wir unsere wunden Punkte kennen und grundsätzlich damit rechnen, dass sie unter bestimmten Umständen schmerzen können, dann sind wir vorbereitet. Verläuft das Leben mal wieder stürmisch, werden wir in unserem Selbstverständnis verletzt, müssen wir Kränkungen verarbeiten oder Schicksalsschläge, dann wissen wir: Vorsicht, Schlagloch! Wir sehen die Gefahr, wir erkennen die Gefahr – und wir wissen, wie wir mit ihr umgehen können.

»You can't stop the waves but you can learn to surf«, soll einmal der Stressforscher Jon Kabat-Zinn gesagt haben. Wenden Sie den Satz »Du kannst die Wellen nicht aufhalten, aber lernen, auf ihnen zu surfen« auf Ihre Kindheit an, dann erkennen Sie: Das, was in der Kindheit geschehen ist, wird Sie Ihr Leben lang begleiten. Immer wieder mal wird ein Gefühl, eine Erinnerung, ein Schmerz auftauchen, der wenig mit der Gegenwart, aber viel mit der Vergangenheit zu tun hat. Wenn Sie dies gelassen hinnehmen können, es nicht bekämpfen und auch nicht ignorieren müssen – schließlich sind Sie nicht mit Ihrer Kindheit gleichzusetzen, Sie haben noch eine ganz andere Geschichte! –, dann gelingt es Ihnen, auf den Wellen der Kindheit, die hin und wieder auftauchen, geschickt zu surfen. Sie wissen, Ihre Geschichte besteht nicht nur aus diesen Wellen, sondern auch aus dem goldenen Strand, den hohen Palmen, der wärmenden Sonne und dem weiten Meer.

# Danksagung

»Jeder Mensch hat eine Kindheit«, schreibe ich in diesem Buch. Jeder hat eine, auch ich. Deshalb konnte es nicht ausbleiben, dass ich, während dieses Buch entstand, über meine eigene Kindheit nachdachte und über die Menschen, die mich in meinen frühen Jahren begleitet und geprägt haben. Dies war eine »Ablenkung« ganz besonderer Art, die ich bislang aus meinen Schreibprozessen nicht kannte. Die Erinnerungen an meine frühen Jahre waren hilfreich, aber zeitweise auch störend. Manchmal geriet ich in Gefahr, den Faden zu verlieren. Dass dies nicht geschehen ist, dass ich mich nicht von meinen eigenen inneren Prozessen habe in die Irre führen lassen, verdanke ich den Personen, die die Entstehung dieses Buches mit Interesse und großem Einfühlungsvermögen begleiteten und mich auf ganz unterschiedliche Weise unterstützten: meiner Lektorin Anne Stadler, meinem Mann Heiko Ernst, meiner Agentin und Freundin Dörthe Binkert sowie meinen Freunden Alexa und Jochen Gelberg. Mein besonderer Dank gilt Dr. Gerhard Schneider. Ohne ihn wäre dieses Buch in dieser Form wohl nie zustande gekommen.

*Ladenburg, 2009*

# Quellennachweise

S. 73: Manfred Bieler, Still wie die Nacht. Memoiren eines Kindes. © 1989 Hoffmann und Campe Verlag, Hamburg

S. 114: Janosch, Leben & Kunst. © 2005 MERLIN VERLAG, Gifkendorf

S. 119: Christine Nöstlinger, »Ich bin das Kind der Familie Meier«. Aus: Hans-Joachim Gelberg (Hg.), Eines Tages. Geschichten von Überallher. © 2002 Beltz & Gelberg, Weinheim

S. 146: Peter Turrini, Ein paar Schritte zurück. © 2002 Suhrkamp Verlag, Frankfurt am Main

S. 167 ff.: Maria Barbal, Inneres Land. Aus dem Katalanischen übersetzt von Heike Nottebaum. © 2008 Transit Verlag, Berlin

S. 171: Martin Walser, Die Verteidigung der Kindheit. © 1991 Suhrkamp Verlag, Frankfurt am Main

S. 172 f.: Paul Watzlawick, Anleitung zum Unglücklichsein. © 1983 Piper Verlag GmbH, München

S. 197 f.: Florian Havemann, Havemann. © 2008 Suhrkamp Verlag, Frankfurt am Main

# Literatur

Christoph Amend, Matthias Stolz: »Ich hatte immer Selbstzweifel« Gespräch mit Elmar Wepper. ZEIT MAGAZIN LEBEN, Nr. 7, 7.2.2008

Heinz L. Ansbacher, Rowena R. Ansbacher: *Alfred Adlers Individualpsychologie. Eine systematische Darstellung seiner Lehre in Auszügen aus seinen Schriften.* Ernst Reinhardt Verlag, München/Basel, 5. Auflage, 2004

Maria Barbal: *Inneres Land.* Transit Verlag, Berlin 2008

Hans-Georg Behr: *Fast eine Kindheit.* Eichborn, Frankfurt a.M. 2002

Andreas E. Benz: »Ich habe dich unter Schmerzen geboren«. In: *Kursbuch*, Heft 132, 1998

Eric Berne: *Was sagen sie, nachdem Sie ›Guten Tag‹ gesagt haben?* S. Fischer TB, Frankfurt a.M. 2000

Dominic Carter: *No momma's boy. How I let go of my past and embrace the future.* iUniverse.Inc., New York 2007

Martin Dornes: *Die emotionale Welt des Kindes.* S. Fischer TB, Frankfurt a.M. 2000

K. Eissler: »Der Sündenfall des Menschen«. In: Eissler: *Todestrieb, Ambivalenz, Narzissmus.* München, Kindler 1980.

Per Olov Enquist: Über die Sünde. Willi Winkler im Gespräch mit dem Schriftsteller. Süddeutsche Zeitung, 123, 30./31.Mai/1.Juni 2009

Eva Fries: »Die biologische Programmierung von späterer Gesundheit und Krankheit durch Erlebnisse in der Kindheit«. *Report Psychologie*, Bd. 33/10, 2008

Hélène Grimaud: *Wolfssonate.* Blanvalet, München 2005

Karin Grossmann, Klaus E. Grossmann: *Bindungen – das Gefüge psychischer Sicherheit.* Klett-Cotta, Stuttgart 2004

Klaus E. Grossmann: »Theoretische und historische Perspektiven der Bindungsforschung«. In: Lieselotte Ahnert (Hg.): *Frühe Bindung. Entstehung und Entwicklung*, Ernst Reinhardt Verlag, München 2004, 21–41

Steven C. Hayes, Kirk D. Strosahl, Kelly G. Wilson: *Akzeptanz- und Commitment-Therapie*. CIP-Medien, München 2007 (2. Auflage)

Steven C. Hayes, Spencer Smith: *Im Abstand zur inneren Wortmaschine. Ein Selbsthilfe- und Therapiebegleitbuch auf der Grundlage der Akzeptanz- und Commitment-Therapie*. Dgvt Verlag, Tübingen 2007

Florian Havemann: *Havemann*. Suhrkamp, Frankfurt a.M. 2008

Elke Heidenreich: *Der Welt den Rücken*. Hanser, München 2001

Christine Heim u.a.: »The link between childhood trauma and depression: Insight form HPA axis studies in human«. *Psychoneuroendocrinology*, 33, 2008, 693–710

Roland Heinzel: *Die Wiederentdeckung der Zuversicht*. Kösel, München 2002

Willy Herbold, Ulrich Sachsse: *Das so genannte Innere Kind*. Schattauer, Stuttgart 2007

W. J. Jacobs, L. Nadel: »Stress-induced recovery of fears and phobias«. *Psychological Review*, Bd. 92/4, 1985

Janosch: *Leben & Kunst*. Merlin Verlag, Gifkendorf 2005

Lawrence Kohlberg u.a.: »Childhood development as a predictor of adaption in adulthood«. *Genetic Psychology Monographs* 110/1984

J. M. G. Le Clézio: *Der Afrikaner*. Hanser, München 2004

Marianne Krüll: *Käthe – meine Mutter*. Christel Göttert Verlag, Rüsselsheim 2001

Marianne Krüll: »Töchter wollen in ihrem Erleben von der Mutter akzeptiert werden.« In: *Psychologie Heute*, 7/2002

Steve Martin: *Born standing up*. Scribner, New York 2007

Alice Miller: *Das Drama des begabten Kindes. Eine Um- und Fortschreibung*. Suhrkamp TB, Frankfurt a.M. 1996

Christine Nöstlinger: »Ich bin das Kind der Familie Meier«. In: Hans-Joachim Gelberg (Hg.): *Eines Tages. Geschichten von Überallher*. Beltz & Gelberg, Weinheim 2002

Ursula Nuber: *Der Mythos vom frühen Trauma. Über Macht und Einfluss der Kindheit*. S. Fischer TB, Frankfurt a.M. 1999

Judy Parkinson: *Elton John. Superstar*. Fackelträger Verlag, Köln 2003

Gerhard Roth: *Das Alphabet der Zeit*. S. Fischer, Frankfurt a.M. 2007

Philip Roth: *Mein Leben als Sohn*. Hanser, München 1992

Theodor Seifert, Ang Lee Seifert: *Die Eltern ehren*. Kösel, München 2007

Claude Steiner: *Wie man Lebenspläne verändert*. Junfermann, Paderborn 2000

David Stoop: *Forgiving our parents, forgiving ourselves*. Regal Books, Ventura 2006

Peter Turrini: *Ein paar Schritte zurück*. Suhrkamp, München 2002

Keto von Waberer: »Der Anruf«. In: *Kursbuch*, Heft 132, 1998

Martin Walser, *Die Verteidigung der Kindheit*, Suhrkamp, Frankfurt a.M. 1991

Paul Watzlawick. *Anleitung zum Unglücklichsein*. Piper, München 2008 (10. Auflage)

Donald W. Winnicott: *Kind, Familie und Umwelt*. Ernst Reinhardt Verlag, München 1999

Jeffrey E. Young, Janet S. Klosko, Marjorie E. Weishaar: *Schematherapie. Ein praxisorientiertes Handbuch*. Junfermann, Paderborn 2005

Jeffrey E. Young, Janet S. Klosko: *Sein Leben neu erfinden. Wie Sie Lebensfallen meistern*. Junfermann, Paderborn 2006

# Register